教 师 新 智 慧 丛 书
丛书主编　徐莉浩　蒋东标

智慧合作

家庭教育指导教师教程（高中教育版）

主　编　张竹林

副主编　张美云　靳建颖

华东师范大学出版社
·上海·

图书在版编目(CIP)数据

智慧合作：家庭教育指导教师教程：高中教育版/张竹林
主编.—上海：华东师范大学出版社，2019
ISBN 978-7-5675-9000-7

Ⅰ.①智… Ⅱ.①张… Ⅲ.①高中生-家庭教育
Ⅳ.①G782

中国版本图书馆 CIP 数据核字(2019)第 055977 号

教师新智慧丛书

智慧合作：家庭教育指导教师教程（高中教育版）

主　　编　张竹林
策划编辑　彭呈军
项目编辑　孙　娟
特约编辑　王莲华
责任校对　时东明
装帧设计　刘怡霖
出版发行　华东师范大学出版社
社　　址　上海市中山北路 3663 号　邮编 200062
网　　址　www.ecnupress.com.cn
电　　话　021-60821666　行政传真 021-62572105
客服电话　021-62865537　门市(邮购)电话 021-62869887
地　　址　上海市中山北路 3663 号华东师范大学校内先锋路口
网　　店　http://hdsdcbs.tmall.com

印 刷 者　浙江临安曙光印务有限公司
开　　本　787×1092　16 开
印　　张　19.25
字　　数　308 千字
版　　次　2019 年 4 月第 1 版
印　　次　2022 年 7 月第 2 次
书　　号　ISBN 978-7-5675-9000-7/G·11957
定　　价　38.00 元

出 版 人　王　焰

一辈子学做教师。

——于漪

丛书总顾问： 尹后庆　中国教育学会副会长、上海教育学会会长

倪闽景　上海市教育委员会副主任

袁　园　上海市奉贤区人民政府副区长

丛书顾问： 陆　琴　施文龙　高国弟

张　弘　万国良　周　英

丛书主编： 徐莉浩　蒋东标

丛书副主编： 金红卫　孙赤婴　张竹林　张　珏

本 书 主 编：张竹林

本书副主编：张美云　靳建颖

本 书 编 委：谢怀萍　胡引妹　戴宏娟　宋海英　刘　婷

教师教育正当时

倪闽景

新时代是奋斗者的时代。

我国自 1978 年党的十一届三中全会开启改革开放以来,四十年取得的成就举世瞩目。从计划经济到市场经济,从中国制造到中国创造,从追赶世界到领跑世界,中国的经济实力、科技实力、国防实力、综合国力进入世界前列。"新四大发明"闪耀全球,学汉语成为时尚,中国特色社会主义道路、理论、制度、文化不断发展,国际地位得到前所未有的提升。党的十九大召开,标志着中国的改革事业进入新的历史时代,实现中华民族伟大复兴的"中国梦"目标更加清晰,步伐更加坚定。

当我们把视野聚焦于教育领域,可以看到,恢复高考的重大决定早于全面改革开放一年,可以说是教育改革引领了全面改革开放,也彰显了教育优先发展的战略地位。教育观念的变化深入到教育改革的各个层面,成为推动社会发展的基础性、全局性、先导性力量。首先,教育极大普及。2011 年中国全面实现"两基"战略任务,2015 年中国的高等教育毛入学率达到 40%;职业教育、成人教育也取得不菲成绩。其次,人才供给充分。职业学校每年输送近 1 000 万名技术技能人才,普通本科高校累计输送 2 000 多万名专业人才,我国人均受教育年限提高到 10 年。再次,国际水平提升。我国学生在 PISA 测试中表现良好,一批高校和学科世界排名显著提升,教育总体发展水平进入世界中上行列。

站在新的历史起点，我国教育进入提高质量、优化结构、促进公平的新阶段，实现教育现代化成为当前及今后一段时间的艰巨任务和必然要求。作为开改革风气之先的上海，必须加快教育综合改革，力争到 2020 年率先实现教育现代化，有力支撑"五个中心"的新定位，努力把上海建设成为卓越的全球城市和社会主义现代化国际大都市。实现教育现代化，需要信息化和人工智能，离不开智能化新型学校和智慧课堂。人工智能将既是学习内容，也是未来学习的新工具。通过技术的现代化，实现"人"的现代化。

未来已来。面对席卷而来的科技浪潮，上海教育面临三大跨越。第一个是教育教学全过程的流程再造，即从教育目标的确定到最终的评价等整个过程的流程重新进行构造。第二个是融合中华传统文化和人类科技人文经典的教育范式锻造，这个教育范式必须适应自己的文化，要建立以优秀传统文化为本的，集合全世界科技人文经典的教育新范式。第三个是脑科学和人工智能相结合的学习革命，即开展基于脑科学的全脑学习，开展基于大数据的精准学习，开展基于人格化的创新学习，开展基于新技术的高阶学习。也就是说，我们的教育从今天开始，从"经典"学习进入了"超级"学习阶段。

百年大计，教育为先；教育大计，教师为先。教育发展的成就，离不开奋斗在各级各类学校上千万教师的奉献；应对未来教育变革，更需要具有专业素养、具有创新精神的教师主动作为。作为教育"工作母机"的教师教育，从改革开放以来就从未懈息，新时代则带来了教师教育最强音。2018 年伊始，中共中央、国务院《关于全面深化新时代教师队伍建设改革的意见》提出要"坚持兴国必先强师"的战略思想，要求加强师德师风、振兴教师教育、深化综合改革、提高地位待遇、确保政策落地。这是新中国成立以来党中央出台的第一个专门面向教师队伍建设的里程碑式政策文件。教师教育的机遇已来，教师教育的风口已至。

地处南上海的奉贤区，作为上海的有机组成，是上海率先实现教育现代化的重要主体。"十二五"以来，奉贤区紧紧抓住部市共建教育综合改革试验区和上海市唯一的统筹城乡一体化发展试验区的契机，围绕推动区域教育"优质均衡发展"的目标，积极调整城乡教育资源配置，主动参与结对交流、委托管理，创造性地开展紧密型办学资源联盟、集团化办学等实践探索，取得良好成效。关注育人创新，开展以"见贤思齐、敬奉贤人"为内核的"贤文化"德育实践，实现区域教育"从追赶到跨越，从跨越到品质"的历史转型，为打造"自然、活力、和润"的南上海品质教育区战略目标奠定了良好基础。

　　奉贤区教育学院适时而为，顺势而动，为服务品质化教育发展需要，推动南上海品质教育区进程，充分发挥专业特长给政府教育决策提供咨询，充分发挥专业优势给学校特色发展谋划策略，充分发挥专业引领给教育利益相关者打造"枢纽"，充分发挥传统优势给教师专业发展提供支撑，努力打造区域教育学术高地、人才高地和信息高地，围绕"服务区域教育、服务学校发展、服务教师发展"的工作宗旨，立足教育需求，聚集专业力量，积极扮演思想库、探索者、服务者的角色。

　　"教师新智慧丛书"作为服务教师专业发展的又一力作，从新时代对教师专业知识、专业能力、专业思想、专业品格等要求出发，整体设计，分步实施。继 2018 年出版"开篇之作"《又一种教育智慧》之后，又陆续推出《智慧开启》、《智慧合作》。三本家庭教育指导教师教程分别面向义务教育、学前教育和高中教育阶段的教师，从当前"家校合作共育"这一热点出发，以提高教师家庭教育指导力的专业素养为目的，积极发挥区域教育科研人员的专业优势和学校优秀教师的实践优势，针对当前家庭教育中存在的普遍问题和教师家庭教育指导的热点问题，从家校合作共育的高度，提供了非常具体的操作方法和思路解读，是区域教师教育的精神盛宴。

　　德国著名的哲学家卡尔·雅斯贝尔斯（Karl Theodor Jaspers）在《什么是教育》中写道："教育的本质意味着，一棵树摇动另一棵树，一朵云推动另一朵云，一个灵魂唤醒另一个灵魂。"新时代的教师必须要点燃自己照亮学生，同时点燃学生照亮自己，新时代的教育致力于让每个学生成为最好的自己，同时也让每个老师都能成为最好的自己。我想，这也是奉贤区推出这套丛书的主旨所在，也是我们所期待的教育目标所在。

　　是为序！

　　　　　　　　　　　　　　　　　　　　　（作者系上海市教育委员会副主任）

目录

/ 第二编 /
家 庭 教 育 指 导 途 径

/ 第三编 /
家庭教育指导实务

追梦品质教育的新智慧

袁　园

　　习近平总书记在 2018 年全国教育大会上强调，办好教育事业，家庭、学校、政府、社会都有责任。家庭是人生的第一所学校，家长是孩子的第一任老师，要给孩子讲好"人生第一课"，帮助孩子扣好人生第一粒扣子。

　　奉贤区高度重视家庭教育工作，将其作为落实立德树人整体教育的重要组成部分。2016 年，在上海市教委、市妇联指导下，以奉贤区教育学院为主体，成立了奉贤区家庭教育研究与指导服务中心，充分发挥学校和教师在推进家庭教育工作中的先锋作用，开展家庭教育指导进校园、进家庭、进社区活动，逐渐形成政府主导、部门协作、家长参与、学校组织、社会支持的家庭教育工作大格局。

　　家庭教育指导实践的百花齐放离不开家庭教育理论研究的营养滋润。《智慧合作：家庭教育指导教师教程（高中教育版）》作为上海市教委学校德育工作重点支持项目、奉贤区学校自主发展"星光灿烂计划的资助项目"研究成果，根据高中阶段学生实际和家庭教育需求，将教师与学生、家长一起合作指导家庭教育的思想贯穿始终，充分考虑到高中阶段孩子的身心发展特点，尤其是自我意识的能力和水平提高，努力通过有效科学的方式，传递关爱与支持，展现了当代教师的责任与担当。

　　开展有效的家庭教育研究与指导服务工作任重道远，编写家庭教育指导教程只是提高广大教师的家庭教育指导力的基础工程。衷心希望奉贤区教育学院发挥专业和人才资源优势，在未来工作中能通过扎实开展专题培训、开发网络课程、加强校本指导、组织研讨活动等途径和方法，尽快提高广大教师的家庭教育指导能力，有效推动家校合作育人实践。同时，期待这本源于实践、瞄准实践的家庭教育指导教程能落脚到家庭教育指导实践中，服务奉贤区数万家庭和学生。此外，希冀正在致力于打造人才高地、学术高地、信息高地的奉贤区教育学院能在家庭教育学科建设中贡献更多智慧和力量。

习近平总书记在 2019 年新年贺词中说："一个流动的中国，充满了繁荣发展的活力。我们都在努力奔跑，我们都是追梦人。"建设南上海品质教育区是每一位奉贤教育人的追求和梦想，期待大家不畏艰难，勇往直前！

（作者系上海市奉贤区人民政府副区长）

第一编

家庭教育指导认知

家庭者,人生之最初之学校也。一生之品性,所谓百变不离其宗者,大抵胚胎于家庭之中。

——蔡元培

本编概要：

▶ 随着家庭教育指导相关研究逐渐深入，其理论依据逐渐明晰；我国的诸多教育法律法规也为学校开展家庭教育指导提供了法律依据。

▶ 我国历来重视家庭教育，在教育内容、教育方式等方面独具特色并形成一定体系。随着社会发展和时代变迁，我国家庭教育呈现出新的特征，其中存在的问题特别需要教师在开展家庭教育指导时予以关注。

▶ 时代赋予学校在家庭教育指导中的特殊地位，学校必须树立家校共育新理念，深入学习家庭教育工作新政策，充分运用区域教育学院（教师专业发展机构）提供的资源，从专业伦理、专业知识、专业能力等方面提高教师家庭教育指导能力。

▶ 高中生的身心发展有非常明显的阶段性特点，这个阶段的家庭教育指导要观照高中生身心发展的困惑与需求，关注综合素质评价改革背景下家校协同，聚焦于高中生发展的核心诉求。

第一章 ‖ 家庭教育指导概述

家庭教育指导是指为提高家庭教育的科学性、针对性、实效性,学校或有关社会机构及人员对家长进行的理论、内容、方法等方面的指导。家庭教育指导的主体相对多元,有各类社会团体,特别是各级妇联、关心下一代工作委员会、共青团等组织,有各级社区,也有社会民营教育机构等。

学校的广大教师是家庭教育指导非常重要的主体。学校指导家庭教育的方式有多种,按照发挥主导作用者的不同,可以分为以学校为主导的方式,如家长学校、家庭教育讲座、家长指导手册、家庭教育咨询等;以家长为主导的方式,如家长经验报告、家长沙龙等。

第一节　家庭教育指导依据

一、家庭教育指导的理论依据

(一) 国外研究理论

1. 协同学理论[①]

协同学理论是由德国著名物理学家哈肯(Hermann Haken)教授创立的。1976 年,哈肯在《协同学导论》中,系统地论述了协同理论。他认为,客观世界存在着各种各样的系统:社会或自然界的,有生命的或无生命,宏观的或微观的。这些看起来完全不同的系统内部都具有深刻的相似性,那就是各系统内部的各子系统之间的相互影响而又相互合作,形成的协同效应并自组织成为协同系统。协同性是系统的普遍性,没有协同性,在环境的干扰下,系统就会瓦解,其结果和层次就会破坏,功能随之消失或大大削弱。教育系统是社会大系统中的亚系统,从宏观来看,有学校教育、社会教育、家庭教育;从微观上看,有教育者、受教育者、教育措

---

① 刘翠兰.家校合作及其理论依据[J].基础教育研究,2005(9):3－4,26.

施。教育这一社会现象在实现其社会功能和个体功能过程之中，需要其系统内各子系统之间的相互作用与协调。

依据协同学理论，家校合作就是使学校、家庭、社会各系统之间形成协同效应。在教育系统中，学校教育居于系统的主导地位，指导家庭教育，协调社会教育，使教育系统不断向着平衡、和谐、有序状态发展。

2. 社会资本理论[①]

20 世纪 80 年代，科尔曼（Coleman, J. S）提出了社会资本理论。他指出，社会资本是内在于家庭和社区组织中的整套资源，它们有利于儿童或年轻人的认知以及社会发展。这些社会资源虽各不相同，但极其有利于儿童和青少年人力资本的发展。就教育来说，科尔曼将社会资本分为"家庭内社会资本"和"家庭外社会资本"。在通过对美国公立学校、私立学校、教会学校的深入调查之后，科尔曼发现，相对于社会资本低的公立和私立学校，在社会资本相对高的教会学校中，学生的辍学率明显偏低，而学业成绩相对较高。这一现象说明，通过加强学校、家庭和社区之间的联系和沟通，可增加社会资本，可以增强教育效果，促进学生的发展。科尔曼的社会资本理论对美国的家校合作产生了重要的影响。它促使家校合作进一步扩大和发展，使学校开始重视与家庭、社区的合作关系。

依据该理论，家庭教育指导过程中教师要注重与家庭、家长的沟通，使家庭和学校、家长和教师形成教育合力，提高家庭内的社会资本和家庭外的社会资本（学校的社会资本），从而增加有利于儿童发展的整体社会资本，提高儿童的学业成绩，促进儿童的全面发展。

3. 重叠式影响理论[②]

乔伊丝·爱普斯坦（Epstein）1987 年提出了重叠式影响理论，这一理论整合并扩展了布朗芬布伦纳的生态理论，重在对学生教育和健康责任的共同承担。这一理论生动展示了不同的影响层次，确立了一种外在的流动性的影响层次结构，以及内在的个人之间的交流，儿童及家庭、学校、社区中其他人之间的互动。外在的流动性的影响层次结构表明，学生的学习和成长的三个主要环境——家庭、学校和社区可以相互结合也可以相互分离。内部的影响认可发生在父母、孩子、教育者和社区成员之间的个人关系中，可能积极或消极地影响学生的学习和发展。

---

① 贾莉莉. 美国家长参与学校教育研究[D]. 北京：北京师范大学,2005.
② 黄清河. 美国家校合作管窥[J]. 教育评论,2008(6)：162—165.

004

互动表现在两个层面：机构性层面（比如学校邀请所有的家庭或社区团体参加同一项活动）和个人性层面（比如教师和家长针对同一个学生的作业进行交流）。学生作为自身教育过程中的主要角色及家庭、学校和社区联系的理由，是这个模式的中心。

爱普斯坦及其研究团队致力于家校和合作研究，在重叠式影响理论指导下，形成了家校合作的总体行动框架，包括实践架构、组织架构、计划的制定与实施、对活动组织参与者的专业培训等。

依据重叠式影响理论，家庭教育指导中，学校、教师要创造出欢迎家长参与，把每个学生视为个体，让学生感觉到自身被关注的"家庭式学校"，以及帮助孩子实现其作为学生角色的"学校式家庭"；帮助家长了解学校的教育工作，学习与孩子进行有关学校学习内容的交流，创设包括家长、孩子在内的学习型家庭。

4. 共生理论

共生的概念最早由德国生物学家安东·德巴里于 1873 年提出，他认为生物界所呈现出来的就是一种共生的状态，共生就是"不同名的生物共同生活在一起"，达到平衡、和谐和完整。20 世纪中叶以来，共生的理念逐渐进入人文科学领域。很多研究表明，家校合作与教育质量具有较高的正相关性，家校合作改革的当务之急，应该是利益相关者达成共识，由关心各自的既得利益改变为关心整个教育质量和共同利益。共生理论促进了家校合作的含义更新，使家校合作更平等、多元和具有人文关怀。

依据该理论，教师在开展家庭教育指导中要以开放的心态尊重、理解并接纳家长的想法，以各种方式沟通，促进家庭与学校、家长与教师互相认同，在教育儿童的过程中达成共识，使先进的教育理念和方式成为家长们共同的价值追求。

（二）国内的相关研究

近年来，国内理论研究者和实践者对家庭教育指导、家校合作也进行了不懈的探索，形成了诸多的研究成果。

著名学者朱永新教授致力于新教育实验，在研究中始终把家校合作共育放在重要位置，旨在建立家庭、学校和社区新型合作伙伴关系，研究涵盖家庭教育指导、学校生活参与、家校互助沟通与社区融合协作等内容。朱永新教授提出家校合作共育有利于家庭教育功能的增强，现代学校制度建立，师生、亲子和相关参与者共同成长，社会和谐稳定，生活幸福完整；提出家校合作共育遵循目标一致、地位平等、尊重儿童、方法多样、长期坚持、多方共赢和跨界协商等原则。新教育实验通过加强制度建设、共读共写共赏、共享多方资源和榜样示范引领等路径实践家校合作共育理想。①

江西省教科所吴重涵研究员致力于家校合作研究，系统完整地翻译了乔伊丝·爱普斯坦(Epstein)教授研究和指导家校合作的成果《学校、家庭和社区合作伙伴：行动手册(第三版)》和安妮特·拉鲁(Annette Lareau)教授的研究成果《家庭优势：社会阶层和家长参与》，从"学校"和"家庭"两个视角介绍了国外家校合作研究，为国内的研究者提供了学习与借鉴的素材。同时，吴教授及其研究团队结合爱普斯坦的交叠影响域理论，通过拟合"江西省家校合作跟踪调查"2012年和2015年的近24万份大样本数据，建立分析模型来分析家校跨界行动的程度和变化情况。研究发现了跨界域是家校合作行动差异度和强度的函数，在一定条件下，与行动的差异度负相关，与行动的强度正相关；学校在家校合作中起主导作用，跨界域的扩大主要由教师的工作强度增加导致，家长和教师行动强度和差异度不一致，导致双方在对方领地形成的跨界域大小不一。研究认为，当前家校合作工作的提升不能仅通过增加强度获得，更需要学校主动减少家校行动差异度：拓展双方一致的利益和立场，满足家长需求的多校化和个性化。②

天津社会科学院社会学所研究员关颖提出，家校合作中老师和家长是平等的教育者，建立积极合作关系的首要人为因素是相互尊重，尤其是教师应尊重家长的需求、想法和经验。只有教师改变对家长的单向支配的关系，实现反应性相倚，在彼此相倚的情境中才有可能建立彼此之间的伙伴关系，实现学校与家庭的合作共赢。

此外，上海社会科学院杨雄教授、华东师范大学李家成教授、中国教育报家庭教育周刊主编杨咏梅等学者，都围绕家校合作提出了相关理论研究成果，对指导实践产生了良好的促进作用。

① 朱永新.家校合作激活教育磁场——新教育实验"家校合作共育"的理论与实践[J].教育研究,2017(11):75-80.
② 张俊,吴重涵,王梅雾.家长和教师参与家校合作的跨界行为研究——基于交叠影响域理论的经验模型[J].教育发展研究,2018(2):78-84.

二、家庭教育指导的法律依据

(一)《中华人民共和国义务教育法》

1986 年 4 月颁布的《中华人民共和国义务教育法》在原则性的 18 条法律条文第四条提出:"国家、社会、学校和家庭依法保障适龄儿童、少年接受义务教育的权利。"在此,学校、家庭作为平等的合作者的关系出现在国家法律文件中。

2006 年 6 月和 2015 年 4 月《中华人民共和国义务教育法》进行了两次修订,把原则性的法律条文从 18 条扩充到 63 条,操作性更强。总则第五条对于社会不同群体(政府、家庭、学校、社会)在义务教育中的责任和义务有了更明确的规定。第五章第三十六条提出:"学校应当把德育放在首位,寓德育于教育教学之中,开展与学生年龄相适应的社会实践活动,形成学校、家庭、社会相互配合的思想道德教育体系,促进学生养成良好的思想品德和行为习惯。"强调了德育中家校合作的意义。

(二)《中华人民共和国教育法》

《中华人民共和国教育法》是中国教育工作的根本大法,是依法治教的根本大法。该法律第六章"教育与社会"中的第四十七条提出:"企业事业组织、社会团体及其他社会组织和个人,可以通过适当形式,支持学校的建设,参与学校管理。"至此,包括家庭在内的各种组织、团体甚至个人支持学校建设和参与学校管理的行为有了法律的依据。第五十条提出:"未成年人的父母或者其他监护人应当为其未成年子女或者其他被监护人受教育提供必要条件。未成年人的父母或者其他监护人应当配合学校及其他教育机构,对其未成年子女或者其他被监护人进行教育。学校、教师可以对学生家长提供家庭教育指导。"本法律条文在强调父母有配合学校及其他教育机构,对其未成年的子女进行教育的义务同时,明确指出学校、教师可以对学生家长提供家庭教育的指导。

(三)《中华人民共和国未成年人保护法》

2006 年新修订的《中华人民共和国未成年人保护法》第二章"家庭保护"中的

第十二条规定："父母或者其他监护人应当学习家庭教育知识，正确履行监护职责，抚养教育未成年人。有关国家机关和社会组织应当为未成年人的父母或者其他监护人提供家庭教育指导。"本法律首次以法律形式确定了家庭教育指导的法律地位，为学校开展家庭指导提供了根本性的法律依据。

（四）《教育部关于建立中小学幼儿园家长委员会的指导意见》

2012 年颁布的《教育部关于建立中小学幼儿园家长委员会的指导意见》，是国家层面出台的第一个专门规范家校合作的政策文件。这一文件将家校合作工作上升为现代化学校制度的组成部分，成为现代学校体系的制度性标准。

（五）《教育部关于加强家庭教育工作的指导意见》

2015 年颁布的《教育部关于加强家庭教育工作的指导意见》，明确提出要"强化学校家庭教育工作指导"。"中小学幼儿园要建立健全家庭教育工作机制，统筹家长委员会、家长学校、家长会、家访、家长开放日、家长接待日等各种家校沟通渠道，逐步建成以分管德育工作的校长、幼儿园园长、中小学德育主任、年级组长、班主任、德育课老师为主体，专家学者和优秀家长共同参与，专兼职相结合的家庭教育骨干力量。将家庭教育工作纳入教育行政干部和中小学校长培训内容，将学校安排的家庭教育指导服务计入工作量。"这个文件确立了学校在家庭教育指导中的重要地位。

第二节　家庭教育指导现状

一、家庭教育现状

家庭是社会的基础和细胞，天下之本在于家，家齐则民安。家庭是人生的第一所学校，父母是子女的第一任教师。家庭教育工作开展得如何，关系到孩子的终身发展，关系到千家万户的切身利益，关系到国家和民族的未来。

家庭有广义和狭义之分，狭义上是指一夫一妻制构成的单元；广义上则泛指人类进化的不同阶段上的各种家庭利益集团,即家族。本书中的家庭是指亲子两代或三代以血缘关系或收养关系形成的团体。作为社会的基本细胞,家庭教育的理念和模式不可避免地具有时代特色。

(一) 家庭结构与教养方式

家庭是个体赖以生存和发展的基本环境,对个体成长至关重要。不同结构的家庭呈现出不同的教育特点。现代社会中的家庭教育面临诸多的问题和挑战,这些问题和挑战既有来自家庭内部的,也有来自外部社会环境的。

1. 家庭结构

家庭结构是指家庭中成员的构成及其相互作用、相互影响的状态,以及由于家庭成员的不同配合和组织的关系而形成的联系模式。家庭结构是在婚姻关系和血缘关系的基础上形成的共同生活关系的统一体,既包括代际结构,也包括人口结构,并且是二者组合起来的统一形式。

(1) 核心家庭

核心家庭是由夫妻及其未婚子女组成的家庭。核心家庭的代际层次单一,家庭关系简单。这有利于家长为子女创造和谐的家庭氛围,保障教育的物质投入,达成一致的教养态度。

不少核心家庭存在着一方基本不参与家庭生活,另一方承担本应由夫妻双方共同承担的责任等问题。在我国,比较多见的情况是在家庭有了下一代之后,父亲基本不参与孩子的养育。随着二胎政策的出台,生养两个小孩的家庭将逐渐增多。平等、科学地处理两个孩子的教养问题,是家庭教育新的关注点。

(2) 祖辈家庭

祖辈家庭又称"隔代家庭"、"祖孙家庭"。在这类家庭中,主要由祖辈承担抚养孩子的责任,也称"隔代教养"。

我国祖辈家庭大致分为两种类型:一种是父母亲很少或根本不履行亲职,完全由(外)祖父母担负(外)孙子孙女的照顾及教养责任(这种情况在农村较多);另一种如三代同堂,父母亲多少仍履行若干亲职(这种情况在城市家庭中居多)。"隔代教养"已成为中国目前不可忽视的一种社会现象。

(3) 单亲家庭

由父亲或母亲单独承担抚养未成年子女责任的家庭。根据单亲家庭形成的原因,可将其分为离婚式单亲家庭、丧偶式单亲家庭、分居式单亲家庭和未婚式单亲家庭四类。

(4) 重组家庭

夫妻一方再婚或者双方再婚组成的家庭。重组家庭的家长应尽快认清新的形势,适应并融入新的环境,扮演好新的角色,在教育上更需要特殊的技巧。

2. 家庭教养方式

每一个孩子出生时都像一张白纸,他(她)身上的"一笔一画"都是成长的过程中不同的家庭环境、生活习惯所留下的……不同的教养方式会对孩子产生不同的影响。

(1) 权威型家长

权威型家长并不是指他们在事业上有多成功,或者是职位有多高,而是指在孩子面前,他们就是权威,他们说的话就是真理。他们认为,作为孩子,你必须听我的。他们帮孩子做决定,拿主意,规划人生,孩子只是归属于他们的"小傻子"。

权威型家长教养的孩子,可能心理年龄和生理年龄会不一致,遇到困难会被吓到不知所措,不能培养自己的独立思维。当有一天要自己面对困难,或者做决定的时候,他(她)会不知道该怎么做。

(2) 民主型家长

民主型家长和权威型家长相反,他们能够在孩子成长的过程中以孩子为主体。遇到事情他们会和孩子商量,让孩子去拿主意,尊重孩子;遇到困难他们会鼓励孩子勇于担当,让孩子自己先去尝试解决。

这种家长培养的孩子,通常比较有思想、有主见。在关键的时刻他们会有自己的想法,在学习上他们会规划自己的时间。他们的生理年龄和心理年龄相当,可能还会比同龄孩子更加成熟。

(3) 溺爱型家长

溺爱型家长会全部包办孩子的事情。这类家长太爱孩子了,爱到最后,孩子什么也不会做。孩子在自己面对困难的时候只会逃避,或者被困难打倒。这类孩子能力很差,通常被自卑感包围。

这种现象多见于独生子女家庭,子女常表现为任性、自私、骄傲、情绪不稳定、无责任感等。以这种方式培养出来的孩子往往会在社会上到处碰壁。

（4）冷漠型家长

冷漠型家长对孩子不闻不问、放任不管，在该培养孩子养成良好习惯的时候放任不管，不给孩子立规矩，让孩子任性地按自己的想法做事。

这种家长养育的孩子一般比较独立、自律，但是通常也会产生两个极端：如果家长文化素养相对高、生活环境相对好的话，孩子可能还比较好；如果家长文化素养不是很高，生活环境也不是很好，则孩子很可能会没有规则意识。

（二）家庭教育的时代变化

《辞海》对"家庭教育"词条的解释是："父母或其他年长者在家庭对儿童和青少年进行的教育。"《中国大百科全书·教育》把"家庭教育"定义为"父母或其他年长者在家庭内自觉地、有层次地对子女进行的教育"。随着社会的不断发展，在广泛的社会实践和对家庭教育的深入研究中，家庭教育不断被赋予新意。狭义的家庭教育是在家庭生活中，由家长（首先是父母）对其子女实施的教育。广义的家庭教育包括生活中家庭成员（包括父母和子女等）之间相互的影响和教育，以及聘请专门从事家庭教育的教师对子女进行教育等。

家庭教育是建立在血缘关系基础上的一种特殊教育，这种教育是自然的、长久的。同时，家庭教育是一门科学，反映家庭教育客观规律、系统认识、经验与方法。家庭教育的主要目标是"成人"教育和"成才"教育。让孩子先成人，再成才。家庭教育的任务包括德育、智育、体育、美育、劳动教育、法制教育、心理健康教育、理财教育等与孩子健康成长有关的方方面面。

世界各国家庭教育的发展潮流启示我们，在当今时代，家庭教育的地位、作用日益显现。只有将家庭教育与学校教育并重，努力改善家庭教育状况，才能真正提高教育质量和民族素质。家庭教育的发展离不开社会大环境的影响，随着"注重家庭、注重家教、注重家风"的理念提出，家庭所具有的传递社会文明的重要功能重新得到重视，家庭教育水平亟待提高。

1. 中国优秀的家庭教育传统

古人认为"教先从家始"，"正家而后天下定矣"。自古至今，那些为国家、为民族作出贡献的民族英贤和优秀人物，大都得益于良好的家庭教育。古人积累的优良而成功的家教思想和方法，如传统家庭教育中德育职能至上、视家庭为个人社会化的重要场所、重视个体自我教育、宣扬社会文化等，可为今天的家教提供有益的借鉴。

（1）重视家庭教育

在我国传统观念中，父母为子女提供生活资料，抚养其长大是天经地义的事，教育子女成才更是不可推脱的义务。上至帝王，下至百姓，皆以教育子女为父母之责任，《三字经》上说"养不教，父之过"，《老学究语》中的"不怕饥寒，怕无家教，惟有教儿，最关紧要"和"有儿不教，不如无儿"都说明了这一点。因此，对子女的教育，一直是父母的重大责任和义务。父母对子女的教育也不限于子女年幼时期，而是贯穿父母与子女共同的人生时光。

（2）培育家国情怀

家国情怀是中华优秀传统文化的精髓。《大学》中说："古之欲明明德于天下者，先治其国；欲治其国者，先齐其家；欲齐其家者，先修其身。"这段经典论述将国家、家庭和个人连成一个密不可分的整体，形成了由个人及家庭，由家庭到社会，由社会进而到国家的社会价值逻辑，也衍生出了"家国一体"、"家国同构"的家国情怀。

家国情怀在不同的时代表现为不同的话语形式，从"修身齐家治国平天下"到岳母刺字、精忠报国，从"安得广厦千万间，大庇天下寒士俱欢颜"到"天下兴亡、匹夫有责"，从为中华之崛起而读书再到为实现中华民族伟大复兴的中国梦而奋斗终生，家国情怀的内涵也随着时代发展而不断丰富完善，激励着无数仁人志士上下求索、奋斗不已。

（3）注重德才兼备

传统家庭教育的核心是教子做人，其次才是教子做事。在中国传统家庭教育中，"尊德性而道问学"，强调知识授受的道德化，从而使知识授受与道德教化合二为一。在教学中培养道德，在道德训练中学习经典，是传统家教最突出的特点。古人主张"养正于蒙"、"教子婴孩"，要从小就培养家庭成员的道德品质。"老吾老，以及人之老；幼吾幼，以及人之幼。"则使品德的不断提高与活动范围的不断扩大统一起来。传统家庭教育之真谛，在于用传统美德、民族精神教育其子弟，诸如自立自强、勤奋好学、孝敬父母、友爱兄弟、忠于国家、尽职尽责等，都是家庭教育的主要内容。传统家庭教育强调慈爱与威严并重，身教重于言教，教在不言之中，特别强调父、兄在遵守道德等方面起到的表率作用，同时要求父母尽到教育子女、训导子女的责任。

（4）重视早期教育

古人认为，对孩子的早期教育，不仅要在出生后进行，更要在出生前就开始胎教，这是早育人才、快出人才的必要前提。颜之推认为，等到孩子懂事后才开始教育就晚了，他呼吁人们要及早教育子女。他说："人生小幼，精神专利，长成已后，思虑散逸，固须早教，勿失机也。"史载，周文王的母亲和孟子的母亲都实行过胎教。历史上最早的胎教可上溯到西周时期。

（5）重视社会环境和家风熏陶

古代家教很重视教育环境，最著名的例子莫过于"孟母择邻处"了。注意良好家风的培养，以风化人。世代相承，便是一种家风。元稹对他的儿子说："吾家世俭贫，先人遗训，常恐置家怠子孙，故家无樵苏之地，尔所详也。"不给儿孙留丰厚家产，从根上断了儿孙依赖祖上的念头，迫使儿孙自力更生，这就是以风化人。

（6）有完整的道德伦理教育体系

中国古代十分重视家教教材的编写，这些家教教材（又称家训、家诫、家规等）是封建帝王及士大夫阶层教育后代立身处世的道德读本。作为一种文化形态，它们蕴藏着强制性、约束性和训诫性等特点。教材内容主要由以下八个方面共同构成完整的道德伦理教育体系：其一，修身处世，修德、为善、谨言、淡泊、存养、持敬、自省、慎独；其二，读书治学，立志、求学、尊师、勤奋、惜时、渐进；其三，克己笃行，力行、自强、诚信、改过、名实；其四，恭俭齐家，治家、教子、孝慈、和睦、理财、勤俭；其五，清政为官，贤达、敬业、廉洁、刚正；其六，治平天下，德治、教化、用人；其七，明察择交，知人、交友、谦敬；其八，平和养生，节欲、和气、起居。

2. 当前家庭教育的基本特点

新时代的家长在基础素养、教育意识和能力方面总体上有了质的提升，愈来愈多的家长深刻认识到家庭教育在儿童成长中的重要性，他们投入很多精力、物力和财力提高家庭教育的质量。新时代的家庭教育，被深深地烙上了时代印迹，有其明显的优势，也存在一定的不足。

（1）重视教育经济投入，忽视家庭氛围营造

当前家庭教育最显著的特征是重经济投入，不少家庭，尤其是城市家庭，在学科类辅导班和艺术类兴趣班方面投入重金。很多儿童在学校之外的时间就奔波于各类教育培训机构。与之形成对比的是，多数家长没有付出相应的精力去营造适合儿童成长和发展的家庭氛围。从儿童终身发展的角度看，当前的家庭教育有

本末倒置之嫌。

有学者提出，我国许多家庭在义务教育阶段的教育支出大于家庭总支出的20％，属于负担过重。[①] 就此标准来看，国内小学生家庭约三成存在教育花费过重的现象，初中生家庭约四成存在教育花费过重的现象。不少家长将较多财力投入门类繁多的课外辅导班，包括学科补习班和兴趣班。以初中生家庭为例，在接受调查的家庭中，超过五分之一的家庭的课外辅导班支出占到家庭教育总支出的四成以上，约四分之一的家庭的课外辅导班支出占到家庭教育总支出的二到四成。这种状况给部分家庭造成了一定的经济压力，在接受调查的初中生家庭中，仅有23.7％的家庭选择了"教育支出没有造成压力"，接近同样比例的家庭选择了"压力有些大"和"压力非常大"。[②] 过重的教育花费必然会对家庭其他消费造成挤占，对家庭生活质量产生影响。

与之形成对比的是，家庭氛围作为反映家庭成员精神面貌和心理情感沟通的途径，却没有受到足够重视。仍然以初中生家庭为例，这种轻视主要表现在三个方面：第一，家庭民主氛围不足，家长放权不够。已有研究表明，民主型家长与子女有充分的思想和情感交流，培养出的子女更加开朗、独立、自信。但是调查数据却显示，"时常和孩子商量"重要事情的家庭，仅占接受调查的家庭的15.9％。第二，家庭中"人机"互动增多，妨碍家庭共享活动。调查显示，初中生家长在家休息时最常做的事情排前三位的是："看电视"（64.8％）、"和家人聊天"（40.8％）、"玩电脑、手机"（36.2％）；而初中生在休闲时间常做的三件事是："看课外书"（49.9％）、"找同学玩"（47.0％）和"玩手机、电脑"（43.2％）。可见家长和孩子在休闲活动中的互动较少。逾六成的家长表示"很少组织"家庭成员共同参与休闲活动，如旅行、郊游、聚餐等。第三，亲子沟通存在诸多问题。初中生家庭"无话可说"的比例较小学生家庭高一成，而且沟通内容较为单一。如有心事时愿意向家长倾诉的初中生的比例仅为17.9％；当在生活或学习中面临来自家长或家庭内部的压力时，仅有28.3％的初中生选择"主动和父母沟通"。[③] 从上述三方面基本上可以推断出，当前大多数家长在营造家庭氛围方面下的功夫远远不能满足儿童成长与发展的需要。

---

① 曾满超.教育政策的经济分析[M].北京：人民教育出版社,2000：66.
② 孙云晓.中国家庭教育蓝皮书(2016)[M].北京：教育科学出版社,2017：183—186.
③ 孙云晓.中国家庭教育蓝皮书(2016)[M].北京：教育科学出版社,2017：183—189.

（2）重视学习行为和习惯培养，人格养成关注不够

常言道，行为决定习惯，习惯决定性格，性格决定命运。新时代家长接受过相对长时间的学校教育熏陶，对此有比较深刻的感悟，所以在教育下一代时特别重视行为和习惯的培养。殊不知从习惯到性格，并不是浑然天成的，这个过程依然需要家庭教育的雕琢。

中国教育科学研究院就家长最关心子女的方面——内容涵盖健康安全、习惯养成、日常学习、人际交往、自理能力、性格养成、兴趣爱好、情绪情感等，对小学生家长和初中生家长分别进行了调查。数据显示，无论是小学生家长还是初中生家长，最关注的前三项内容都是健康安全、习惯养成和日常学习。只是这三者在两个学段的排列顺序略有不同：小学生家长首要关注的是健康安全，其次是习惯养成和日常学习；而初中生家长首要关注的是日常学习，其次是习惯养成和健康安全。由此可见，日常学习和习惯养成在两个学段中都很受家长关注。

与日常学习和习惯养成受到家长高度关注形成对比的是，性格养成、兴趣爱好和情绪情感并未受到家长足够的关注，它们在家长最关心子女的内容中排在后面。同样，这三者在小学和初中两个学段的排列顺序也略有不同：小学生家长最少关注的是情绪情感，其次是兴趣爱好和性格养成；而初中生家长最少关注的是兴趣爱好，其次是情绪情感和性格养成。[①]

（3）祖辈承担较多教养责任，父辈教育相对不足

新时代多数父辈家长清楚地知道自身在家庭教育中的重要作用，因此不会将养育儿童的任务完全托付给祖辈家长。但是，随着社会竞争日益激烈，很多年轻父母不能因为养育儿女放弃工作，而必须在工作和家庭中寻找平衡，于是，父辈与祖辈联合教养成为新时代家庭教育的主要模式。

中国教育学会家庭教育专业委员会对六个城市开展的"中国城市家庭教养中的祖辈参与问题研究"调查数据显示，自被访儿童出生到小学阶段，近八成（79.7%）家庭存在祖辈（包含祖父母和外祖父母）参与儿童家庭教养的现象。有超过七成的家庭，在幼儿园前（77.7%）和幼儿园期间（72.9%）这两个阶段，存在祖辈参与家庭教养的现象；到小学阶段，祖辈参与家庭教养的比例虽然有

---

① 孙云晓. 中国家庭教育蓝皮书（2016）[M]. 北京：教育科学出版社，2017：190.

明显的下降,但其仍是多数家庭的选择(60.1%)。在所有接受调查的家庭中,在儿童成长的不同阶段,约六到七成家庭采取了父辈和祖辈联合教养的模式对儿童实施家庭教育,其中,无论是学龄前还是小学阶段,父辈为主、祖辈为辅的联合教养形式都是过半家庭的选择。祖辈参与方以一位女性祖辈(奶奶或外婆)参与为主。

虽然单一的父辈教养模式在四类教养模式(分别是单一的父辈教养、单一的祖辈教养、父辈为主祖辈为辅的联合教养、祖辈为主父辈为辅的联合教养)中所占的比例位居第二,但是在所有接受调查的家庭中,其占比远低于联合教养模式。[1]

父辈与祖辈联合教养解决了父辈家长在家庭教育时间上的困境,且有利于发挥祖辈家长有丰富育儿经验和阅历的优势。但是不可避免地,这模式也存在祖辈家长思想陈旧、过分宠溺儿童、两代家长教育观念不一等问题,这在一定程度上削弱了家庭教育的效果。

(4) 日常家庭教育的责任主要由母亲承担,父亲教育相对缺失

"家庭母教,乃是贤才蔚起,天下太平之根本。"母亲在家庭教育中的重要性是众所周知的。我国古有"孟母三迁"、"岳母刺字"等典故,现有众多"最美妈妈"的故事。虽然我们已经处在新时代,但主要由母亲承担日常家庭教育责任的传统依然得以保持,这一点无可厚非;然而,部分父亲缺席家庭教育的状况与新时代家庭教育的理念相悖。

第二次全国家庭教育现状调查数据显示,在"抚养教育孩子的分工"方面,夫妻共同承担的比例约四成,母亲为主、父亲"缺位"的比例也近四成。在十四项计算"抚养教育孩子的分工"的指标中,从平均百分比来看,"爸妈共同承担"为40.6%,"妈妈为主"为40.3%,"爸爸为主"为11.6%。从具体指标来看,有四项指标以"妈妈为主"的比例超过一半,分别是：给孩子买生活用品(65.9%)、照顾孩子的饮食起居(60.6%)、开家长会(55.3%)、辅导孩子学习(50.2%);与之相应,这四项指标以"爸爸为主"的比例分别仅有 4.8%、4.3%、18.4%、15.1%。

以"妈妈为主"不仅表现在孩子抚养方面,也表现在孩子教育方面,如开家长

---

① 岳坤.中国城市家庭教养中的祖辈参与问题调查报告[C]//2017 年家庭教育国际论坛新家庭·智慧爱发言集：179—180.

会、辅导孩子作业、培养孩子特长等。[①]

上述家庭教育中存在的种种现象，给家庭教育行为带来诸多问题，如爸爸缺位容易导致妈妈建立的行为规则不够严格，孩子比较任性；妈妈产生负面情绪较多，导致亲子沟通不畅等。所以，为了积极发挥家庭教育在少年儿童成长过程中的重要作用，促进学生健康成长，不仅需要进一步明确家长在家庭教育中的主体责任，更需要充分发挥学校在家庭教育中的重要作用，为家长提供专业指导。

（三）家庭教育的常见误区

随着中国经济社会的飞速发展，人们的生活方式发生了巨大的变化。信息渠道增多，社会价值观呈现多元化趋势，孩子们受到的影响越来越复杂，这一切都使出生在这个时代的孩子面临前所未有的挑战，家长也在培养孩子的时候空前焦虑，甚至盲目，现代家庭教育中各种问题日益突出。

1. 认知误区

（1）不能输在起跑线上

不知从什么时候起，"虎爸"、"虎妈"等词汇进入了人们的视野，而在"虎爸"、"虎妈"的棍棒底下又诞生了许多"牛娃"，于是乎，近几年整个社会普遍进入"全民鸡血"状态。加之当代社会的激烈竞争，必然引起孩子在求学方面的白热化竞争，家长过度教育现象比比皆是。不少家长要求孩子在幼儿园阶段就要写英文作文、要会算四位数加减法等。在各大辅导机构不乏不到两岁的幼儿，学钢琴、学绘画、学围棋、学珠心算，甚至有家长让孩子仿效"玖月奇迹"从小学习"双排键"。而为了让孩子在"幼升小"大战中脱颖而出，进入名校，不少家长在婴幼儿未达到一定认知水平的情况下，向孩子灌输大量学科知识。有的家长在"人有我不能无"的攀比想法的驱使下，让孩子在周一晚上到周五晚上的课余时间里也继续学习，周六日更是从早到晚，甚至连吃饭时间也被占用。

家长"望子成龙"的心态完全能够理解，可是这样的做法，有可能磨灭孩子本来的天性。

---

① 关颖. 第二次全国家庭教育现状调查报告［EB/OL］. http://www. doc88. com/p7794591653654. html.

（2）将家庭教育附属于学校教育

当前，我国不少家庭的教育功能已被异化，成为学校学科教育的延长，家长异化为应试教育的陪练，抽空了家庭教育的基本价值。

很多家长存在重知识、轻德育的现象。在学校里，有老师监督课业，回到家里，有父母监督学习，学生们几乎成了一部学习机器。家长重视学习固然好，但轻视或舍弃家庭教育的其他功能，就会陷入未成年人教育的误区。

很多家长成了应试教育的陪练。在课余时间，家长不是带着孩子继续上课外辅导班，就是严格监督孩子完成学校的作业，孩子和父母之间的交流也完全围绕应试训练而展开。

做家长的几乎把全部心思、精力，以及财力都用在了子女的学习辅导、成绩提高上，以至于甚少考虑如何教孩子做一个诚实、勤劳的人，如何教孩子做到生活自理、生活自立等问题，家长忽视了家庭教育的根本所在。[①]

（3）让学校教育代替家庭教育

有家长在家庭教育方面往往存在这样的认识误区，即认为孩子一旦被送进学校，教育的责任就落在相关机构。这种认识误区容易导致一方面家长放松对孩子的教育，使孩子缺少了应有的家庭教育；另一方面，一旦孩子在学校出现情绪不稳、行为不良，或是学习困难、人际关系不和谐等问题，家长就会认为是学校教育不当所致，家庭和学校之间甚至由此产生矛盾，不利于孩子的教养。

家庭教育和学校教育的对象都是人。坚持以人为本、全面实施素质教育是我国教育改革发展的战略主题，"德育为先"、"能力为重"、"全面发展"是学校教育和家庭教育的共同任务。让孩子成人、成才，培养他们成为适应社会的全面发展的人，这是家庭教育和学校教育共同的终极目标。

学校和家庭是不同的教育载体。概括而言，学校教育与家庭教育的区别主要表现在以下方面：

一是教育职能不同。家庭具有与人的生存和发展相关的多种功能，教育只是其中之一。学校是有计划、有组织、有目的地实施系统教育的机构，教育是其专门的功能。

二是教育环境不同。家庭教育发生在自然的家庭环境之中，不需要专门的教

---

① 杨咏梅. 莫把家庭教育当成学校教育附庸[J]. 上海少先队研究，2015（2）：60—61.

学设备和固定的教材。学校是构建的教育环境,在统一的教室里,需要借助各种教学设施、课本来完成。

三是教育者和受教育者的关系不同。父母与孩子的关系是自然形成的,终生不变,父母有不可推卸的教养子女的义务。教师与学生是人为形成的师生关系,而且不断变化,老师有自行择业的权利。

四是教育内容不同。家庭教育随意性强、灵活机动,教育内容涉及做人、做事的方方面面。学校教育有统一的教学大纲、教材,以向学生传授知识为主。

五是教育方法、途径不同。家庭教育主要依靠父母自身人格的力量影响孩子,教育融于日常生活中,随时随地进行。学校教育主要依靠教师的言语,通过课本和教学设备向学生传授知识进行,教育过程是特定的、阶段性的。

六是教育对象不同。家庭教育中父母多是一对一地进行个别教育。学校教育中教师多被安排对就读学生进行集体教育。

家庭教育与学校教育的种种不同,正是家庭和学校这两个不同组织各自的特点,也决定了家长和教师在教育孩子时角色职责有所不同。[①]

2. 方法误区

(1) 教育方法简单甚至粗暴

有些家长自以为是,经常摆出长辈的架子,凡是自己提出的要求,一定要子女绝对服从,以此树立自己的绝对权威。一旦孩子犯了错误,他们容不得孩子半点解释。有的家长粗暴武断,经常居高临下地跟孩子说话,希望孩子完全接受自己的想法,缺乏和善的态度,导致孩子对家长"心口都不服"。

有一些家长认为"棍棒底下出孝子"、"不打不成器",一旦孩子犯错误,不问原委、不分性质、不分场合,动辄严厉斥责、侮辱,甚至体罚孩子。这样做不仅不能让孩子真正认识到错误,而且伤害了孩子的自尊心,甚至会导致非常严重且无法弥补的后果。

(2) 唯学习成绩至上

不少家长为孩子设计好了一条所谓的"发展道路",即让孩子上有名的中小学,考上有名的大学,改变自己的阶层,挤入上流社会。为了达到这些目标,孩子

---

① 相关内容可以参考:鲁洁. 教育社会学[M]. 北京:人民教育出版社,1990;赵忠心. 家庭教育学[M]. 北京:人民教育出版社,2000;黄河清. 家校合作导论[M]. 上海:华东师范大学出版社,2008;关颖. 家庭教育指导者培训教程[M]. 天津:天津社会科学院出版社,2017.

们夜以继日地奔波在各种培训班中，殊不知，在这种紧张的安排下，孩子们学习成了走过场，只为完成任务。孩子们缺乏学习兴趣，缺乏学习的主动性和积极性，效果可想而知。杨东平曾说过，一个家庭对孩子的教育成功，有两个标准：一是孩子能够与书为友，养成阅读的习惯，"喜欢读书的孩子不会学坏"；二是孩子形成了独特的兴趣爱好和发展方向。如果实现了这两点，对孩子的教育也就算成功了，孩子就会主动学习。由此来看，不少家长的力气用错了地方。

由于家长更加关注孩子的学习，把学习看作是孩子唯一要做的事情，为了让孩子专心学习，家长包揽了所有除了学习之外的事情，比如洗衣服、整理房间、打扫卫生等。还有一些家长觉得孩子做的事情入不了自己的眼，一边指责孩子，一边包揽需要孩子自己来做的事情，让孩子得不到锻炼。看似好心为了孩子学习的家长，其实在无形中让孩子丧失了生活的能力，而缺少了生活能力的人，在社会上想要生存下去是很困难的一件事情。

（3）家长缺位，教育欠缺

家长在对子女的教育中缺位主要表现为两种情况，一种是留守儿童的家庭教育缺位，一种是部分家庭出现的"丧偶式教育"。

留守儿童分农村留守儿童和城市留守儿童。农村留守儿童的出现是因为随着社会开放和城镇一体化进程加快，大批农村劳动力由农村流向城市，由不发达地区流向发达地区，鉴于城市和发达地区高昂的生活费用难以承受，加上多数农民工自身工作和生活尚不稳定，大部分农民工只好把未成年子女留在原籍，于是，便出现了大批留守儿童。而在城市中，父母双亲或单亲因外出工作、学习进修或其他原因长期不能与孩子生活在一起，这些孩子留守在家，或被寄托给亲戚、祖辈，他们成为类似农村留守儿童的又一个群体——城市留守儿童。两类群体的家庭教育通常都是由祖辈或亲戚负责的，由于缺少父母的关爱及有效的教育、心理疏导和管理，部分留守儿童出现行为偏差——在家里不听临时监护人的教导和管理，顶撞祖辈，我行我素；在学校自由散漫，常有迟到、旷课、逃学、说谎、打架等不良行为。

现代家庭教育中还出现了一个很常见的现象，就是家庭角色的缺位——"丧偶式教育"，即夫妻一方只负责赚钱，几乎不参与孩子的教育问题，孩子的教育都由另一方负责。相对来说，爸爸缺位往往是最常见的。由于妈妈易焦虑、抑郁，特别是在生完孩子之后尤为明显，而焦虑、神经质的情绪会传染给孩子。这种家长缺位的教育往往导致孩子脾气较大、易怒,控制情绪的能力较差,较情绪化。一般来说,爸爸比妈妈更加理性、更有原则性,爸爸参与教育对于孩子来说是一种极大的保护和促进。

（4）错误的陪伴

与家长在教育中缺位的情况形成鲜明对比的是,现在很多父母感叹"再不陪伴孩子他们就长大了",所以他们想尽办法甚至牺牲自我去陪伴孩子。可这个时候,不少家长陷入了下面几个误区:

① 陪同＝陪伴

常看到父母亦步亦趋地跟在孩子左右,散步、逛商场、写作业……但孩子仍然是一个人自言自语或者自己玩,父母好像没听到孩子说的话,而在想自己的心事,甚至抱着手机不放。父母人在心不在,更没心情体验孩子的快乐,这样的陪同不算陪伴。

② 看管＝陪伴

父母紧紧跟在孩子身边不断地提醒他们这个不可以,那个不行;替孩子做这做那,害怕孩子摔着,怕孩子受委屈,怕孩子走弯路……父母没有看到孩子的需要,更没随着孩子的长大,不断扩展他们的独立成长空间。长此以往,不仅父母疲惫,孩子也辛苦,这样的看管,不是陪伴。

③ 物质满足＝陪伴

很多父母为弥补忽略孩子的内疚,偶尔有时间陪孩子,就豪爽地花钱给孩子买各种东西,不管孩子需要的、不需要的,都买。流行的品牌、最贵的学校、最好的老师,这些或许可以让父母自己内心平衡,却无法填补孩子内心缺爱的空虚。

④ 说教＝陪伴

很多父母难得与孩子在一起,却不停地讲各种道理,讲自己有多辛苦,说这一切都是为了孩子,说自己都是对的。父母以为这些话能激发孩子的积极生活状态,却不知在"内疚和负罪感"中长大的孩子最无力,他们只有自我否定,只有自我纠结和挣扎,没有能力去改变,孩子害怕这样的"陪伴"。

⑤ 妈妈的守护＝陪伴

很多家庭认为守护孩子是母亲的天职,负责在外赚钱养家是爸爸的责任,爸爸成了"不回家的人"。妈妈只能给予孩子母性的爱,而自信、力量、与世界的关系和联结,这些是需要爸爸的引导和示范的,不可能什么都让妈妈代替。

　　父母双方都承担着对子女的教育责任，双亲抚育是有利于孩子成长的最理想的模式。传统的中国是父权制社会，主张"男主外，女主内"，在家抚养孩子成为女人的"专利"，男人对家庭琐事和子女抚育少有顾及。这种传统的家庭角色分工根深蒂固，尽管现代女性已走出家门参加工作，但作为父亲在抚育子女中的作用仍然未得到增强。

　　父亲和母亲具有不同的性别特征和行为表现，对孩子的发展起着不同的作用。一般认为，女性比较文静、温柔、细致、体贴、感情用事、注重小节，表现在教养方式上为静态、言教、慈爱；男性比较好动、理性、刚强、果断、不拘小节，表现在教养方式上为运动、示范、严厉。父亲和母亲所表现出的特质和行为方式虽然不同，但是没有优劣之分。孩子健康成长需要父母配合、优势互补。只有父母给予孩子由内而外的呵护、有静有动的引领，孩子的身心发育才能顺畅，人格塑造才能完整。

　　著名社会学家费孝通曾专门论述了"双亲抚育"，指出"在过去的历史中，人们似乎找到了一个比较有效（效力总是相对的）的抚育方式，那就是双亲抚育"。他把夫妻和子女称作"社会结构中的基本三角"，以此来描述家庭成员相互之间的关系及其相互连接构成的一个完整的家。而一旦夫妻一方从家庭中分离，这个"三角"失去了一条边，孩子从父亲或母亲那里得到的爱抚和教育便会是不完整的，甚至是畸形的。在现实中，尽管有的家庭其结构是完整的，但教育功能缺失，即父亲或母亲对孩子不尽抚养教育义务，这同样会给子女带来不利影响。[①]

二、家校合作现状

　　教育是个系统工程，家庭教育、学校教育和社会教育是整个教育系统的子系统。系统要整体优化，才能发挥最佳作用，这就要求内部子系统必须协调配合，同时又分工明确。家校合作是社会发展对家庭与学校关系的新要求，家庭教育和学校教育应在正确的思想指导下，形成教育合力，促进学生全面发展、终身发展。对家校合作这一概念，不同学者站在不同角度提出了不同的见解：

　　王山认为，家校合作是家庭教育与学校教育结合起来对孩子进行的协调

---

① 关颖.家庭教育指导者培训教程［M］.天津：天津社会科学院出版社，2017.

教育。

丁伯正指出,家校合作要以学生为出发点,以学生为中心,并最终促进学生的全面发展。

马忠虎认为,家校合作是指对学生最具影响的两个社会机构——家庭和学校之间形成合力对学生进行教育,使学校在教育学生时能够得到更多的来自家庭方面的支持,而家长在教育子女时也能得到更多来自学校方面的指导。这强调了家庭和学校在教育过程中享有平等的地位。

黄河清在《家校合作导论》中提出,家校合作是家庭与学校以促进青少年的全面发展为目的,家长参与到学校的教育教学活动中,学校指导家长进行家庭教育,家校双方互相配合、相互支持的双向互动活动。

美国约翰·霍普金斯大学的研究专家爱普斯坦则强调了学校、家庭、社区三者对孩子教育的共同责任,将家校合作的含义由"家庭学校"扩展到"家庭学校社区合作",另外爱普斯坦还提出了在家校合作过程中不能忽视学生主体地位和学生的重要作用这一观点。

综合上述学者对家校合作的概念界定,可以看出家校合作的内涵包括以下几个方面:第一,家校合作必须要家庭和学校一起参与,双向互动,相辅相成,形成合力。第二,家校合作的主体是学生,所以合作要围绕着学生的成长需要展开,将促进其全面发展作为最终目标。第三,家校合作的组成部分不仅仅是学校和家庭,还包括社会,合作中不能忽视社会因素的参与。第四,学校和家长在合作中要建立一种稳定的教育伙伴关系,而不是一方依附另一方。

家校合作的目标是促进孩子健康而全面发展,其途径是提升学校教育水平、提升家庭教育水平,并且促进两者密切合作。从本质上说,家校合作的方向不是把家庭变成学校,而是让家庭更像家庭,要积极促进家庭建设,因为美好而完整的家庭最有利于孩子成长。家校合作的内容和形式十分丰富,如果以在合作活动中发挥主导作用的主体划分,可以分为两大类:一类活动的主体是家长,即家长参与学校教育;另一类活动的主体是学校,即学校指导家庭教育,或称为学校进行的家长教育。

近年来,对家校合作现状的研究成为国内教育领域的热点之一,以 2017 年家庭教育国际论坛为例,与会者就"学校里的家长志愿者"、"城市家庭教养的祖辈参与状况"、"杭州市时代小学家校合作"等问题进行了交流发言,这些研究都从某个特定视角对部分区域家校合作的现状进行了研究。2016 年 5 月,奉贤区教育学院成立了家庭教育研究与指导服务中心,面向广大家长先后开展了两次大调研,分别为 2016 年 11 月组织的"奉贤区家庭教育指导需求调查"和 2017 年 12 月组织的"奉贤区家长参与支持学校工作基本情况"在线问卷调查。通过这两次调查,研究者对本区家校合作情况,即家长参与支持学校工作情况和家庭教育指导情况有了全面的把握。

(一) 家长参与学校教育的现状

随着现代治理理念深入公共服务领域,学校也逐渐敞开大门,吸收家庭和社会力量参与学校事务管理。家长对学校事务的管理和支持源于家校之间的相互理解,而相互理解则源于顺畅的沟通。家长参与学校教育主要包括以下几个方面的内容:参加校务委员会等决策活动(如学校课程设置,人事、财务决策等),参加学校组织的教育教学活动(如学校运动会、演出、科学展出等),参加家长培训或研讨会(学校为提高家长的参与度而举行的家长培训班和讨论会等),做学校志愿者,进行家校沟通(如教师家长会议,家长和教师通过各种不同的方式与渠道进行交流等),指导、监督或陪同孩子学习,帮孩子建立时间观念,与孩子交流沟通学习问题,为孩子创设、提供良好的学习环境、条件等。

根据家长参与学校教育内容的不同,大体可以将其分为以下四个类别:一是,家长参与学校活动,如参加家长会、个别家长见面会、学校开放日、亲子活动、开学或毕业(结业)典礼等。二是,家长参与学校教学,如家长开发校本课程、家长开设拓展课程、家长开展教学评价、家长参与教学研究工作等。三是,家长参与学校管理,如成立家长委员会、参与学校领导接待日活动、填写调查问卷等。四是,家长为学校服务,如成为家长志愿者等。

1. 家长参与学校活动

(1) 家长会参与情况

家长会是由学校或教师发起的,面向学生家长的交流、互动会,主要以教师介绍教育教学安排或相关政策为主,是学校组织的较为正式的教师与家长联系沟通的活动。

数据显示,近七成的家庭通常由母亲参加家长会,近三成的家庭通常由父亲参加家长会。由父母参加家长会的家庭占受调查家庭的 97% 以上,这表现出父母对家长会的高度重视。

（2）家长参加亲子活动

与母亲在指导家庭作业中承担主要职责的调查结果相同，学校组织的亲子活动（如阅读、探究、劳动或运动会等），通常也多由母亲参加。调查数据显示，近七成的家庭通常由母亲参加亲子活动，二成多的家庭通常由父亲参加亲子活动。

（3）家长参加学校开放日

家长开放日是学校组织开展的面向学生家长的活动，通常分批让学生家长来学校深入课堂聆听教师的讲课，目的在于让学生家长深入了解自己的孩子在学校的表现，了解老师的讲课水平，增加学校办学的透明度。调查数据显示，近半数的家长每次都参加学校组织的开放日活动，有约一成家长从未参加过类似活动。

2. 家长参与教育教学

从广义上看，家长参与教育教学有在校参与和在家参与两种。总的来看，家长在校参与教育教学的比例相较在家参与的比例要低得多，而且家长在校参与教育教学的比例相较参与活动、服务的比例也要低得多。

（1）家长授课或开发课程

总的来说，家长在校参与学校教学活动的比例相对较低。从数据来看，家长参与校本课程开发的比例略高于进课堂讲授的比例。具体表现在两个方面：第一，当被问及是否给学生讲过课（含经验交流）时，仅有不到 20％ 的家长表示有过类似经历，其中平均一学期讲课 1 次及以上的家长仅占受调查人数的 4.72％。第二，当被问及是否参加过学校或班级的校本课程开发时，有 22.22％ 的家长表示有过类似经历，其中平均一学期参加 1 次及以上的家长仅占受调查人数的 5.99％。

（2）家长指导家庭作业

调查数据显示，超过六成的家庭平时是由母亲来指导学生完成家庭作业的，逾两成的家庭平时是由父亲来指导学生完成家庭作业的，另有一成多的家庭是由他人代劳的，其中学校晚托班、校外晚托机构和其他人都占有一定比例。

对于自己辅导作业的能力，近半数的家长感觉"自己没办法辅导孩子的家庭作业"，这部分家长占受调查人数的 46.53％；逾半数的家长认为自己有能力辅导孩子的家庭作业。

3. 家长参与学校管理

家委会是家长代表参加的一种群众性的社会团体。它的重要任务有密切联系家长，收集并及时反映家长对学校工作的建议和意见，协助并参与学校的教育和管理工作等。调查数据显示，受调查人员中，11.55％的家长现在是学校或班级家长委员会的成员，6.04％的家长曾经是学校或班级家长委员会的成员，超过80％的家长未曾入选学校或班级家长委员会。

对于家委会的作用，近80％的家长持肯定态度，认为家委会能"代表家长意愿，与学校或班级沟通，并获得成效"。但是实际生活中，仅有47.06％的家长曾经向家委会反映过学校或班级问题，其中9.02％的家长平均一学期反映2次及以上。半数以上的家长未曾向家委会反映过学校或班级问题。

4. 家长为学校服务

家长志愿者活动是家校合作的标志性活动。只要说到家校合作，就会联想到家长志愿者。调查数据显示，71.12％的家长参加过学校或班级的志愿服务工作，如上下学护导、布置教室、运动会服务等。其中，19.06％的家长做志愿者的次数相对频繁，平均一学期2次及以上。

5. 家校资源共享

共享是当前我国经济与社会发展的重要理念之一。家校合作的目的之一也是通过整合学校资源和家庭资源，提高教育教学效果。从家长角度来看，共享一方面包括将家庭闲置资源提供给学校，或为学校提供有利的信息资源；另一方面也包括合理使用学校资源提高个人素养。

（1）家庭为学校提供资源

课题组从两个角度对家长向学校提供共享资源的情况进行了调查，结果发现：第一，将近半数的家长给学校或班级提供过小到日用品，大到办公用品的物品帮助。当被问及是否给学校或班级提供过物品帮助时，44.79％的家长的回答是肯定的。第二，两成左右的家长给学校或班级提供过含教育教学信息、采购信息等在内的信息资源。当被问及是否给学校或班级提供过信息资源时，20.71％的家长的回答是肯定的。对比上述二者可以发现，家长向学校提供的物质方面的帮助远多于其提供的信息方面的帮助。

（2）家长利用学校资源

近年来，教育部等相关部门制定出台了多个文件，鼓励学校资源向社区开放，发挥学校在促进学生终身学习、建设学习型城市中的积极作用。调查数据显示，相较于向学校提供资源的家长的比例，利用学校资源促进个人发展的家长的比例明显要高很多。近85％的家长曾经去过周边学校的剧场、室内体育馆或游泳池等场馆观看演出、锻炼身体等(陪同孩子上课、训练等除外)，其中，26.03％的家长经常使用学校的上述场馆设施，平均一个月达2次及以上。

(二)家庭教育指导的基本情况

1. 家长的视角

调查显示，多数家长认为家庭教育指导有必要，认为教师有能力指导家庭教育，且接受家庭教育指导的积极性较高；但是，在现实生活中遇到家庭教育方面的问题时，主动请教班主任或任课老师的家长的比例相对不高。

(1)家长对家庭教育指导的必要性和需求的认识

当被问及是否认为有必要"接受家庭教育指导培训"时，回答"有必要"和"非常有必要"的家长占比达到90％以上。关于家长急需的家教指导内容，幼儿园儿童家长选择最多的三项分别是"良好生活习惯培养"、"幼儿身心发展特点"和"增强幼儿的抗挫能力"；中小学生家长选择最多的三项分别是"学习习惯培养"、"青少年心理健康"和"品行教育"(行为习惯、德育等)。

(2)家长对教师家庭教育指导能力的认识

当被问及"班主任和任课教师是否有能力指导您正确教育孩子"时，选择"多数老师有能力"的家长占比达到93.2％，选择"没有"的家长占比不到0.5％。这说明家长比较认可教师的家庭教育指导能力。

(3)家长参加家庭教育指导活动的情况

当前，奉贤区教育学院家庭教育指导和研究中心指导家庭教育的途径比较多元，开发开放优秀家教活动项目，为贤城父母进行免费早教指导、家长心理保健指导、青春期孩子家庭教育指导、儿童情绪问题识别与指导等。

家长参与三个常见指导服务的具体情况：家长学校课程或教育专题讲座、家长慕课(仅在12所学校试行，所以该数据为12所学校的数据)和"贤城父母"微信公众号。其中，家长参加学校或班级组织(含老师发布信息)的家长学校课程或教育专题讲座和学习"家长慕课"的占比较高，都超过了87％；家长阅读"贤城父母"微信公众号文章的占比略低，为65.0％。

(4)家长在家庭教育活动中向教师请教的情况

从前面的数据可以看出，当前家长对家庭教育指导的必要性非常认可，而且也会积极参加学校/教师组织或推荐的家庭教育指导活动。那么，当在日常的家庭教育活动中遇到难题时，家长是否会积极主动地向教师请教呢？

当被问及这个问题时，选择"基本上会"和教师沟通的家长的比例（66.3%）高于选择"偶尔会"和"从不"的家长的比例，但是，低于相信"多数教师有能力"指导其正确教育孩子的家长的比例（93.2%）。

通过进一步追问，我们发现家长在发现孩子日常行为习惯出现问题或发现孩子学习习惯出现问题时，首要求助对象虽然以班主任或任课教师为主，但是其他求助对象也占据相当比例。数据显示，当发现孩子日常行为习惯（如文明礼貌、诚实守信等方面）有问题时，不到五成的家长首先想到和班主任或任课教师沟通，约两成的家长首先求助的是亲戚或好友，还有约一成的家长首先求助的是网络，另有近一成的家长首先求助的是其他对象。而当发现孩子学习习惯出现问题时，将近七成的家长首先求助班主任或任课教师，不到一成的家长首先求助的是亲戚或好友，另外两成家长首先求助的是其他家长、书籍、网络或其他对象。

2. 学生的视角

总体来看，学生对家庭教育的满意度较高，但不同年龄段学生对家庭教育的满意度不同，总体上满意度随着年龄增长而下降；就家长给予的关心与家长给予的理解和帮助两方面来看，学生对前者的满意度高于后者；而对于家校联系沟通情况，学生的满意度较低。

（1）学生对家庭教育满意度高，但是随着年龄增长满意度有所下降

2017年5月3日到5日，奉贤区在84所中小学校（含中职学校，下同）开展了"中小学生'七彩成长'满意度问卷调查"，题目包括5个模块：学生对在校学习生活状态的自我评价、对班主任和班集体的认同度、对老师和学校教育教学的认同度、对学校环境设施和后勤保障的认同度、对家庭教育的认同度。

调查数据显示，在5个模块中学生对家庭教育的认同度得分最高，平均值为9.45分（满分10分，下同），远高于其他几个模块的平均值。

但是学生对家庭教育的满意度随着学生年龄的增长而逐步下降，到高中一年级时达到最低（8.79分），后又有所提高，且在高中三年级时有明显回升。在此次调查的10个年级中，该模块平均值有两次急剧下降，分别出现在小学五年级到初中预备班期间以及初中三年级到高中一年级期间。这说明处于学段过渡期的学生，对家庭教育有特殊需求。

（2）学生对家长给予关心的满意度最高,对家长给予理解和帮助的满意度略低

"中小学生'七彩成长'满意度问卷调查"中关于家庭教育的问题有两个:一个是对"父母亲和长辈们关心我的快乐成长"(简称家长给予关心,下同)的满意度,一个是对"父母亲和长辈们理解我学习或生活上的困难,并给予及时合适的帮助"(简称家长给予理解和帮助)的满意度。对于这两个问题,学生的反馈略有差异。

学生对家长给予关心的满意度为9.61分,在24个与满意度有关的问题中位居榜首。具体来看,近95.0%的学生对家长给予关心表示"满意"和"基本满意",其中选择"满意"的学生占比高达86.0%。学生对家长给予理解和帮助的满意度为9.30分,在24个与满意度有关的问题中位居第10位。具体来看,近92.0%的学生对家长给予理解和帮助表示"满意"和"基本满意",其中选择"满意"的学生占比为76.7%。

这种差异在一定程度上说明,家庭教育的水平普遍尚停留在比较低的层面,还不能完全满足学生成长和发展的需要,家长的教育能力有待提高。尤其是随着学生年龄增长,匮乏性需要的迫切性逐渐降低,成长性需要的迫切性逐渐增加,家庭教育的重点需要随之有所变化。

（3）学生对于教师与家长的联系沟通情况的满意度较低

"中小学生'七彩成长'满意度问卷调查"特别涉及学生对"老师经常通过家访、电话或微信等联系我父母亲等家长,反映和了解我的学习情况"(简称家校联系沟通情况)的满意度。

调查数据显示,学生对家校联系沟通情况的满意度为8.59分,在24个与满意度有关的问题中居第21位。具体来看,随着学生年龄的增长,学生对家校联系沟通情况的满意度逐渐下降,并在高中一年级时达到极低值。

学生对家校联系沟通情况不甚满意的状况,从另一个方面反映出当前家校联系沟通存在较大问题,相关教育行政部门、专业指导机构和中小学校需要重新审视这一问题,并提出相应的改善措施。

3. 学者的视角

学者们认为家庭教育指导需要政府、学校、社区、媒体和社会机构的共同参与,其中各级各类学校的教育工作者是家庭教育指导的主力军;同时,他们指出,家庭教育指导有正向功能与负向功能,在实践中要正视负向功能,增加正向功能,

减少负向功能。

家庭教育指导是家庭以外的机构、团体和个人为使家庭正常发挥教育功能而向家庭提供帮助与指引的活动。担负家庭教育指导责任的主体有政府、学校、社区、媒体和社会机构等，它们在家庭教育指导中发挥着不同职能。政府的职能主要体现在对家庭教育指导的领导决策、组织协调、规范监督和评价考核等方面；学校和教师的职能主要体现在与家长形成合作伙伴式的教育联盟、提高教育质量、促进儿童发展、推动教育公平等方面；社区的职能主要是利用丰富的资源和天然优势建立家庭教育指导公共服务体系；媒体的职能是确保宣传家庭教育的正确导向，对家庭教育进行科学的引领；社会机构的职能是为家庭教育指导提供法律依据、政策指导和物质保障，提高家庭教育指导的专业化水平，加强规范，提升资源的整合力度等。[①]

总之，家庭教育指导需要全社会共同参与，但是因为学校和班级老师比较了解学生的基本情况，所以其在家庭教育指导中具有独特的优势和意义。中国儿童中心对六省市（山西、山东、江苏、河南、广西、重庆）家庭教育指导现状的调查也显示，超过半数的家庭教育指导来自学校，不到十分之一的家庭教育指导来自社会专业指导机构。[②]

虽然家庭教育指导的正向功能不容置疑，如它能有效提升家长的教育素质，对家长的教育思想和观念会产生潜移默化的影响，有助于促进儿童健康成长，但是，需要注意的是，家庭教育指导也有一定的负向功能。一方面，家长在接受指导后改变自己的教育观念、教育方法或者教育行为，会在一定程度上给儿童带来适应上的困惑与困难，有可能在一定时间内给儿童的成长带来消极影响；另一方面，家庭教育指导不可避免地会受主流价值引导，可能对多元价值观造成一定冲击。因此，学者们提醒教师在开展工作时，要正视正向功能与负向功能并存的现象，提高辨别能力，增加正向功能，减少负向功能。

4. 家庭教育指导者的视角

家庭教育指导者直言不讳地指出他们在开展工作时遇到多重困难，需要专业培训。

---

① 关颖. 家庭教育指导者培训教程[M]. 天津：天津社会科学院出版社，2017：101—102.
② 黄鹤. 我国家庭教育指导的对象、渠道、内容与形式——六省市家庭教育指导现状调查的总结[J].中国校外教育杂志，2017(3)：1—3,5.

虽然家庭教育指导活动一直通过不同形式进行着,但是近年来全国妇联和联合国儿童基金会通过"家庭教育与社会性别平等"项目调查获得的数据显示,62.6%的家庭教育指导工作者表示,他们在工作中遇到的最大困难是"缺乏家庭教育的专业知识"、"缺乏有关儿童发展的专业知识"和"缺乏指导家长的方法"。另外,家庭教育指导者接受定期专业培训的机会不多,他们对接受专业培训有广泛需求。[①] 正是基于上述困境和需求,近年来已有多个省市通过多种渠道开展家庭教育指导者培训活动。

上海市奉贤区在义务教育版家庭教育指导教师教程出版后,依托教程使用开展教师家庭教育指导力专业培训,推进中开展了对教师需求反馈的调研,现将有关情况简要分析如下。

2018年12月,课题组设计了关于教程使用和教师培训需求的问卷,在全区48所中小学校开展调研,1874名教师填写问卷,其所带班级的学段分别是小学和初中,其中现任班主任占接受问卷调查的教师总数的46.8%。

当问及"本教程有效地帮助您开展家庭教育指导工作"时,78%以上的教师表示"同意"和"非常同意"。

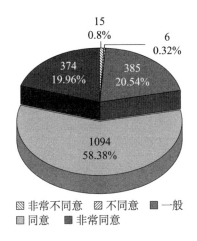

当问及"您已经在家庭教育指导工作中有意识使用本书传授的观点或策略"

---

① 焦健. 中国家庭教育现状与家庭教育指导/服务展望[C]//2008年改革开放与家庭教育论坛文集,127—132.

时，79％以上的教师表示"同意"和"非常同意"。

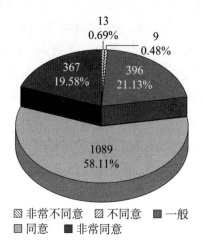

当问及"如下学期教育学院组织专门培训，您参与的意愿"时，70％以上的教师表示"愿意"和"非常愿意"。

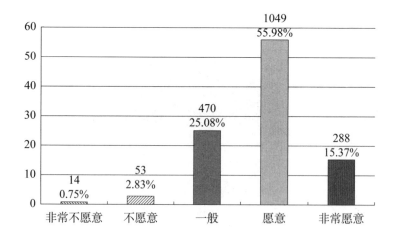

综上所述，当前多数家庭的家庭教育尚存在不科学、不合理之处，加强家庭教育指导刻不容缓，对此，学校与教师应发挥重要作用，主动承担指导使命。然而，部分教师特别是青年教师缺少必要的知识储备，在开展工作时往往困难重重，他们迫切需要专业知识学习和培训。

学校教育与家庭教育的边界在哪里(节选)

杨　雄

中国教育学会家庭教育专业委员会副理事长、上海社科院青少年研究所所长

1. 家庭：一切教育的基础，培养孩子学会"规矩"

从人的发展序列而言，家庭是个体生命成长的最初始的场所。尽管家庭教育与学校教育有交叉重叠部分，但是，家庭教育无法完全被学校教育所替代，家庭教育作为一切教育的基础、教育的重要组成部分，它在孩子成长、发展过程中承担着独特的、终身的教化功能。在笔者看来，学校教育要训练学生遵循"规定"，社会教育要训练公民遵守"规则"，家庭教育则培养孩子学会"规矩"。

2. 学校：帮孩子"扣好人生的第一粒扣子"，迈好人生第一步

如何走好未来生活道路的每一步，是由人生目标与信仰决定的。孩子在12岁到18岁的时候，是树立理想的关键时期。为了让青少年学会自主选择、自我决定，学校需要创造环境，教育引导青少年，尊重他们的抉择，帮助他们去实现目标。引导青少年迈好人生第一步，理应成为当前学校指导家庭教育之首要任务。

3. 家长：不只教认字、读书，更要培养完整的人

教育始于家庭。家长的教育理念、教育方法、教养方式深深影响着孩子。做父母的应明白，教育并不只是教认字、读书、数数等，也包括促进孩子的举止行为、感知认知等各方面的发展。首先，家长在平时生活中应潜移默化地为孩子做出行为示范。比如，如果父母相亲相爱、关系融洽，脾气各方面都很好，那孩子在以后的人生道路上也会平易近人。其次，家长应让孩子在规则与自由中健康"成人"，让孩子学会遵守规则又拥有自由。没有规则的自由是放任，没有自由的规则是控制，都是家庭教育不得法的表现。再次，家长应培养孩子自信、悦纳，爱思考、善表达之品性，使他们既要看到自己的优势，也要了解自身的弱点。

4. 教师：帮助家长认识家教，纠偏纠错

众所周知，学校任课教师，尤其是班主任老师对本班学生接触了解较多，在学生眼中也更具权威性。因此，当前由班主任老师指导家长实施、开展家庭

教育,无疑是较为合适的。老师的主要任务是帮助家长提高自身素养与能力,对孩子的家庭教育主要由家长来实施。老师要放下"教育权威"的架子,经常向家长征求意见,虚心听取他们的批评建议;老师要加强学习,提高自身素养与指导能力,指导家长来开展科学、有效的家庭教育。

总之,家教、家长、学校、教师、社会,厘清不同教育因子的边界,使它们有机结合在一起,形成一种整合优势,是新时代面临的重要教育课题。

杨雄.学校教育与家庭教育的边界在哪里[N].光明日报,2018 - 2 - 27(13).

第二章 ‖ 家庭教育指导新方位

家庭教育指导是时代赋予学校和教师的重要使命。家庭教育指导应注重科学性、针对性和实用性,作为家庭教育指导者的教师要树立正确的教育理念,充分运用多种教师教育渠道,提升自身专业素养,提高家庭教育指导力和胜任力。

本章主要介绍开展家庭教育指导需要具备的教育理念,需要熟悉的相关政策,家庭教育指导对中小学幼儿园教师的要求以及区域教育学院(教师专业发展机构)在家庭教育指导中应该承担的责任。

第一节 家庭教育指导的政策导向

家庭教育指导并非新生事物,从 20 世纪 80 年代开设家长学校以来,我国就有了形式多样的家庭教育指导实践活动,宣传普及科学的家庭教育理念、知识和方法。

随着家校共育理念逐渐深入人心,中小学幼儿园在家庭教育指导中的地位日益受到重视。据悉,全国学校系统普遍建立家长学校并常态化开展活动,已建成的幼儿园、小学、普通中学和中等职业学校家长学校有 33.8 万余所。[①] 家庭教育指导进入新的历史阶段。

一、家校共育新理念

随着教育改革向纵深发展,在探索和推动实现学生全面发展的过程中,家校合作育人的新格局逐渐形成。"政府主导、部门协作、家长参与、学校组织、社会支持"是《教育部关于加强家庭教育工作的指导意见》对家庭教育工作格局的定义。家校合作育人,不仅是一种教育新理念,而且会是一种教育新生态。"家校合作",绝不仅仅是加强家庭教育的一项措施,更应当是教育思想、培养模式、学校制度的

---

① 我国建成 33.8 万所家长学校[EB/OL]. 新华网. http://news. xinhuanet. com/politics/2016-12/08/c_129395417. htm.

根本性转变。[①]

（一）教育思想从小到大的转变

"家校合作"，首先是教育思想的转变，是教育思想从"小"到"大"、从"传统"到"现代"的转变。"大"与"小"的观念是指我们对教育的看法，到底是大教育观念还是小教育观念。以往没有实施"家校合作"，是因为小教育观念在人们的头脑中占据着主导地位，认为教育就是学校教育，学校教育就是教育的全部。但作为现代教育工作者，一定要有现代教育观念。现代教育观念，应该是一个大教育观念，即认识到教育包括学校教育、家庭教育、社会教育。如果只看到学校教育，或者认为教育就只是学校教育，那这种教育观念就是小教育观念，或者说是一种传统教育观念，而不是现代教育观念。教育思想从"小"到"大"的转变，就是从"传统教育思想"向"现代教育思想"的转变。

（二）培养模式组成内容的转变

"家校合作"本义上应当是一个研究人的培养模式转变的重大课题，是一个人才培养体制改革的创新探索，绝不仅仅是加强家庭教育的一个措施。"家校合作"，包括今后的"家庭学校社会合作"，可以为构建中国基础教育"全新的育人模式"贡献智慧和方案。中国教育培养模式是"素质教育"模式，采用这一"全新的育人模式"是国家政策。不管"未来教育"如何变化，国家政策是绕不过去的。"家校合作"，准确的定位应当是"素质教育"培养模式的组成内容之一。因此，"家校合作"应当具有并要能体现"素质教育"的理念与特征。

（三）学校制度现代化的转变

当前世界教育开始从"家校合作"走向"家校社合作"。据了解，美国已成立"学校、家庭、社会（社区）合作委员会"，以开展"家校社合作"教育的研究。我国2007年5月颁布的《全国家庭教育工作十一五规划》则为我国教育培养模式从"家校合作"走向"家校社合作"创造了一定的条件。

家校合作既是世界教育改革的热点，又是我国基础教育追求内涵发展的重要

---

① 傅国亮.三大转变："家校合作"再认识[N].光明日报，2018-2-27(13).

内容。教育部国家督学、教育部关工委常务副主任傅国亮梳理了 20 世纪 90 年代至今家庭教育政策发展的三个转折点,强调学校要自觉肩负起家庭教育的主导责任。因此,家校合作最根本的主导权和推动力在学校。

中国教育学会家庭教育专业委员会副理事长、江西省教育科学研究所所长吴重涵认为:从大教育的角度来看,家校合作本身就属于跨界行动,意味着对行动范畴和边界的重新划定,有待于制度化的规范;从趋同化走向个性化,是教育的本质回归,是未来家校合作的方向。

二、家庭教育工作新政策

《教育部关于加强家庭教育工作的指导意见》(教基一〔2015〕10 号)是一个标志性的文件。该文件除在工作指导上加强了力度,关键还表明了教育部对家庭教育工作的态度。从此,教育行政部门和中小学切实担负起指导和推进家庭教育的责任,成为教育系统必须执行的指令。

(一) 明确家长的主体责任

这个标志性文件进一步明确了家长在家庭教育中的主体责任[①]:

1. 依法履行家庭教育职责。教育孩子是父母或者其他监护人的法定职责。广大家长要及时了解掌握孩子不同年龄段的表现和成长特点,真正做到因材施教,不断提高家庭教育的针对性;要始终坚持儿童为本,尊重孩子的合理需要和个性,创设适合孩子成长的必要条件和生活情境,努力把握家庭教育的规律性;要提升自身素质和能力,积极发挥榜样作用,与学校、社会共同形成教育合力,避免缺教少护、教而不当,切实增强家庭教育的有效性。

2. 严格遵循孩子成长规律。学龄前儿童家长要为孩子提供健康、丰富的生活和活动环境,培养孩子健康体魄、良好生活习惯和品德行为,让他们在快乐的童年生活中获得有益于身心发展的经验。小学生家长要督促孩子坚持体育锻炼,增长自我保护知识和基本自救技能,鼓励参与劳动,养成良好的生活自理习惯和学习习惯,引导孩子学会感恩、诚实为人、诚信做事。中学生家长要对孩子开展性别教

---

① 教育部关于加强家庭教育工作的指导意见(教基一〔2015〕10 号)[EB/OL]. 中华人民共和国教育部官网. http://www.moe.edu.cn/srcsite/A06/s7053/201510/t20151020_214366.html.

育、媒介素养教育，培养孩子积极的学习态度，与学校配合减轻孩子过重的学业负担，指导孩子学会自主选择。切实消除学校减负、家长增负，不问兴趣、盲目报班，不做"虎妈"、"狼爸"。

3. 不断提升家庭教育水平。广大家长要全面学习家庭教育知识，系统掌握家庭教育科学理念和方法，增强家庭教育本领，用正确思想、正确方法、正确行动教育引导孩子；不断更新家庭教育观念，坚持立德树人导向，以端正的育儿观、成才观、成人观引导孩子逐渐形成正确的世界观、人生观、价值观；不断提高自身素质，重视以身作则和言传身教，要时时处处给孩子做榜样，以自身健康的思想、良好的品行影响和帮助孩子养成好思想、好品格、好习惯；努力拓展家庭教育空间，不断创造家庭教育机会，积极主动与学校沟通孩子情况，支持孩子参加适合的社会实践，推动家庭教育和学校教育、社会教育有机融合。

（二）确立学校在家庭教育指导中的重要地位

学校在家庭教育中有着重要的作用。对于家庭、学校和社会在家庭教育工作中各自的作用，《教育部关于加强家庭教育工作的指导意见》（教基一〔2015〕10号）提出，要"充分发挥学校在家庭教育中的重要作用"。

该文件将指导家庭教育工作正式列入教育系统的工作序列。它是指导家庭教育工作的一个历史节点，是教育系统加强家庭教育工作的一个新起点。教育行政部门和中小学幼儿园指导和推进家庭教育工作，之前是认识问题，之后是责任问题。

文件明确了当前加强学校家庭教育工作的具体举措：

1. 强化学校家庭教育工作指导。各地教育部门要切实加强对行政区域内中小学幼儿园家庭教育工作的指导，推动形成政府主导、部门协作、家长参与、学校组织、社会支持的家庭教育工作格局。中小学幼儿园要建立健全家庭教育工作机制，统筹各种家校沟通渠道，将家庭教育指导服务计入工作量。

2. 丰富学校指导服务内容。各地教育部门和中小学幼儿园要落实立德树人根本任务，将社会主义核心价值观融入家庭教育工作实践，将中华民族优秀传统家庭美德发扬光大。要丰富学校指导服务内容，通过培训讲座、咨询服务、社会实践、亲子活动等形式，营造良好家校关系和共同育人氛围。

3. 发挥好家长委员会作用。各地教育部门要采取有效措施加快推进中小学幼儿园建立三级（校级、年级、班级）家长委员会。中小学幼儿园要将家长委员会纳入学校日常管理,制定家长委员会章程,将家庭教育指导服务作为重要任务,定期组织开展形式多样的家庭教育指导服务和实践活动。

4. 共同办好家长学校。各地教育部门和中小学幼儿园要配合妇联、关工委等相关组织,在队伍、场所、教学计划、活动开展等方面给予协助,共同办好家长学校。中小学幼儿园要把家长学校纳入学校工作的总体部署,设计较为具体的家庭教育纲目和课程,开发家庭教育教材和活动指导手册。

家长、学校和社会在家庭教育中各有其定位。为深入贯彻落实立德树人根本任务,形成全员育人、全程育人、全方位育人的德育工作格局,2017 年 8 月,教育部《中小学德育工作指南》(教基〔2017〕8 号)进一步明确指出:"坚持协同配合。发挥学校主导作用,引导家庭、社会增强育人责任意识,提高对学生道德发展、成长成人的重视程度和参与度,形成学校、家庭、社会协调一致的育人合力。"再一次强调了学校在家庭教育中的指导作用。

(三) 把握新时代的家庭教育方向

教育始于家庭。家庭是人的思想成熟、精神成长、价值观形成的基础。习近平总书记在第一届全国文明家庭表彰大会上强调:家庭教育涉及很多方面,但最重要的是品德教育,是如何做人的教育。2018 年全国教育大会强调指出:"办好教育事业,家庭、学校、政府、社会都有责任。"因此,根据家庭教育的方向,走出当前家庭教育的误区和盲区,围绕社会主义核心价值观构建家庭文化,营造文明、和谐、健康的家庭生活,加强家庭建设,重视家庭教育,养成良好家风,是发扬光大中华民族传统家庭美德的重大举措和重要任务。

家庭教育价值观是社会主义核心价值观的重要组成部分。要以社会主义核心价值观思想核心和内容为统领,弘扬中华优秀传统家庭教育文化,树立新时代的家庭教育价值观。新时代家庭教育价值观的深刻内涵主要包括以下内容:一是树立崇高的家国情怀;二是树立高尚的道德风范;三是树立博大的仁爱之心;四是树立勤勉的乐学思想;五是树立勇敢的担当精神。①

---

① 翟博. 树立新时代的家庭教育价值观[J]. 教育研究,2016(3):92—98.

第二节 家庭教育指导的变革要求

党的十九大拉开了新时代的大幕。新时代呼唤新人才,呼唤家庭、学校、政府齐抓共管的教育。习近平总书记在全国教育大会上明确指出,"办好教育事业,家庭、学校、政府、社会都有责任"。在这个新的教育体系中,家庭教育的作用和地位日益凸显,让每个家庭、每位家长获得科学的家庭教育方法十分重要,家庭教育指导力建设面临前所未有之变局。

一、家庭教育指导服务体系的构建

（一）以地方政府为主导的家庭教育指导管理系统

各级政府在指导推进家庭教育中发挥主导作用,建立健全部门联动的工作机制,制定出台相关法律法规及政策措施,加大政府财政投入,鼓励社会力量参与支持,促进家庭教育资源均衡配置,切实为家庭提供普惠性、常态化的家庭教育公共服务。

建立健全由党委领导,政府负责,妇联、教育部门共同牵头,文明办、民政、文化、卫生计生、关工委等部门共同参与的规划实施领导协调机制,做到定期沟通工作,研究解决突出问题,联合开展督导调研。

各地、各部门要按照《关于指导推进家庭教育的五年规划（2016—2020 年）》（妇字〔2016〕39 号）的总体要求,将家庭教育工作列入重要议事日程,因地制宜制定切实可行的家庭教育工作规划和实施方案,进一步落实部门职责任务,把家庭教育工作作为中小学幼儿园综合督导评估的重要内容。

积极争取各级政府加大对家庭教育事业财政投入以及购买服务的力度,保障家庭教育工作获得必需的财力支持。积极拓展经费来源渠道,鼓励和支持社会力量参与家庭教育工作,形成政府主导、社会力量支持补充的家庭教育财政保障机制。

（二）以中小学幼儿园为主体的家庭教育指导工作系统

学校进行家庭教育指导的途径有很多,其中家长学校和家委会的作用不容忽视。

家长学校是宣传普及家庭教育知识,提升家长素质的重要场所,是指导推进家庭教育的主阵地和主渠道。2011 年,全国妇联、教育部、中央文明办《关于进一步加强家长学校工作的指导意见》(妇字〔2011〕2 号)从指导思想、主要任务、组织管理、保障措施四大方面提出了十三条意见,其中,特别对不同类型的家长学校(幼儿园、中小学校、中等职业学校、社区的家长学校等)的领导成员及师资队伍作了明确规定。比如,中小学校家长学校校长由分管德育工作的校长兼任,与德育主任、年级组长、班主任、家长代表等人员共同组成校务管理委员会,负责家长学校日常管理事务,每学期至少召开一次管理委员会会议。中小学校家长学校师资队伍可由学校教师、志愿者、优秀家长等组成,有条件的学校可聘请专家或社会工作者开展相关工作。

家长委员会是现代学校制度建设的重要内容。为贯彻落实《国家中长期教育改革和发展规划纲要(2010—2020 年)》提出的现代学校制度建设,完善中小学幼儿园管理制度,教育部就建立中小学幼儿园家长委员会(以下简称家长委员会)工作出台《教育部关于建立中小学幼儿园家长委员会的指导意见》(教基一〔2012〕2号)。该意见把家长委员会作为依法办学、自主管理、民主监督、社会参与的现代学校制度建设的重要内容,明确了家长委员会的基本职责主要有参与学校管理、参与教育工作、沟通学校与家庭三大方面,并就家长委员会建设对学校提出了要发挥主导作用、落实组织责任、纳入日常管理工作这三项要求,强调家长委员会是家长在教育改革发展中发挥作用的有效途径,是构建学校、家庭、社会密切配合的育人体系的重大举措。

(三) 以区域教育学院为枢纽的家庭教育指导专业系统

在家校合作育人这样一个教育生态系统中,作为集区域教师培训进修、教学研究、教育科研和教育信息化等功能于一体的区域教育事业发展专业机构的区域教育学院,要在家校合育格局中发挥"总枢纽"作用。

1. 区域教育学院在家校共育中的角色

"枢纽",《辞海》的解释为"比喻冲要处或事物的关键之处",常指事物相互联系的中心环节。区域教育学院在家校合育大格局中能够起到"总枢纽"作用,理由至少有三:

其一，家校合育构建了一个复杂的教育生态系统，在此生态系统中，有传统教育性主体，如各级教育行政部门、学校和师生，也有非传统教育性主体，如妇联、社会组织和广大家庭。在这样一个复杂的新生态系统中，如何理顺各主体相互之间的关系成为家校合作育人落地时首先要解决的问题。

其二，家校合育需要走专业化建设之路，这不是仅凭单纯的行政指令能够实现的，同时也不是单纯依靠家长和教师的个体力量就能完成的。现实情况是，广大教师尤其是85后、90后的青年教师十分欠缺家庭教育专业指导力，难以自觉完成家校合育这样一个"专业活"，需要专业指导和专业培训。

其三，家庭教育的社会化服务工作是一种界于行政指导与专业志愿者服务之间的工作，需要一个独特的专业化的机构或平台来完成。区域教育学院因其"小实体、多功能、专业化、大服务"的职能定位，正适合承担这一角色。

2. 区域教育学院在家校共育中的功能

具体看，区域教育学院在家校共育中的"总枢纽"功能，主要通过五项工作来实现：整合教育资源、建设师资队伍、引领专业建设、组织指导服务和评估监测。

古语道，"名不正则言不顺，言不顺则事不成"，家校共育需要有一个区域性平台来统筹。要发挥区域教育学院在区域教育中的"人才、信息和专业"等优势，树立"大德育"理念，以学院德研室和学生心理健康教育中心为主体，建立区域家庭教育研究与指导服务中心（简称"家教中心"）。区域教育学院要围绕"服务师生、服务家长、服务社会"的工作宗旨，立足教育需求，聚集专业力量，将区域内分散的家庭教育指导服务资源进行有机整合，重点做好专业力量组建、工作制度规范、信息化平台搭建和工作机制探索四项基础工作，开展区域家庭教育理论研究，指导业务、提供社会化服务。

（1）通过专业化来促进家校共育科学化，这是家校合作育人的基础，更是区域教育学院的立身之本。要从"教师改变和提高"做起，研制涵盖中小幼一体化的区本家庭教育指导教师用书，形成区域化的家庭教育指导专业"标准"，并将之列入新教师和骨干教师常态化培训内容，为教师家教专业素养提升提供保障。要围绕普及并提高广大家长的家教素养开发家长课程，从课程建设的"四个维度"——课程目标、课程内容、课程实施和课程评价出发，系统地架构区本化家长课程。

（2）开展课题研究，提供决策和咨询服务，这是区域教育学院提供家教专业化服务的又一"重器"。要以问题导向和目标导向鼓励和指导各学校及广大教师参与家校合作育人专题研究,让有专长的教师参与各类家庭教育专业论坛、会议,拓展专业视野,逐步形成特色化区域家庭教育课题群。

(3) 发挥专业指导和评价的作用,因地制宜,研制开发测评工具和指标,设立区域家庭教育示范校、优秀校、合格校"三校"建设评价标准,以评促建,以评促改。开展教师家庭教育指导服务专业能力评价,形成科学的评价导向。激发学校和家长的参与热情,让教师和家长群体的教育理念和教育行为经历一次静悄悄的"革命"。

当然,区域教育学院发挥家校共育"总枢纽"作用也面临一些挑战。比如,在相对分散的家教资源体系中,如何做到既准确"定位"、及时"到位",又不"越位"和"错位",实现各种家教资源的有机整合,还需体制机制创新。又比如,家校合作育人是一个"润物细无声"、"细水长流"的过程,需要教育学院和广大德研员有"功成不必在我"的教育境界和教育情怀,以静待花开的定力和境界参与家校合作育人。

总之,家校合作育人已经成为区域教育学院发展的新的生长点,发挥家校共育大格局中的"总枢纽"作用,促进家校在教育教学、学校治理、资源共享方面的合作,是区域教育学院的职责所在、目标所在。

(四) 以社会资源为统筹的家庭教育指导支持系统

各地教育部门和中小学幼儿园要与相关部门密切配合,利用节假日和业余时间开展工作,每年至少组织 2 次家庭教育指导和 2 次家庭教育实践活动,将街道(社区)家庭教育指导服务纳入社区教育体系,为家长提供公益性家庭教育指导服务。

各地教育部门和中小学幼儿园要积极引导多元社会主体参与家庭教育指导服务,利用各类社会资源单位开展家庭教育指导和实践活动。鼓励和支持有条件、有能力的机关、社会团体、企事业单位,为家长提供及时便利的公益性、专业化的家庭教育指导服务。

各地教育部门和中小学幼儿园要鼓励和支持各类社会组织发挥自身优势,以城乡儿童活动场所为载体,广泛开展适合困境儿童特点和需求的家庭教育指导服务和关爱帮扶。倡导企业履行社会责任,引导社会各界共同参与,逐步培养形成家庭教育社会支持体系。

二、开展家庭教育指导的时代需求

（一）重视家庭教育指导的服务规范

家庭是社会和谐、国家发展、民族进步的前提和基础。目前,我国家庭教育指导服务制度不完善,理论研究弱、专业人才少,民办家庭教育指导服务机构虽多,但鱼龙混杂、良莠不齐,急需规范。经过两年多的调查研究和反复论证,中国教育科学研究院与北京广安家庭发展研究院,于 2017 年 12 月 12 日,联合发布《家庭教育指导服务规范》,填补了我国家庭教育指导服务标准这一空白①。

《家庭教育指导服务规范》将为家庭教育的决策和实践提供支持,有效推动家庭教育指导服务的规范化、科学化、制度化进程。中国教育科学研究院单志艳博士从"本土化,发展性,综合性,阶梯性,操作性"5 个维度勾勒了"规范"所要系统建构的家庭教育指导服务体系。首都师范大学家庭教育研究中心主任康丽颖教授认为"规范"既要有理性思考,又要有教育情怀。她建议参考我国台湾地区家庭教育工作者须完成 20 个学分共 360 课时(5 门必修课、5 门选修课)的专业资格认证,进一步细化"规范"的操作性。

"规范"相当于提供了家庭教育指导者的胜任力模型,明确了指导者的基本素养和能力。

（二）加强家庭教育的专业化指导

做好家庭教育指导工作,亟须一支庞大的专业化队伍。国务院颁布的《中国儿童发展纲要(2011—2020 年)》提出"建立家庭教育从业人员培训和指导服务机构准入等制度,培养合格的专兼职家庭教育工作队伍"。《关于指导推进家庭教育的五年规划(2016—2020 年)》明确提出,到 2020 年基本建成适应城乡发展、满足家长和儿童需求的家庭教育指导服务体系。所以,无论是家庭教育指导服务体系的完善,还是家庭教育水平的提升,都离不开对家庭教育专业人才培养的需求。

---

① 杨咏梅.教育指导服务有"规范"了[N].中国教育报,2017 - 12 - 14(9).

家庭教育指导专业化要根据教育系统自身的特点，重视并加强对教师的专业培训。在培训中针对家庭教育的不同需求，为指导者提供相应的解决和分析现实问题的知识与方法。同时，重视社会转型期我国家庭教育指导服务对象和指导服务队伍的发展和变化，注意研究新时期指导服务对象和队伍的新特点。引导教师主动去学，边学边做，互学互帮，以自觉意识和专业基础来做好家庭教育指导，在指导的过程中提高自己，形成教育系统内部的工作机制。

（三）实现家庭教育指导的有效转变

家庭教育指导的根本任务是提高父母的教育素质。社会各方面的力量都可以发挥作用并已经作出许多贡献，例如教育行政部门牵头推进家庭教育的山东潍坊模式，政府拨款妇联牵头推进家庭教育的广东中山模式，以及关工委牵头推进家庭教育的江苏淮安模式。

不管是哪种模式，都要关注家庭教育工作指导的五大转变[①]：

第一，要从家庭教育学校化转变为按照家庭教育的特点与规律指导家庭教育。家庭教育是私人教育，是个性化的教育，是最漫长也最具影响力的教育，这些特殊作用是学校永远无法替代的。最重要的方向与原则就是保护和服务家庭，促进家庭建设，把家庭教育与家庭建设结合起来，从而为家庭教育奠定最坚实的基础。

第二，要引导广大家庭从以知识教育为中心转变为以人格教育为中心。目前，中国家庭教育有一个重大的误区就是重智轻德，许多家庭已经变为第二课堂。家庭教育是决定一个孩子未来职业成功、生活幸福的最重要因素。应该把人格教育作为家庭教育的核心目标。因此，家庭教育工作指导必须坚持社会主义核心价值观的引领。

第三，要引导广大家庭从依赖学校或政府等机构转变为依法履行父母的主体责任。《关于加强家庭教育工作的指导意见》提出："进一步明确家长在家庭教育中的主体责任，充分发挥学校在家庭教育中的重要作用，加快形成家庭教育社会支持网络"。强调家庭监护主体责任不仅应该成为家庭教育工作指导的重大原则，更要成为工作的着力点。

第四，要引导广大家庭从家长的为所欲为转变为尊重儿童的权利。尊重儿童

---

① 孙云晓. 家庭教育指导须实现五个转变[N]. 中国教育报，2016 - 4 - 14(9).

的权利(即生存权、发展权、受保护权和参与权)，是新家庭教育观的重要基石，也是家庭教育工作指导的根本依据。要以儿童权利观的核心思想，即怎么做对儿童发展有利就怎么做，作为家庭教育工作指导的基本原则。

第五，要引导广大家庭从家长只是对孩子指手画脚转变为向孩子学习、与孩子一起成长。信息化时代动摇了家长的权威地位。理性的亲子关系趋向于相互学习共同成长。父母要调整好心态，欣然向孩子学习。好的亲子关系胜过许多教育，而最具现代精神的家庭教育工作指导，一定是把全家人共同成长作为发展原则与理想目标。

总而言之，新家庭教育观的核心内容是强化主体责任，促进家庭建设，健全人格教育，尊重儿童权利，全家人共同成长，而这正是新时代家庭教育工作指导的方向与原则。

三、提升教师家庭教育指导的专业素养[①]

(一) 专业伦理

专业伦理是专业团体针对其专业领域特性而发展出来的一套理想信念、价值取向、道德准则与行为规范，是在该专业领域里工作的行动指南，为专业人士在专业领域内遇到伦理道德问题时提供抉择依据。教师在开展家庭教育指导工作时，面对现代多元化社会所带来的种种冲突与矛盾，要从儿童发展和家庭利益出发，站在国家和民族的高度，坚持公益为先、儿童为本、家长主体的基本价值取向，坚守高尚的道德情操，严格遵守各项法律法规，妥善协调各方矛盾与各种利益关系，发挥家庭教育指导的积极作用。

1. 公益为先

我国的家庭教育指导长期处于社会各界齐抓共管而责任主体不明确的状态。在多元主体之间的冲突与矛盾中，公益为先是家庭教育指导者应该坚守的基本专业伦理。

2. 儿童为本

受传统文化中封建家长制深远影响的忽视儿童权利的成人观以及急功近利

---

① 关颖. 家庭教育指导者培训教程[M]. 天津：天津社会科学院出版社，2017：139—143.

的成才观阻碍了现代儿童观的确立。"以儿童为本"理念的确立要求广大教师引领家长尊重儿童的人格与权益,尊重儿童的独特性,尊重儿童的年龄特点与个性特点,并在此基础上促进每一个儿童生动、活泼、主动、全面地发展。

3. 家长主体

家长是教师在家庭教育指导中最直接的服务对象,只有尊重家长的主体地位,尊重家长的自身需求、学习特点与教育规律,才能为家长提供有针对性的教育指导。以学校(幼儿园)为中心的家庭教育指导要避免使家庭教育成为学校教育的"附属",因为丧失了自身相对独立性的家庭教育,将无法发挥其自身的优势与积极作用。

(二) 专业知识

专业知识作为一种知识类型,是人们为胜任某一领域的工作而必须具备的专门知识。20世纪中后期,学者把教师的专业知识分为本体性知识、条件性知识和实践性知识,这种相对完整的划分被国内众多研究者所援引。教师要胜任家庭教育指导工作,也需要具备如上三种专业知识。

1. 本体性知识

家庭教育指导的主要任务是围绕儿童的身心发育规律和教育发展需求,帮助家长树立正确的教育观念,掌握正确的教育方法。所以,教师要掌握儿童生理学和儿童心理学以及普通教育学和家庭教育学等基本知识与基本理论,这些专业知识是家庭教育指导者需要熟知的本体性知识。

2. 条件性知识

条件性知识是胜任工作所应具备的具有保障作用的知识。家庭教育是基于家庭的教育,不少家庭教育问题既是教育问题,也是家庭问题,甚至与社会问题有一定的关联度。为了胜任家庭教育指导工作,教师需要掌握相应的家庭学、伦理学、社会学以及心理咨询和家庭治疗的基本原理;进行教学与培训工作的家庭教育指导者还要掌握一定的教学论知识以及学习与培训原理;在法制社会,一些基本的法律知识也成为家庭教育指导者在工作中认识问题与分析问题所必需的条件性知识。

3. 实践性知识

教师所面临的家庭教育问题情境比较复杂,分析与解决问题的时候需要综合了解来自家长、儿童、家庭、社区、学校和同伴等多方面的信息以及它们之间的关系，并根据自己的实践经验对复杂的情境与关系作出相对明确的判断与决策，还要不断地修正与完善这些判断和决策。在这个过程中，教师需不断地积累与丰富自己的实践性知识。

可以说，本体性知识是教师在日常工作中经常遇到的、需要熟练掌握的普通专业知识；条件性知识是教师在解决具体问题时不可缺少的相关专业知识；实践性知识则是教师在解决实际问题时经过亲身体验和相互交流学习获得的个性化经验与专业认知。

（三）专业能力

专业能力是顺利完成某种专门活动和专业工作所必备的能力。家庭教育指导专业能力是建立在一定的专业伦理和专业知识基础之上，在实践中逐步发展起来的胜任家庭教育指导工作的特殊能力。教师的家庭教育指导基本专业能力包括以下六个方面：

1. 观察与了解指导对象的能力

教师需要具备进行个别约谈、家访、问卷调查以及相应的统计分析等多种能力，这样观察指导家长时才能更加客观，了解的情况才会更加接近事实。

2. 指导活动的设计与实施能力

为了提高指导工作的效率，教师往往会采取集体活动的形式，为松散的家长群体搭建共同活动的平台。教师作为活动的组织者，必须要有明确的目标意识，要能设计出内容与形式有机结合的活动方案，有效地组织家长参与活动，并能进行灵活的监控与调整，最后还要对活动进行评价、反思与总结。

3. 提供个性化指导服务与咨询的能力

家庭教育问题既有共性又有个性，个性化的问题只能依托个性化的指导服务方案来解决。家庭教育指导的实效性主要取决于指导者对儿童及其家庭个体差异的认识水平与分析能力，以及其所提供的个性化指导方案。这就意味着，教师需要根据儿童的现有问题、发展水平、个性特点和家庭环境，还有家长的理解水平、合作态度与教育能力，为家长提供适合其家庭环境的教育指导方案，调动家长教育儿童的主动性和创造性。因此，教师需要同时考虑儿童和家长两个指导对象；而且即使是同一个问题，针对不同的家长也会有不同的沟通方式和指导方法。

4. 同家庭、学校、社区沟通与合作的能力

家庭、学校与社区是影响儿童健康成长的三大环境，无论是了解这三大环境对儿童成长的实际影响，还是为促进儿童的健康成长而整合这三方面的教育力量，都需要教师具备相应的沟通与合作能力。当然，家庭、学校与社区是三种不同的社会组织，具有不同的社会运行机制和文化特点，这就要求教师具有相应的工作交流能力和合作共育能力。

5. 专业学习与反思研究能力

专业能力发展的重要支撑是从业者的主体意识，以及在主体意识主导下的学习、思考与自我发展能力。美国心理学家波斯纳曾经提出教师专业成长的公式为：成长＝经验＋反思。没有反思的经验是狭隘的经验，至多只能形成肤浅的知识。学习与反思能力帮助教师把理论与实践、知识与经验有机地联结起来，从而使他们不断地优化自己的专业结构，提升自己的专业能力，促进自身的专业成长。

6. 发现家庭教育问题和成功经验的能力

作为教师，在对学生进行教育教学以及与家长进行沟通、交往的过程中，除了要掌握相应的方法技巧外，还要有一定的发现问题的敏感性，要能敏锐地捕捉到家庭教育出现的问题或获得成功经验背后的真正原因。想要发现家庭教育出现的问题和成功的经验，就要确立一种基本的家庭教育指导理念：家庭教育是家长实施的教育，主体是家长，教师在学校的指导再高明，也无法替代家庭教育。因此，教师家庭教育指导的一项基础性工作和基本技能，就是不断去发现家长在家庭教育中存在的各种各样的问题和有效的成功经验，并借助各种平台，让家长互相分享和学习。及时发现学生的家庭教育问题，总结家长的家庭教育经验，有利于提高教师家庭教育指导的针对性和有效性，有利于发挥家长的自我教育能力。

2018年1月，中共中央、国务院印发《关于全面深化新时代教师队伍建设改革的意见》(以下简称《意见》)，这是新中国成立以来党中央出台的第一个专门面向教师队伍建设的里程碑式政策文件。《意见》对新时代教师专业素养提出了新要求，要求教师队伍规模、结构和质量基本适应教育现代化要求，初步建成一支理想信念坚定、师德师风高尚、专业水平高超、终身发展能力强、具有核心竞争力的高素质专业化教师队伍。《意见》明确要求，将提升教师思想政治素质和加强师德师

风建设作为首要任务,在此基础上,分类指导,对基础教育教师专业素质能力方面提出了具体要求,为教师育德育人能力重要组成的家庭教育指导力建设指明了方向,提供了基本路径。

家教指导力——教师的必备素养（节选）

张竹林

上海市奉贤区教育学院副院长

在学习贯彻《关于全面深化新时代教师队伍建设改革的意见》（以下简称《意见》）过程中,笔者领悟到,家庭教育指导力应成为新时代教师,尤其是中小学校教师必备的专业素养。

一些学生学习和行为表现异常,很多是由家庭教育不当或者缺失引起的。但由于教师缺乏专业观察力和实践指导力,使本可避免的事情出现了、本可减轻的问题加重了,这样的案例屡见不鲜。

当下的年轻教师大多为"80后"、"90后",几乎是名副其实的"独一代"。多数教师不仅没有接受过相关专业培训,甚至连基本的家庭教育经验也没有。而受多种因素影响,家庭教育课程尚未纳入师范院校和区域教育学院（教师专业发展机构）相关学科建设中,在职教师的家庭教育指导专业培训尚未成为政府行为,家庭教育指导者专业化培训尚未形成国家"标准"（体系）。诸多原因造成教师队伍家庭教育指导力建设滞后,远远不能适应时代发展。

近年来,教师家庭教育指导力建设在部分地区和学校形成了一些制度化经验成果,但整体还处于粗放、零碎的状态,传统教育思想束缚和桎梏仍然严重,家庭教育指导被认为是班主任和德育干部的事,是学校领导的事,是家委会的事,是教学素养之外的事。如果将课程教学能力比作教师专业中的米饭、馒头等"主食",家庭教育指导力被视为味精、酱油等"调味品",显然无法适应家校合作育人的新要求。

事实上,家教指导力是提高新时代教师素养的"调节器",普惠性家庭教育公共服务需求是新形势下教育供给侧改革的重要内容。重视和开展中小学校教师家教指导力建设,是教育供给侧改革的重要体现和有效途径。

　　优化家庭教育指导力建设的制度环境,需要各级党委政府、教育行政部门和学校进一步提高认识;建立教师家教指导力建设的科学评价机制,需要用好教师专业发展和业绩考核评价导向,将其纳入新教师入职的专业测试和培训范围,与教学业务、教育学和心理学知识考测"同等要求",作为中小学校发展和校长业绩考核的重要内容,形成全员重视家庭教育指导力建设的良好氛围。

张竹林.家教指导力——教师的必备素养[N].中国教育报,2018-3-8(9).

第三章 ‖ 高中生家庭教育指导的特点

高中生一般为 15—18 岁,是由青少年期走向成年期的重要阶段,也可以称之为青年早期。高中是人生发展的关键时期,在这个阶段,高中生的生理逐步走向成熟,人生观、价值观和世界观初步形成,面临着学习—就业、个性—社会性发展等多方面的发展任务。

高中生家庭教育是个体成长的奠基工程,是学校教育的基石,也是学校教育的延续与升华。高中生家庭教育指导有其特殊性,主要体现在三个方面:一是要以高中生群体的身心发展特点为基石,切实观照高中生身心发展的困惑与需求;二是要在综合素质评价改革的指引下,进一步达成学校教育与家庭教育协同促进高中生全面发展的共识;三是要聚焦于高中生发展的核心诉求,高中家庭教育指导的内容与路径有所侧重。

第一节　高中生身心发展与综合素质评价

高中生一般处于 15—18 岁的年龄期,即由青少年期走向成年期的过渡期,也可以称为青年早期。经过前面几个阶段的连续性的身心发展,处于青年早期的高中生在生理发育上已经达到成熟,在智力发展上也已接近成人水平,在个性及其他心理品质上表现出更加丰富和稳定的特征。[1]

一、身心发展

美国心理学家埃里克森(Erikson)的社会心理发展理论把人的心理发展划分为八个阶段,指出每一阶段的特殊社会心理任务;并认为每一阶段都有一个特殊矛盾,矛盾的顺利解决是人格健康发展的前提。根据人格发展阶段论理论可知,高中学习阶段的学生,处于青年早期(15—18 岁),这一阶段的个体需要处理的危

---

① 林崇德. 发展心理学(第二版)[M]. 北京:人民教育出版社,2009:321.

机是"自我同一性"对"角色混乱",人格发展目标就是获得自我同一性,形成积极品质。因此,根据高中生群体的人格发展特征和主要任务,教育尤其是家庭教育的任务也就具有阶段性和发展性的特征。社会心理发展理论对于家庭教育的教育内容、教育重点都具有重要的理论指导意义。

(一) 身体发育

高中生处于青春发育的末期,这个时期既是身体发展的定型阶段,也是人体发育的成熟阶段。在这一时期,高中生的生长发育进入了相对稳定阶段,主要体现在身体外形的变化、体内机能的增强以及性的发育和成熟三大方面。

1. 身体形态

在青少年期,人体下丘脑和垂体分泌的激素不断增多,并最终达到与成人接近的水平;生长素、促肾上腺皮质激素、促甲状腺素、促性腺素等的分泌也达到了新的水平。作为人体发育的催化剂,这些激素加速了高中生身体上的变化。

在身高、体重和胸围等各项身体形态指标上,高中阶段的增长速度较初中阶段减慢,每年的增长值也呈递减的趋势。高中男生在肌肉组织的发育上较女生占优势,肌肉组织的发育更加强壮;高中女生在脂肪的积累上较男生占优势,女生的胸、肩、臀部更加丰满。男生在 15 岁左右进入变声期,声调粗而低沉;18 岁左右喉结已突起,胡须从上唇扩展到下颏,额两鬓向后移。高中女生的声调变得更加尖细而高亢。

2. 体内机能

在高中阶段,高中生的体内机能也得到了较快增长并日渐成熟起来。心脏机能得到进一步加强,在机能方面主要表现为心律和脉搏开始减慢;肺的发育得到加速,肺活量逐步增大,呼吸功能得到了进一步加强;大脑和神经系统的发育已经基本成熟,达到了成人水平。

3. 性的成熟

在人体各系统的发育进程中,生殖系统是发育成熟最晚的。在高中阶段,性激素分泌不断增多,性腺激素水平相应提高,性腺完成了发育和成熟;性器官的发育也带来了性机能的日趋成熟。高中男生正处于性萌动到性成熟的阶段,高中女生则处于性成熟阶段。

（二）心理发展

高中生身体发展的诸多变化，也给高中生的心理发展带来了巨大影响。高中生在成人感、情绪情感和性心理等发展方面都具有一定的特征。

1. 产生了成人感

由于身体形态的变化，高中生追求独立，并逐步产生了成人感。在心理上，高中生迫切期望能够从父母或者教师的羽翼保护或者权威掌控之下脱离出来，期望能够尽快融入成人世界，扮演成年人的社会角色，从而彰显自身的力量与价值。

2. 情绪情感渐趋成熟

高中生的情绪与情感已逐渐趋向于成熟和稳定。高中生情绪的体验内容开始由以生理性需要为主向以社会性需要为主转变，情绪的表现形式开始由以外显为主向以内隐为主发展，情绪的控制形式由以冲动为主向以自制为主发展。高中生富于热情，情感易于被激发，行动更为果敢奔放，但又缺乏成人那种深刻而稳定的情绪体验以及遭遇挫折时的意志力。

3. 对异性兴趣的增加

高中生正处于性意识发展的第二阶段爱慕期，往往喜欢在异性面前表现自己，以引起对方的注意，希望得到异性对自己的肯定。高中生异性交往的指向往往是泛泛的，常因相互好感而自然吸引。少数高中生开始倾慕特定的异性，出现了恋爱行为。高中生对异性的关注具有好奇性、实验性和一定的盲目性。

（三）思维发展

思维是智力的核心，青少年的智力发展主要体现在思维能力的发展上。随着大脑和神经系统的机能成熟，高中生的记忆力、理解力、思维能力得到了实质性的提高，其思维的敏捷性、灵活性、深刻性和批判性明显增强。

1. 形式逻辑思维的发展

作为抽象逻辑思维发展的初级形式，高中生在形式逻辑思维发展方面主要表现为掌握了更多的抽象概念，形成了较为系统、完整的概念系统；高中生的推理能力得到了较好的发展，尤其是在高二年级以后，其各项推理能力都达到了比较完善的水平。

2. 辩证逻辑思维的发展

辩证逻辑思维是抽象逻辑思维发展的高级形式。在高中生的思维发展中,高中生基本上能理解一般与特殊、演绎与归纳、理论与实践等对立统一的辩证关系,能够运用全面、发展、联系的观点去分析问题和解决问题。

(四) 个性与社会性发展

1. 自我意识逐步增强

随着智力的发展和知识的积累,高中生的自我意识日渐成熟。高中生的自我观察、自我分析、自我评价、自我感受、自我反省、自我决策的能力普遍有所提高,他们更加主动地去认识与思考自身发展及其社会价值,并逐步形成稳定的性格特征,能够较好地进行自我教育。同时,高中生的自我评价体系还很不完善,自我评价有时会表现出不太客观的情况。

2. 社会性的发展

在同伴关系方面,高中生之间的朋友关系比较亲密。与小学和初中阶段相比,在高中阶段,建立起来的友谊也相对更为稳定和持久。高中生对社会现实生活中的很多现象都感兴趣,并提出自己的疑问与思考,对社会生活的适应能力增强。然而,由于社会环境的复杂性,以及缺乏社会经验,他们对于多元化社会价值取向、各种社会问题与现象的辨别能力尚不如成人。

综上,高中阶段是个体向成人发展的关键时期,不仅是各方面积极品质发展的时期,也是心理行为问题高发的时期。在高中生的成长过程中,教师、父母和同伴等都是高中生成长过程中的重要他人。高中生家长应该关注高中生的生理变化,倾听并理解高中生的内在需求,培养高中生的积极心理品质,培养高中生独立思考的能力,努力构建支持性的亲子关系,为高中生的健康成长提供一个良好的家庭教育环境。

"5L&5S 高中生发展指导模式"下的高中生发展指导任务

有研究者以个体发展理论、生态系统理论、积极心理学等为指导,基于我国高中生指导的现状,借鉴国外典型指导模式,提出了适合我国的"5L&5S 高中生发展指导模式"。该模式阐述了高中生发展指导的理念、高中生发展指导的制度、五项发展指导的主要任务（"5L"），针对学生不同需求的三级指导模式及可操作的五步骤（"5S"）。

"5L&5S高中生发展指导模式"提出了五项具有层次性的高中生发展任务：（1）学会做人（Learning to behave）；（2）学会健康（Learning to be healthy）；（3）学会学习（Learning to study）；（4）学会工作（Learning to work）；（5）学会生活（Learning to live）。这"五个学会"是高中生发展的核心，能够贯穿高中生的一生。五个方面的关系如下图所示：

图1　高中生发展任务层次理论

1. 学会做人（Learning to behave）

学会做人指的是促进学生的品德发展，促使学生在人生观、世界观、价值观，国家意识和爱国情感，公民素养，是非判断，社会责任感，环保意识，感恩诚信以及亲社会品质等方面的发展。

2. 学会健康（Learning to be healthy）

学会健康指的是提高学生心理健康水平，主要包括自尊自信、独立思考、情绪调控、压力应对、沟通技能、人际交往等方面。

3. 学会学习（Learning to study）

学会学习指的是激发学生的学习兴趣，提高学生的学习能力，主要包括学习动机、学习计划、学习策略、学习习惯、自主学习、创新学习等方面。

4. 学会工作（Learning to work）

学会工作指的是促进学生生涯发展，主要涵盖生涯规划意识、升学规划、生涯计划、职业体验、就业目标、面试准备等方面。

5. 学会生活(Learning to live)

学会生活旨在帮助学生提高生活技能,如指导学生掌握卫生习惯、饮食习惯和作息习惯,独立生活,行为规划,时间管理,珍爱生命,自我保护,高科技技术使用等方面的生活技能。

方晓义,胡伟等. 构建高中生三级发展指导模式[J]. 北京师范大学学报(社会科学版),2014(1).

二、综合素质评价

尽管改革开放 40 年来,教育改革取得了显著成就,提倡素质教育的全面发展已经深入人心,但由于历史和现实的原因,高考和升学是高中生群体面临的热点话题。在高考这一指挥棒的影响下,高中生所面临的学业负担和学习压力非常大,很多高中生失去了独立思考以及选择的时间和空间。很多家长"望子成龙",希望孩子能"金榜题名",只关注孩子是否能够迈过高考这道门槛,反而忽视了高中生的全面发展和个性发展。不少高中生家长持有单一片面、缺乏远见的"唯分数论"、"一考定终身"的评价观,毫无疑问,家长们需要对这种评价观念进行及时更新。

当前,在新高考背景下,高中生综合素质评价已经联动高考,成为各高校招生录取的重要参考,这意味着综合素质评价必然是教师、学生和家长的关注点。[1]2010 年,《国家中长期教育改革和发展规划纲要(2010—2020 年)》(以下简称《纲要》)明确指出,普通高中要"建立学生发展指导制度,加强对学生的理想、心理、学业等多方面指导,全面提高普通高中学生综合素质"。2014 年,根据《纲要》精神,教育部印发了《关于加强和改进普通高中学生综合素质评价的意见》(教基二〔2014〕11 号)(以下简称《意见》),对高中生综合素质评价的基本原则、主要内容、评价程序等进行了阐释。

(一) 综合素质评价的意义

综合素质评价是对学生全面发展状况的观察、记录、分析,是发现和培育学生

---

① 章全武. 核心素养背景下高中生综合素质评价的发展路径[J]. 教育科学研究,2018(2):66 - 70.

良好个性的重要手段，是深入推进素质教育的一项重要制度。

全面实施综合素质评价，有利于促进学生认识自我、规划人生，积极主动地发展；有利于促进学校把握学生成长规律，切实转变人才培养模式；有利于促进评价方式改革，转变以考试成绩为唯一标准评价学生的做法，为高校招生录取提供重要参考。

（二）综合素质评价的内容

根据《意见》，高中生综合素质评价的内容要反映学生全面发展情况和个性特长，着重考查学生社会责任感、创新精神和实践能力。评价内容具体体现在思想品德、学业水平、身心健康、艺术素养、社会实践五大方面。

1. 思想品德

思想品德方面，主要考查学生在爱党爱国、理想信念、诚实守信、仁爱友善、责任义务、遵纪守法等方面的表现。重点是学生参与党团活动、有关社团活动、公益劳动、志愿服务等的次数、持续时间，如为孤寡老人、留守儿童、残疾人等弱势群体提供无偿帮助，到福利院、医院、社会救助机构等公共场所、社会组织做无偿服务，为赛会保障、环境保护等活动做志愿者。

2. 学业水平

学业水平方面，主要考查学生各门课程的基础知识、基本技能掌握情况以及运用知识解决问题的能力等。重点是学业水平考试成绩、选修课程内容和学习成绩、研究性学习与创新成果等，特别是具有优势的学科学习情况。

3. 身心健康

身心健康方面，主要考查学生的健康生活方式、体育锻炼习惯、身体机能、运动技能和心理素质等。重点是《国家学生体质健康标准》测试主要结果，体育运动特长项目，参加体育运动的效果，应对困难和挫折的表现等。

4. 艺术素养

艺术素养方面，主要考查学生对艺术的审美感受、理解、鉴赏和表现的能力。重点是在音乐、美术、舞蹈、戏剧、戏曲、影视、书法等方面表现出来的兴趣特长，参加艺术活动的成果等。

5. 社会实践

社会实践方面，主要考查学生在社会生活中的动手操作、体验经历等情况。

重点是学生参加实践活动的次数、持续时间,形成的作品、调查报告等,如与技术课程等有关的实习、生产劳动、勤工俭学、军训、参观学习与社会调查等。

(三) 高中生综合素质评价的程序

根据《意见》,普通高中生综合素质评价主要包括写实记录、整理遴选、公示审核、形成档案和材料使用五大程序。

1. 写实记录

教师要指导学生客观记录在成长过程中集中反映综合素质主要内容的具体活动,收集相关事实材料,及时填写活动记录单。一般性的活动不必记录。活动记录、事实材料要真实、有据可查。

2. 整理遴选

每学期末,教师指导学生整理、遴选具有代表性的重要活动记录和典型事实材料以及其他有关材料。用于招生使用的材料,学生要签字确认。

3. 公示审核

遴选出来、用于招生使用的活动记录和事实材料必须于每学期末在教室、公示栏、校园网等显著位置公示。班主任及有关教师要对公示后的材料进行审核并签字。

4. 形成档案

各省(区、市)要对学生综合素质档案格式提出基本要求。学校要对相关材料进行汇总,为每位学生建立综合素质档案。档案的主要内容:(1)主要的成长记录,包括思想品德、学业水平、身心健康、艺术素养、社会实践五个方面的突出表现;(2)学生毕业时的简要自我陈述报告和教师在学生毕业时撰写的简要评语;(3)典型事实材料以及相关证明。

档案材料要突出重点,避免面面俱到、千人一面。有些活动项目学生没有参加或事迹不突出,可以空缺。规范和减少高考加分项目后,学生的相关特长、突出事迹、优秀表现等情况记入学生综合素质档案。教师评语要客观、准确揭示每个学生的个性特点。学校要对学生的档案材料进行审核。

5. 材料使用

高中教师要充分利用写实记录材料,对学生成长过程进行科学分析,引导学生发现自我,建立自信,指导学生发扬优点,克服不足,明确努力方向。

三、高中生综合素质评价与家庭教育

作为全面实施素质教育，深化考试评价改革的重要举措，综合素质评价贯穿于高中三年，并已成为高校和选拔人才招生的参照。综合素质评价改革不仅是学校教育教学的"体检"，也是家庭教育的一次"体检"。就某种意义而言，综合素质评价倒逼并指引着学校教育和家庭教育的深入变革。

综合素质评价改革要求高中生家庭教育以发展性和未来性为导向，由对高考分数的单一关注走向对高中生全面发展的多维关注。具体而言，体现在以下方面：正如《说文解字》对"育"的解释"育，养子使作善也"，要更加关注学生的品德发展与公民素养；不能只盯住高考科目的学习投入，还要看拓展型课程和研究型课程的学习经历；不能只看学校内的课程学习，还要看社会实践的参与，在社会实践中经受各种历练；不仅要关注高中生的共性发展，还要注重培育高中生的个人爱好与个性特长，培养其专业志向与专业才能；同时，还要关注高中生的社会责任感、创新精神和实践能力等方面的多元培育。

综合而言，在高中生综合素质评价中，学校与家长的"视界融合"将会引领素质教育走向平衡化、相互化的康庄大道。[①] 综合素质评价既为高中生家庭教育提供了更为多元开放的视野，也为家庭教育指导提供了更为广阔可行的空间。

上海市普通高中学生综合素质评价的实施办法

《上海市普通高中学生综合素质评价实施办法（试行）》（沪教委基〔2015〕30号）是上海对《教育部关于加强和改善普通高中学生综合素质评价的意见》的具体细化和落实，对普通高中学生综合素质评价的内容和程序的描述与规定更明确、分类更细致，方便基层操作，同时体现了上海的地方特色。

一、记录和评价内容

1. 品德发展与公民素养。主要反映学生在践行社会主义核心价值观、弘

---

① 王润，周先进，章全武.高中生综合素质评价推动素质教育深化发展的内在理路[J].教学与管理，2016(6)：114－117.

扬中华优秀传统文化等方面的情况,包括爱党爱国、理想信念、诚实守信、仁爱友善、责任义务、遵纪守法等。重点记录学生遵守日常行为规范,参加志愿服务(公益劳动)、党团活动等情况。

2. 修习课程与学业成绩。主要反映学生各门课程知识和技能掌握情况以及运用知识解决问题的能力等。重点记录学生学业水平考试成绩、基础型课程成绩、拓展型课程和研究型课程学习经历等。

3. 身心健康与艺术素养。主要反映学生的健康生活方式、体育锻炼习惯、身体机能、运动技能和心理素质,对艺术的审美感受、理解、鉴赏和表现的能力。重点记录《国家学生体质健康标准》测试结果,参加体育运动、艺术活动的经历及表现水平等。

4. 创新精神与实践能力。主要反映学生的创新思维、调查研究能力、动手操作能力和实践体验经历等。重点记录学生参加研究性学习、社会调查、科技活动、创造发明等情况。

二、记录方法与程序

上海市教委将建立上海市普通高中学生综合素质评价信息管理系统(以下简称"信息管理系统"),以高中学校为记录主体,采用客观数据导入、高中学校和社会机构统一录入,学生提交实证材料相结合的方式,客观记录学生的学习成长经历。

1. 写实记录。教师要指导学生客观记录集中反映综合素质主要内容的具体活动,收集相关事实材料,每学期及时填写《上海市学生成长记录册》。高中学校在信息管理系统内统一录入学生自我介绍、军事训练、农村社会实践、国防民防活动、党团活动、先进个人荣誉称号、违纪违规情况、基础型课程成绩、拓展型和研究型课程学习经历、研究性学习专题报告和学校特色指标等内容。学生基本信息、参加志愿服务(公益劳动)信息、高中学业水平考试成绩、《国家学生体质健康标准》测试综合得分、体育艺术科技活动项目等内容采用客观数据导入的方式记录。

2. 整理遴选。每学期末,教师指导学生整理、遴选用于撰写自我介绍的材料;高中毕业前,学生要在整理遴选材料的基础上撰写自我介绍,以及遴选最具代表性的研究性学习专题报告。

3. 公示审核。由高中学校统一录入的内容（除涉及个人隐私的信息外）及相关实证材料在录入信息管理系统之前必须于每学期末在教室、公示栏、校园网等显著位置公示。由上海市学生社会实践信息记录电子平台导入的志愿服务（公益劳动）信息需先在该电子平台公示。相关部门和社会机构需要事先审核导入信息管理系统的客观信息与数据。

4. 导入系统。学校公示后的信息及基础型课程成绩由高中学校统一录入信息管理系统，客观数据由相关部门审核后统一导入信息管理系统，学生每学期对信息管理系统中的信息进行网上确认，如有异议，可以向学校提出更正申请。

5. 形成档案。学生高中毕业前，信息管理系统自动生成《上海市普通高中学生综合素质纪实报告》，经学生确认后在本校公示。公示无异议后，由学生本人签字，再经班主任和校长签字以及高中学校盖章后存档，并供高等学校招生参考使用。

由外省市转学进入本市普通高中就读的学生，其综合素质评价信息经相关部门认定后导入信息管理系统。

三、评价结果应用

1. 引导学生积极主动发展。引导学生开展自我评价并进行自我调整和自我管理，促进教师开展学生成长过程指导和生涯辅导，帮助学生确定个人发展目标，实现全面而有个性的发展。

2. 促进普通高中学校积极开展素质教育。通过综合素质评价改革，引导高中学校开展各种素质教育活动，促进学校多样化、特色化发展。

3. 作为高校人才选拔的参考。循序渐进、积极稳妥地推进综合素质评价信息在高校招生中的使用。2017 年起，推动高等学校在自主招生过程中，试行综合素质评价信息作为高等学校自主招生的参考。相关高等学校应在招生章程中明确综合素质评价的具体使用办法并提前公布，规范、公开使用情况。

上海市教育委员会. 上海市普通高中学生综合素质评价实施办法（试行）[EB/OL]. http//www. shmec. gov. cn/web/xwzx/jyzt_sonlist. php? area_id＝3415.

第二节　高中生家庭教育指导的侧重点

在高中生家庭教育中,家庭教育理念、家庭成员结构、家庭情感氛围、家庭教养风格、家庭教育方式、家庭教育支出等多种因素对高中生的成长和发展发挥着至关重要的作用。"受教育者既属于学校,也属于家庭。这样,在儿童、青少年面前,就可能有两种培养目标,一是学校的,一是家庭的,由于每个家庭的经历和状况不同,其培养子女的目标与学校的不见得都一致,教育目标的不一致容易造成学校教师和家长之间的矛盾,对受教育者的影响也可能产生冲突和抵消。"[①]这也提醒我们,必须有机地将学校教育和家庭教育结合起来,开展家庭教育指导,提升家庭教育指导的效能。

目前,有关家庭教育的研究中,对幼儿、小学生和初中生群体的家庭教育问题研究居多,对高中生群体家庭教育问题的研究相对较少。现有的高中生家庭教育指导更多地处于经验思辨的层面,如何明确高中生家庭教育指导的侧重点,如何从实务操作的角度对高中生家庭开展有效的指导,如何实现学校教育、家庭教育和社会教育的有机融合等,成为我们面临的并亟须解决的一项重要课题。

一、高中生家庭教育指导的内容要点

由全国妇联联合教育部、中央文明办等七部门颁布的《全国家庭教育指导大纲》(妇字〔2010〕6 号)作为国家层面的家庭教育指导大纲,是全国各级各类家庭教育指导服务机构和家庭教育指导者开展家庭教育指导的重要依据。《全国家庭教育指导大纲》遵循家庭教育的特点和儿童身心成长发展规律,按照年龄段划分了家庭教育的指导内容,其中对 16—18 岁年龄段青少年的家庭教育指导契合高中生的年龄阶段,该阶段的家庭教育指导内容要点如下:

[①] 黄河清．家庭教育与学校教育的比较研究[J].华东师范大学学报(教育科学版),2002(6):28-34,58.

（一）树立积极心态，尽快适应学校新生活

指导家长引导儿童树立健康的人生态度；经常与儿童沟通交流，掌握儿童的学习情况、思想动态；经常与学校联系，了解儿童可能遇到的适应问题并及时提供家庭支持。

（二）引导儿童与异性正确交往

指导家长根据 16—18 岁年龄阶段儿童个性特点，引导儿童积极开展社交活动和正常的异性交往；利用日常生活的相关事件，适时适当适度开展性生理、性心理辅导；对有"早恋"行为的儿童，指导家长学会提供经验参考，帮助儿童提高应对问题的现实处理能力。

（三）引导儿童"学会合作、学会分享"

指导家长通过召开家庭会议等形式，与儿童一起平等、开放地讨论家庭事务，并共同分担家庭事务；鼓励儿童在集体生活中锻炼自己，让儿童品尝与人合作的快乐；鼓励儿童积极参与社会实践活动，在活动中学会乐于与人相处、勇于承担责任。

（四）培养儿童做一个知法、守法的好公民

指导家长加强法律知识学习，掌握家庭法制教育的内容和方法，努力提高自身法制意识；注意以身作则，自觉遵守法律，为儿童树立榜样；与儿童建立民主平等的关系，切实维护儿童权益。

（五）指导儿童树立理想信念、合理规划未来

指导家长引导儿童从小树立社会责任感，树立国家意识；与儿童共同协商规划未来，并尊重和鼓励儿童进行自主选择；从儿童实际出发，不断调整自身期望；引导儿童学会将理想与现实的奋斗相结合。

（六）引导儿童树立自信心，以平常心对待升学

指导家长在迎考期间保持正常、有序的家庭生活，科学、合理安排生活作息，保证儿童劳逸结合，身心愉快；保持适度期待，鼓励儿童树立自信心，以平常心面对考

试;为儿童选择志愿提供参考意见,并尊重儿童对自身的未来规划与发展意愿。

二、高中生家庭教育指导的路径方式

"教育是学习如何成长,学习找到成长的方向,学习分辨好坏,学习什么是值得的、什么是不值得的,学习选择什么和不选择什么。"①在"互联网+"时代,上述问题对于学校和家庭而言,既是机会,也是挑战。

随着信息时代的发展以及互联网在日常生活中的广泛运用,家庭教育指导的路径与方式也日趋多元,可以借助各种电子设施设备、教育媒体与其他辅助技术等。信息时代背景下的高中家庭教育指导在路径与方式上有着自身特点,呈现出传统方式与现代方式高度融合的特质。

(一) 实现单一主体向多元主体的转变

一是教育行政部门要推动形成以政府为主导、多部门协同、家长参与、学校组织、社会支持的家庭教育工作格局,逐步建立健全家庭教育工作机制,统筹家校沟通渠道。在全媒体时代,有海量信息的互联网络渗透到社会生活的每一个角落。随着信息化的飞速发展和学习型社会的逐步构建,家长们对各种现代传媒的使用程度和依赖程度逐步加深,这也提醒我们在开展高中家庭教育指导时需要由传统的面授知识、灌输为主转向引导广大家长主动学习。全媒体时代为家庭指导提供了良好的技术条件和传播载体,现已成为现代社会家庭教育指导的重要渠道。

二是高中生家庭教育指导可以探索构建功能多元、资源共享、有利于家长主动参与的家庭教育指导信息平台与活动平台等。在各类平台上,可以有机整合高中生的学业指导、青春期指导、生活指导、生涯指导等多元内容,不断充实并完善家庭教育指导服务的内容与功能等,进而把家庭教育的基本常识、主要理念和方式方法等通过多种渠道传递给家长,充分满足不同家长的需求。

(二) 实现线下和线上指导的融合

在高中生家庭教育指导中,线下指导的方式,如定期的家长会、不定期的专家

---

① [美]亚伯拉罕·马斯洛. 人性能达到的境界[M]. 曹晓惠,等,译. 北京:世界图书出版公司,2014:165.

讲座、报告会、家长咨询活动、家庭教育宣传小报、优秀家庭教育读物推荐等，仍具有重要意义。如果需要发挥家庭教育指导的更大效益，需要助推线下高中家庭教育指导服务和线上高中家庭教育指导服务二者之间的有机融合，不断创造开展高中生家庭教育指导的各种机会，努力拓展高中生家庭教育指导的多维空间，提升高中生家庭教育指导的科学性、针对性和实效性，从而更好地、更有效地、更长远地服务于高中生的健康成长与全面发展。

（三）以学业发展指导为主的时代进入生涯规划指导等全方位融合的时代

以往我国中小学校对学生的指导内容主要局限于学业指导和品德指导，针对所学科目的知识进行辅导。这种指导往往采取自上而下的方式，方向单一、内容单纯。新高考将选择性思想贯穿始终，指向学生生涯规划能力，不仅拓宽广大家长在教育孩子过程中的"应知应会"，驱动家长必须以一种伙伴的态度介入学生的学习与发展中，也对学校教育方式方法提出了更高要求。教育的内容也发生了重大变革，体现出综合性和全面性，涵盖学业指导、交往指导、生活指导和职业规划指导等方面。教育从以学业发展指导为主的时代进入生涯发展指导等全方位融合的时代。

学校在家庭教育指导中的作用发挥

1. 强化学校家庭教育工作指导

各地教育部门要切实加强对行政区域内中小学幼儿园家庭教育工作的指导，推动形成政府主导、部门协作、家长参与、学校组织、社会支持的家庭教育工作格局。中小学幼儿园要建立健全家庭教育工作机制，统筹家长委员会、家长学校、家长会、家访、家长开放日、家长接待日等各种家校沟通渠道，逐步建成以分管德育工作的校长、幼儿园园长、中小学德育主任、年级组长、班主任、德育课老师为主体，专家学者和优秀家长共同参与，专兼职相结合的家庭教育骨干力量。将家庭教育工作纳入教育行政干部和中小学校长培训内容，将学校安排的家庭教育指导服务计入工作量。

---

2. 丰富学校指导服务内容

各地教育部门和中小学幼儿园要落实立德树人根本任务,将社会主义核心价值观融入家庭教育工作实践,将中华民族优秀传统家庭美德发扬光大。要举办家长培训讲座和咨询服务,开展先进教育理念和科学育人知识指导;举办经验交流会,通过优秀家长现身说法、案例教学,发挥优秀家庭示范带动作用。组织社会实践活动,定期开展家长和学生共同参与的参观体验、专题调查、研学旅行、红色旅游、志愿服务和社会公益活动。以重大纪念日、民族传统节日为契机,通过丰富多彩、生动活泼的文艺、体育等活动增进亲子沟通和交流。及时了解、沟通和反馈学生思想状况和行为表现,营造良好家校关系和共同育人氛围。

3. 发挥好家长委员会作用

各地教育部门要采取有效措施加快推进中小学幼儿园普遍建立家长委员会,推动建立年级、班级家长委员会。中小学幼儿园要将家长委员会纳入学校日常管理,制定家长委员会章程,将家庭教育指导服务作为重要任务。家长委员会要邀请有关专家、学校校长和相关教师、优秀父母组成家庭教育讲师团,面向广大家长定期宣传党的教育方针、相关法律法规和政策,传播科学的家庭教育理念、知识和方法,组织开展形式多样的家庭教育指导服务和实践活动。

4. 共同办好家长学校

各地教育部门和中小学幼儿园要配合妇联、关工委等相关组织,在队伍、场所、教学计划、活动开展等方面给予协助,共同办好家长学校。中小学幼儿园要把家长学校纳入学校工作的总体部署,帮助和支持家长学校组织专家团队,聘请专业人士和志愿者,设计较为具体的家庭教育纲目和课程,开发家庭教育教材和活动指导手册。中小学家长学校每学期至少组织1次家庭教育指导和1次家庭教育实践活动。幼儿园家长学校每学期至少组织1次家庭教育指导和2次亲子实践活动。

中华人民共和国教育部. 教育部关于加强家庭教育工作的指导意见[EB/OL]. http://www. moe. gov. cn/srcsite/A06/s7035/201510/t20151020_214366. html.

✳ **问题与思考**

1. 请对学校开展家庭教育指导的现状、存在的问题进行梳理，并提出完善建议。

2. 请指出高中生家庭教育指导的特殊性，并阐明原因。

3. 回顾你从教以来与家长进行沟通的难忘事件，并根据前述理论进行分析。

/ 第二编 /

家庭教育指导途径

‖‖‖‖‖‖‖‖‖‖‖‖‖‖‖‖

我们坚信,教育学的知识,就像法制知识一样,
是所有的社会成员都必须知晓的。

——苏霍姆林斯基

本编概要：

▶ 每个年龄段学生的成长都有需要家长共同关注的内容，家长在开展家庭教育时也面临着一些共性问题，教师可以利用家长学校、家长会、家长开放日、家长接待日等途径，也可以在途径上有所创新，如优质爸妈成长营等，对家长展开有关家庭教育的集体指导。

▶ 每个孩子都是独一无二的，每位家长也都有自己独特的个性，家庭教育指导中的特殊需求比比皆是，教师可以通过上门家访、邀请个别家长来访、个别心理辅导等方式，或者利用微信、QQ、电话等工具单独给予家长指导。另外，高中阶段的家庭教育指导可以吸引学生参加，充分发挥学生的主体作用。

▶ 媒介一直是家庭教育指导不可或缺的载体，从传统通信工具如电话、家校联系簿、书籍等，到现代通信工具如微信等各种软件，教师可以利用的途径日益增多，一些区域还通过开发专门的网课进行家庭教育指导。然而，即使到了信息时代，传统的书信等仍然有其独特的教育价值，家庭教育指导要综合运用各种途径。

▶ 教师除了自己进行指导之外，还可以发挥家长的智慧，让优秀家长带动更多家长转变家庭教育观念、掌握科学的教育方法。为此，教师要做好组织策划工作，如组建班级家委会，招募家长志愿者，组织家长沙龙等。

第四章 ‖ 集 体 指 导

　　由于同一个年龄段的孩子在身心发展方面有共同之处,家长在进行家庭教育时肯定有共同话题,因此,用集体指导的方式为家长提供一些应知应会的知识技能,最大范围普及家庭教育的专业知识和技能,是学校在开展家庭教育指导时的基本考量。相对来说,集体指导是时间成本、资源成本较低的指导途径。

　　学校经常通过家长学校、家长会、家长开放日、家长接待日等途径,讲授系统开发的专门课程或组织专题活动,对家长进行集体指导。近年来"优质爸妈成长营"团体辅导系列活动在高中也蔚然成风,该系列活动通过主题讲座、团辅活动、主题论坛和心理剧表演等活动,促进夫妻双方合作,改善亲子关系,效果独特。

第一节　家 长 学 校

　　《关于全国家长学校工作的指导意见》指出,家长学校以学校为主要组织者,以未成年人的家长及其抚养人为主要对象,通过形式多样的家庭教育的指导和引领,帮助和引导家长树立正确的家庭教育思想和观念,掌握家庭教育的科学知识和方法;指导家长进行科学的家庭教育,提高家庭教育水平,从而形成学校和家长相互支持的良性互动机制。

　　办好家长学校对提高父母教育素质和促进孩子健康成长,促进家庭教育和学校教育发展,破解家庭教育的低效难题等具有重要意义。在家长学校办学实践中,涌现出一些办学主体不同,办学模式不同的家长学校,这是对家长学校工作的一种积极探索。创新家长学校发展的理念、模式、内涵,强化家长学校指导队伍的专业化建设和师资队伍的专业培训,提高家长学校的办学质量和教学水平,是促进家长学校优质可持续发展的必由之路。教师应该积极主动参与家长学校工作,并借此途径开展系统的家庭教育指导。

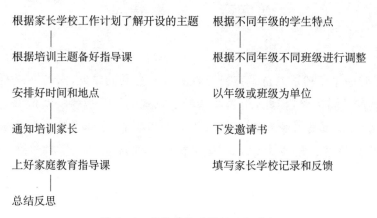

图4-1　家长学校开设的一般流程

问题聚焦

清晨的校园,阳光普照,充满生机,读书声、笑声混合出和谐动听的音符,空气中阵阵书香浮动,带来令人惬意而美好的感受。

"不要读书了! 天天手机不离手! 你这样子还读什么书?! 办退学手续吧!"愤怒的母亲拿着女儿的手机直冲学校学生发展中心。

原来又是手机惹的祸! 女儿无节制地玩手机,沉迷于手机游戏、手机聊天,导致学业成绩一再下滑,因为手机问题,家长与孩子之间,几乎一天一小吵、三天一大吵,手机摔坏了好几部,但也无法解决"手机"问题。家长从逐渐下滑的每一次分数中读出失望、无望乃至绝望,望子成龙的美梦随之烟消云散,家长积聚的不满终于简单粗暴地爆发了出来。

教师思考

根据对班主任访谈、家长调研以及学校学生发展中心处理的典型教育个案进行分析,高中生的手机问题已经成为一个常见的共性问题,但是因为手机问题闹到申请退学程度的情况学校还是第一次碰到,手机问题再一次促使大家深度探讨,寻找解决良策。

上述案例暴露出家长教育子女的一些误区,这些误区不仅体现在理念认知方面,也体现在具体行为上:

1. 家长的认知存在片面性

在高考的指挥棒下,家长认为学业成绩是唯一能改变学生未来和命运的途径,寄希望于孩子学业成绩的不断提升,学业成绩不仅成为家长评判孩子的唯一标准,也成为学校评价学生的主要标准,一旦达不到期望的目标,希望越大失望也就越大。而手机之所以成为家长"大发雷霆之怒"的导火索,实质是家长对孩子学业退步的失望。信息时代,手机几乎是高中生的标配,家长看到孩子总是在玩弄手机,经常抱怨孩子玩物丧志,对手机的学习功能家长知之甚少,放大了手机的娱乐功能。因此,家长认定手机是孩子学习成绩下滑的"罪魁祸首"。

2. 家长的教育理念滞后

其实,造成孩子成绩下降的因素有很多,比如,学习方法不得当、情绪问题的困扰、努力程度不够、自我观念的局限、基础知识不牢、没有学习兴趣、缺乏激励因素等。家长缺乏相关理论指导,对这些因素了解甚少,不能全面分析孩子成绩下滑的原因。家长武断地认为孩子玩手机耽误学业,玩游戏浪费时间,聊天社交误交损友等,在家长眼中,手机是孩子成绩下滑的唯一的罪魁祸首。

3. 家长对子女存在问题的观察角度单一

在对学生家长的调查中发现,大多数家长因果归类武断,缺乏对孩子行为、举止、兴趣、思想等的全方位了解。家长忽略对孩子的理想教育、目标教育、励志教育、道德教育、法制教育等,忽略了孩子的人格培养和全面发展。当下高中生在成长过程中面临的不仅有手机使用问题,还有学习问题,与家长、老师、同学等人际沟通等问题。

4. 家长教育子女的方式简单粗暴

家长与孩子的日常沟通一般都是两句话不和,就争得面红耳赤,因为在开口之前他们各自已经积蓄了一肚子的怨气。双方都站在各自的立场,依照各自的思维方式,借着沟通的名义指责他人,即我没错,都是你的问题,沟通过程中使用的表达方式有强烈的攻击性,缺乏理性沟通的意识和换位思考的立场。因此,家长与孩子的日常沟通方式不仅不利于问题解决,很多时候甚至会激化矛盾。

基于上述现状,学校如何组织家长学校来干预、指导、提升家长家庭教育能力,是一个亟待探究的问题。一个手机引发的问题,经过教师的深度思考,引发一个个令人担忧的问题:学生对家长缺乏信任和尊重;家长缺乏科学教育理论的指导、缺乏教育经验、缺乏与孩子沟通交流的共情,造成孩子与家长之间的矛盾冲突越来越多、越来越激烈;在激烈的矛盾冲突中,家庭教育必将出现问题。可见,帮助家长掌握教育理论和实践教育经验是迫在眉睫的大事,通过家长学校对家长开展系统的家庭教育指导成了当务之急。

教师策略

基于教师对家庭教育中存在的现状的分析和问题思考,针对当下高中生存在的诸多共性问题,学校采取了以下几个策略,开展有针对性的家庭教育指导和有效运作家长学校,解决家长教育子女中存在的问题。

1. 梳理家庭教育指导的真实需求

不同年级甚至同一个年级不同班级的不同学生,由于受到身心发展阶段、班级文化、教师引导、家庭成长环境等多方面因素的影响,表现出来的问题不尽相同,家长面临的家庭教育问题也五花八门。比如,如何指导孩子有效学习？如何与孩子有效沟通？如何增进与孩子的情感？如何合理安排孩子的学习与娱乐等。因此教师需要梳理共性的家庭教育问题,明确大部分家长对家庭教育指导的真实需求,便于对症下药,追求实效,而不是泛泛而谈。

2. 建构家长学校系列课程进行家教指导

家长学校教材可以采用国家权威部门指定的教材、上海市专业机构编写的家庭教育指导教材、区域教育机构根据本地区家长基本情况编写的指导教材和校本教材等。只有使用正规的教材才能保证授课质量,才能更具体、更系统地向广大家长传授新理念、新方法,才能保证家长学校的教学质量。

学校在因校制宜地选用或编撰校本教材时,组织老师把家长共同关心的问题整理出来,形成一定主题体系,以问题为导向,遵循高中生身心发展规律,以青春期教育、亲子沟通、生涯规划、学习品质培养、家长情绪管理、家校合作共育等为专题,设计系列课程,确定课程目标、课程内容、课时安排、授课方式等。学校既可以开展全年级的家长学校活动,也可以根据家长的文化水平、家庭结构、个性化问题等进行分班授课,通过家长学校固定的途径丰富家长的家教知识、解答家长的疑惑,帮助家长掌握解决问题的有效方法。

以上海市奉贤区致远高级中学为例,学校经过多年的家庭教育指导实践,尤其是在课题"城郊高中家长学校校本课程的实践与研究"引领下,抓住了家长学校课程建设的核心,在课程理论体系、课程标准、内容规划、教学方法等方面开展行动研究,通过对家长学校校本课程体系研究和家长教育的实验,探索出家长学校课程建设的操作机制,开发出适合学校特点的家长学校校本课程。并且,学校根据新生成的问题不断完善、更新,使家长学校的发展有教材可依,有章可循,有可持续发展的前景,让家庭教育和学校教育形成更大合力,推进学校德育工作的有效开展。

以初高中衔接阶段的家教指导为例,这所学校以"家长如何帮助学生尽快适应高中生活"为主题,每年新生报到前,学校由学生发展中心、课程教学中心和心理辅导中心对新高一家长进行专题培训,引导家长做好初高中衔接,了解高中学生的身心特点和高中阶段学习任务及学习特点,向家长传授教育学、心理学的基本内容,以及如何做好高中生的家长等内容,明确高中阶段家庭教育的重要性,提高家长教育的水平和能力。而高考新政实施以后,在面向高一新生的家长学校课程中,学校又加入了生涯规划和合理选科内容,帮助家长学会分析孩子的兴趣爱好、学业特长以及未来职业意向,指导孩子合理地选择加三学科。同时引导家长学会尊重孩子的意愿和选择,鼓励孩子为自己的选择负责并努力奋斗。专题培训活动受到了家长一致好评。

3. 帮助家长掌握科学的家教理念和方法

在家长学校中,需要规范家长学校培训方式,实现家长学校的科学有效的多元教育。学校可以聘请专家普及相关教育理论,也可以运用家长慕课、微信平台家长群等,发送相关理论和案例,开展网络学习;还可以激励家长自学、一对一面授、一对多群体授课等方式,研讨共性问题和热点问题,以保证每个家长学员都能学到自己想要得到的知识。或者,通过主题式研讨、工作坊、专题学习等多种活动形式,交流研讨家长教育子女的有效策略,比如亲子书信往来、亲子旅游、学习型家庭氛围布置等,集聚家长智慧,学习专家的科学育子经验,分享教子有方家长的宝贵经验,帮助家长掌握科学的家教理念和方法。

⚫ 行动反思

1. 采用多种调查方法，客观准确地了解家庭教育方面存在的问题以及需求

目前大多数学校都很重视家庭教育指导工作，尤其是在家庭教育指导的制度和工作机制、家庭教育的保障条件、家校合作互动的形式内容、家庭教育的课题研究等方面做进一步的探索。重视家长学校的建设应该坚持从学校实际出发，从学生发展和家长需求出发，从问题导向出发，切实改善家庭教育指导工作，从而提升未成年人的思想道德素养。

学校应积极开展基于问题的大调研分析，明确家庭教育指导的真实需求。学校可以从家长学校的国内外研究现状入手，结合家长学校发展的实际状况，通过问卷和访谈的形式进行调查分析，收集家长对家庭教育指导的需求形成调研报告；了解本校家庭教育的现状、主要教养方式、亲子关系、家庭教育指导需求，对各年级段学生家庭教育中存在的主要问题进行综合分析。

2. 家长学校的活动方式，要灵活多样

传统的家长学校一般是由学校主办，虽说是教师、家长参与的一个学习、交流、互动的学习活动，但基本模式依旧是学校教师的"一言堂"，家长被动接受多主动参与少。所以家长学校的活动一定要形式多样，如聘请教育专家开设专题讲座学习、典型案例分析研讨、家长沙龙主题活动、成功育子经验分享会，以及活动形式综合的家长会和当今一些别具特色的创新型家长会。

在进入互联网时代后，家校联系的方式和平台更加丰富多样，学校可充分运用现代信息技术如家长慕课、微信公众号、班级微信群、QQ 群、极课数据等新媒体，建立家校互动、信息沟通服务平台。如家长慕课学习平台，学校可利用该平台指导家长在线学习高中生家庭教育相关知识，为全校学生家长普及家庭教育知识。家长们通过一个个短小的视频学习慢慢走近学生，了解高中生的心理特点。课后学校要组织家长们根据学习内容撰写学习感悟以及自己的育子经验，在班级家长会上开展交流和讨论。

我们还可以采取"自主、自助"的活动方式，引领家长成立课后学习沙龙，共读一本书，共享一个案例，组织"10 分钟微课"，提升家长学习力，从而初步实现家庭教育与学校教育的协同发展，为学生的健康成长构建立体的教育环境。

总之,家长学校的活动需要学校、家庭两方面的密切配合,才能达到预期的教育目标。

🌀 智慧分享

表4-1 某高中家长学校课程一览表

专题 年级	青春期教育	亲子沟通	生涯规划	学习品质培养	家长情绪管理	家校共育实践活动
高一	"教会孩子把握与异性交往的尺度""孩子独立生活和交往能力的培养"	"怎样应对孩子的逆反心理""沟通,亲子交流的桥梁"	"生涯指导讲座——MBTI测试解读、大学专业介绍认知""尊重个性、理想、兴趣——家长选科指导"	"家长如何帮助学生尽快适应高中学习生活""高中生良好行为习惯与学习习惯的培养"	"今天我们怎样做合格的高中生家长""家庭教育中父母权威漫谈"	"学烧中国菜,表我孝敬心"校本节庆
高二	"怎样帮孩子区分友情与恋情""预防孩子违法犯罪,给家长的忠告"	"五条青春期亲子沟通的通道""如何消除'代沟'""尊重孩子的隐私"	"未来职业规划指导""研究性课题和大学专业相关性讲座"	"培养成长型思维模式""从多元智能角度发现孩子"	"信任理解包容——现代家庭教育理念介绍""准高三阶段家长如何正确处理与孩子的关系"	"踏上父母上班路""给父母的一封信"校本节庆
高三	"正确的青春期爱情观"	"做孩子心灵的按摩师""关注过程胜于结果"	"树立正确的成才观""高三年级家长春考信息和策略指导""认清形势,准确定位——高考志愿填报"	"激发孩子的内部学习动机""如何成为孩子学习道路上的助力器"	"考生家长,你的心态调整好了吗?""责任高于一切,成就源于付出""用今日的阳光渡向明天的辉煌""新时代新成长"	走进大学亲子游十八岁成人仪式

(上海市奉贤区致远高级中学《郊区普通高中构建家庭教育心理互联的实践研究》结题报告)

第二节　班　级　家　长　会

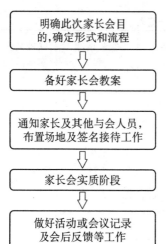

图 4-2　召开家长会的一般流程

家长会（parents meeting）有班级家长会、年级家长会和校级家长会，一般是由学校或教师发起，面向学生家长，是学校或教师和家长互通情况、统一认识、形成教育合力的一种重要方式。家长会的组织形式多种多样，比如以家长发言为主的家长会，以学生向家长提建议和意见为主的家长会，各种形式综合的家长会及当今一些别具特色的创新型家长会。

开家长会可以让家长更好地了解学校、了解孩子的学校生活，也可以让学校更好地了解家长、了解学生在家里的情况，从而使家长和学校形成合力，更好地培养和教育学生。一次成功的家长会，通过"家校合力"，不仅能促进教师日常的教育教学工作，而且能有效推进家长的日常家庭教育工作，其重要性不言而喻。教师应该利用恰当的教育时机，组织班级家长会，对该班家长在家庭教育中存在的一些共性问题展开具体指导。

⚙ 问题聚焦

　　程老师今年担任高一班主任，多次家访和家长会都让他感到来自学生、家长很多负能量。老师要去家访，家长多数欢迎，但是学生却显出为难情绪；而家长会也似乎成为孩子们的紧箍咒，每次程老师宣布即将要召开家长会，底下总是一片哗然，部分学生抵制情绪强烈，反感家长来学校。因为很多家长只要逮着与老师个别交流的机会就大吐苦水，仿佛进入高中更是进入沉重育儿血泪史高潮篇，家长每每急火攻心。这些高中学生的家庭亲子关系，可见一斑。面对苦

图中文字：

明确此次家长会目的，确定形式和流程

备好家长会教案

通知家长及其他与会人员，布置场地及签名接待工作

家长会实质阶段

做好活动或会议记录及会后反馈等工作

恼的家长,我们不禁要问:家长与孩子共成长了吗?高中阶段的家庭教育是不是也需要与以往有所不同呢?

高中家长会在各个学校开展已久,一般一个学期至少两次。但这些家长会在家校沟通上,在教育孩子上真正起到作用了吗?从目前来看,高中家长会似乎是中小学学段里最不被重视的家长会,形式单一、主题单一,家长缺席率高,会后反馈不佳,效果不佳似乎是普遍存在的问题。

教师思考

1. 初高中学习差异大,容易导致家庭教育中问题频发

高中阶段的学习与初中有非常大的不同。主要表现在:第一,学习内容上。初升高知识跨度非常大。初中三年学习的知识总量甚至不如高中一年的学习量。比如英语单词量从初中要求的 1 600 个,上升到 3 500 词＋500 短语。第二,授课方式上。初中教师常常采用直观形象教学方法,反复讲解,具体辅导。高中教师上课更注重分析,许多问题要求学生独立思考。而且高中学科多,教师多,每个教师教学方法不同、教学内容不同,对学生的学习要求也经常不一致。第三,学习方法上。初中学生学习方法比较单一,习惯于依赖教师。高中的学习,要求学生学会独立,学习方法要求灵活多样。这些差异都可能导致家庭教育中问题频发。

2. 家长对高中生身心发展和学习现状不理解,教育方法落后

父母对高中学业及高中生心理变化不了解,导致交流方式、教养方式不能适应高中生发展需要。尤其是新高一家长,对孩子学业的了解停留在初中阶段。尤其是每次考试过后的家长会,更是成为许多学生沉重的思想包袱。部分同学反映自己与家长的沟通存在很大的问题,亲子关系变得不再和谐。由此也导致类似家长会等家校沟通工作在老师、家长和学生中各有滋味,家长会成了"三怕会":学生怕回家"挨板子",家长怕当众丢面子,老师也怕家长不明就里只要成绩。

3. 学生成绩经常成为家长会焦点,学习压力自然传递给了家长

开家长会家长大都奔着了解成绩、名次而来,会议上最为关心的是老师介绍班级同学成绩状况,会后围着老师讨论的内容除了成绩还是成绩,家长会结束回家家长与孩子交流的也逃不过成绩的话题。殊不知,处于如此情境以及氛围之中

的高中学生背负着巨大的心理压力，头脑中始终绷着一根弦，焦虑、紧张、压抑的学习和生活氛围成为高中学生不得不承受的生活常态。无论是成绩好还是成绩不好的同学，大多内心里抗拒谈及成绩话题，以此为中心的家长会、家庭教育对亲子关系及孩子发展危害极大。

教师策略

高中生家庭教育中存在的种种问题已经严重影响了家庭教育的成效，为了充分激发家长在学生高中阶段与学校合作共育的积极性，促进学生身心健康成长，程老师决定组织一次以"让我们与孩子共同成长"为主题的家长会。

1. 确定家长会的导向和目标——走进彼此的内心

家长会的目标通常包括：帮助家长了解高中生的身心特点和学习规律；指出当前家庭教育中存在的主要问题，提供解决策略；家校共育，促进学生健康成长。

家长会的目标制定是开好家长会的头件大事，有的放矢，才能收到实效。每一个阶段的家长会应该有具体的目标。常规来看，开学初的家长会前期更加侧重高中学习生活、学校教学管理、高中学习任务、考试安排等的介绍，引导家长同孩子一同适应新学期的学习生活。期中考试、期末考试之后的家长会，侧重考试成绩的分析和各科学习经验与问题的交流，揭示孩子学习上存在的共性问题，提出相应的建议；分享孩子们在校的各种表现，也提出需要家长进一步配合的相关要求，有利于学校教育工作的改进。家长会目标制定应该是班级个性化的，针对班级情况，提出有利于本班级整体改进的目标。如针对开头案例中提到的家长会存在的问题：孩子进入高中不久，家长与孩子并未共同成长，导致孩子讨厌开家长会，家长把家长会变成吐槽会。程老师决定将期中考试后的家长会主题定为：让我们与孩子共同成长。

2. 家长会的准备工作——隐性的家庭教育指导

（1）确定班会主题，化解家长焦虑

开家长会首先是明确家长会主题。如案例中程老师将期中考试后的家长会主题定为：让我们与孩子共同成长。通过有的放矢的家长会，解决教育教学中发现的问题。让家长更多地了解这些由初中步入高中的孩子，认识高中学业特点，了解更多有关高中生的家庭教育内容，从而在一定程度上化解家长们的焦虑，减轻孩子们的压力。

（2）会前充分准备

■ 家长会前要告知家长做好准备工作

首先提醒家长要准时到校，准备好记录本和笔，将手机调至静音模式，认真听讲、记录。结合家庭、孩子的成长实际，做重点记录，以便会后反思。对需要发言的家长，要单独交流，安排发言的内容并对发言内容有所把关。也可以建议家长，准备一到两个针对自己孩子成长的家庭教育困惑，会后与老师自由交流，增强家长会的针对性与实效性。

■ 家长会前教师自身要做好充分的准备工作

① 明确家长会的目的、任务：根据发现的相关问题，有针对性地召开。

② 做好环境准备：欢迎标语，与主题相关的黑板报、墙面的文化展板、班级活动风采、班级学习目标、量化考核统计、学生作品展等。

③ 确定家长会主持人：指导他们设计好家长会流程并主持会议。有需要学生发言的，也要事先安排好，让学生代表准备好发言稿。

④ 通知科任教师开会内容：请科任教师向家长介绍学生的学习情况，发挥教育集体的作用。

⑤ 发家长会通知书：要写清会议内容、开会时间和地点。家长会的通知可以更为亲切，不再是一纸冷冰冰的公文，不妨将通知单变为邀请函。

3. 家长会的召开——显性的家庭教育指导

家长会的展开因主题、学生、家长、班级实际而异。我们以案例中程老师的家长会为例，了解家长会的具体展开过程。

（1）拉开序幕

一份报告：公布针对本班同学思想压力的一次问卷调查结果。程老师通过班级的问卷调查了解到，全班42名同学中有25人认为压力很大，有16人认为有些压力，仅1人认为无压力；在问及压力的主要来源时，有29位同学认为是来自家长的期望和要求。

一段自白：读本班一同学在周记中的一段话："读高中以后，我觉得大部分的课程都很难，有好几科，如数学、物理、地理，都有很多问题好像不是很明白。期中考成绩也很差，只是勉强及格。我心里好怕，不知道如何面对家里人。我做了心理测试，结果显示我有中度的抑郁症。我该怎么办呢？"

（2）走进彼此的内心

学生心声：请两位典型学生讲讲自己自读高中以后的学习和生活情况，以及期中考试以后的心理感受。

家长心声：请两位家长对孩子进入高中之后的表现进行一个评价（重点谈对孩子在校表现是否满意，在家里是如何教育孩子的，是否感觉到自己给孩子造成了过大的压力）。

老师心声：班主任将半学期以来本班的教育教学工作和学生主要表现，结合图片、录像向家长简要展示。展示内容包括了高中生一天的紧张作息情况，课务、作业量，孩子们在校参加的各种活动及他们在活动中的各种优秀表现。

（3）经验交流

成功家长经验介绍："与孩子共同走过"。邀请班级中亲子关系和谐、孩子综合表现优秀的家长谈谈自身家庭教育经验。

本校心理老师介绍高中生的心理特征及父母家庭教育中应注意的事项。

（4）班主任总结

在总结中，班主任主要提出以下两点：首先老师、家长要改变人才观念，改变对孩子的评价标准，"三百六十行，行行出状元"，不能以极为功利的价值取向去塑造子女。其次，学生刚进入高中不久，对高中的学习和生活不是很适应，加之竞争明显激烈，孩子的心理发生各种变化。家长要走进孩子的内心，多了解高中的学业情况和高中生的心理特征，做到内心淡定，指导有方。

（5）会后自由交流

家长与老师、家长与家长根据个性问题自由交流。

4. 注重资料整理和继续交流——树立全过程家庭教育指导意识

家长会结束，工作尚未真正完成。班主任还需要及时统计到会家长，与缺席家长交流；整理家长会材料和家长会记录，听取家长对家长会的反馈意见；跟踪学生思想和行为的变化，了解家长会效果。

这次家长会的召开，让家长和孩子有了一次坦诚交流，它增进了理解，更让家长初步认识到了在孩子的高中阶段，他们应该怎么做。会后一位家长说："以前不知道高中和初中有那么大的区别，只以为是孩子到高中以后不用功了，在家里会有一些埋怨和责备的话，本是想加强督促，没想到起了反作用。"

这次家长会后，班级学生的思想明显要稳定了许多，精神状态慢慢恢复正常，许多学生的成绩也在逐步提高。这些变化不能不说得益于家长会的及时召开。

然而，一次家长会的家庭教育指导作用是有限的，每学期学校组织家长会的次数也有限，而且每次家长会后班主任对家长提出的要求没办法做到后续追踪监督，而家长无法得到实施过程中存在问题的解答，这些都导致家长会效率低下。家长会上，反映出来的学生问题及对家长的一系列要求，需要家长与学校之间不断沟通，教师应有针对性地不间断与家长通过电话、面谈、家访等一系列方式进行指导。因为一个班学生过多，教师不可能顾及每一位学生，这需要家长发现孩子问题后及时向教师反馈，帮助学生改正错误。通过家长与教师的有效沟通，促进学生全面健康发展。

行动反思

1. 家长会目的明确，注重教育理念的引导

学校和家长共同承担教育孩子的职责，但不是每个家长都熟悉教育规律。在望子成龙和望女成凤的强烈愿望驱使下，许多家长很容易在教育过程中无意识地伤害到孩子，给学校的正常教育带来困难。所以，教师要引导家长形成正确的教育理念。一个学期召开家长会次数不会很多，每次都是宝贵的家校沟通机会，每一次的主题要明确，同时每一次家长会都是一次教师对家长家庭教育指导的机会，要注重教育理念的渗透。

2. 家长会内容精选，增强家长会实效性

根据家长的特点，可以选择围绕心理咨询、家教指导和学法指导等内容，通过介绍一本好书、一篇好文章，重点进行高中生心理和科学家教的培训活动，让家长了解孩子的心理发展特点和心理需求，让家长认识到自身的发展与子女的成才一样重要，要努力与孩子一起成长。

高一新学期伊始，第一次家长会内容可以是新高中生的衔接问题，涉及内容不仅是高中生的初高中衔接，包括高中家长的初高中衔接指导。邀请学校心理教师，介绍高中生的心理特征，让家长的家庭教育在今后孩子的学习生活中更有针对性。

3. 家长会形式创新，提升家长会魅力

为什么很多学生一听家长会就心情紧张？为什么一些家长遇家长会总是请假？这与家长会的常规形式有关。常规家长会以成绩分数名次为主题，以通知

式、告状式、提要求式开展，造成亲子关系紧张，学生抵触，家长无获。因此，应该根据教育改革和发展需要，确立家长是教师合作伙伴的观念，探索适合的家长会形式，使之成为一座心与心之间的桥，提高家长会的效果。创新家长会的形式，可参考"智慧分享"中的内容。

✿ 智慧分享

家长会的 N 种开法

1. 对话讨论式

围绕家长共同关心的教育问题，可以组织以交流为主题的家长会，介绍孩子在家中的学习生活表现，叙述教育过程，陈述家长对孩子的期望，交流在家庭教育中的经验和困惑等，在此基础上，班主任可以提出自己的建议，也可以共同讨论解决问题的办法，还可以邀请部分教育成功的家长介绍他们的做法等。

2. 角色扮演式

孩子与家长有些隔阂在所难免，如果因为隔阂而引起家庭教育困难的问题，在家长会上班主任可以要求双方通过角色扮演的形式，让家长和孩子互相理解对方的处境、对方的心理、对方的关爱，消除双方的芥蒂，引导亲子双方互相体谅，鼓励家长和孩子相互扶持，树立信心，共同应对挑战。

3. 培训指导式

家长受阅历和认识等方面的制约，对问题的看法往往受以往经验的制约，在教育孩子的过程中会有一些偏差。因此，根据家长的特点，可以适时地通过家长会的形式培训家长。目的是向家长传授教育理论和教育方法，指导家长正确地对孩子进行家庭教育、理想教育，安排好孩子的学习和生活。

4. 专家报告式

在有条件的情况下，可就学生入学后某个阶段或某个共性问题，请专家做报告并现场答疑，围绕家长关心的或疑惑的教育问题举行报告会，在报告中还可以穿插家长的提问，以最终转变家长的教育理念，提高家长的教育水平。在聘请专家前，班主任需要调查了解家长最为关心的问题，然后根据问题确定最适合的主讲人。

5. 成果展示式

在青少年成长过程中，需要教师和家长能以理性的目光来欣赏学生、赞美孩子,发现其闪光点和点滴进步,这样既有利于教育者思考教育方法,也有利于家长和学生树立信心,相互沟通。因此,可以将前期开展活动时学生获奖的成果以展览的形式进行展出,布置好学生优秀作业、手工作品、获奖证书等展览品,让家长参观。这样的家长会,能够使家长进一步了解自己的孩子,密切家校之间的联系。

6. 亲情交流式

可以根据青少年好奇心强、表演欲高的特点,让教师、家长、学生相聚在一起,用文艺表演等欢快的形式共同营造和谐的气氛,增进感情。欢快的教育形式,能够融洽亲子之间的关系,为学生的健康成长创造宽松和谐的空间。

7. 问题解决式

学生在成长过程中会出现各种问题,教师应与家长共同配合,解决学生的这些问题,但在解决的过程中如果只是批评学生或找家长,也不能从根本上解决问题。教师可以运用教学设计的方式方法引出话题,请家长和学生共同进行讨论。通过家长会以相对轻松的形式给家长和学生应有的提醒和教育。

8. 参观游览式

随着家长对孩子的关注程度和对于安全问题的高度重视,很少有班级能够组织学生走出去。因此,可以组织以参观游览为主题的家长会,学生、家长、教师一同外出参观游览,不仅通过家长的参与既能最大限度地保证学生的安全,也可以使家长在与孩子一起外出的过程中进行交流、探讨,在一种比较轻松的环境中消除隔阂、更好地进行沟通。更为重要的是,通过家长的参与和指导,使学生更多地了解社会和人生,同时对于转变家长的教育观念,支持孩子走向社会也有一定的积极作用。

(高琪,张锐.家长会的开法种种[J].辽宁教育,2006(9):26—27)

第三节 家 长 开 放 日

家长开放日活动是学校开展的一项面向学生家长的活动,搭建起家校沟通的又一座桥梁。在家长开放日,学校通常组织学生家长进入课堂聆听教师的授课情况,或共同参与亲子游戏,或让学生与家长共同完成某项任务等。

家长开放日让家长走进校园,走进课堂,让家校零距离接触,有助于促进学校、教师、家长之间的沟通，可以让家长了解学校的管理与发展趋势，了解课堂教学和课改动向，更好地与学校形成教育合力，促进教师、家长和学生的共同成长。家长开放日还可以起到隐性指导家庭教育的作用，让家长学到不少正确的教育方法。

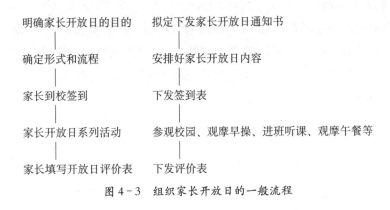

图4-3　组织家长开放日的一般流程

问题聚焦

　　某郊区普通高中要举行一次高二年级家长开放日活动，学校打算组织家长参观校园、观摩课堂等活动，将纸质通知发给家长，回复者寥寥无几。大卫老师在班级微信群里再次发通知，并强调所有家长都可以参加，仍然没有几位家长回应。

　　为什么多数家长不愿意参加呢？大卫老师专门打电话与小明爸爸沟通此事，小明爸爸如实说道："从幼儿园、小学、初中，参加过不少家长开放日，总的流程和内容差不多，以往的经验告诉我这次也是，你看通知上就只写了时间地点，没写具体内容。花一上午时间，家长并没有什么收获，还要向公司领导请假。很麻烦！"

教师思考

　　大卫老师一时不知如何应答。放下电话，老师开始反思，明明是一次家校沟通的好契机，家长却不乐意参加，不仅仅是因为家长对学校教育活动的重视程度

不够,也有学校平时缺少与家长的沟通,导致无法形成教育合力的原因。具体到学校开放日这一活动形式上,主要原因有:

1. 缺乏明确目标,活动成效较低

家长开放日流于形式、浮于表面,为了活动而活动,没有明确的育人目标。家长对活动的目标、内容、形式不清楚,活动时只看到表面现象,不能真正参与到学校的活动中,更谈不上通过对学校整体教育的了解促进家庭教育的有效开展。家长开放日的真正意义未得到彰显。

2. 内容设计简单,活动形式单一

家长开放日流程大同小异,主题雷同,课堂观摩环节课程设置单一,内容不够充实;家长开放日活动往往由老师唱主角,各种报告、讲座让家长处于被动和服从的地位,缺乏更深层次的互动,让家长成为"旁观者"而不是"参与者",忽视了引导家长与教师共同观察、了解和研究学生。这样容易让家长产生视觉疲劳,抑制家长参与的积极性。

教师策略

大卫老师在上述思考的基础上,结合班级最近的工作进展和学业表现,他在学校开放日活动基础上有了自己的策划。家长开放日活动是一个动态的、延续的过程,它主要包括活动筹备、活动实施和活动结束与评价三个阶段。这次,大卫老师将重点放在了第三环节。

1. 活动筹备阶段:明确主题,吸引家长参加

活动准备阶段主要是指从开始设计、策划活动到活动正式开展之前的这段时间。在这段时间里,为了保障家长开放日活动的顺利展开,学校和家庭在各自的活动目标下作出一定的准备工作。

大卫老师设计的活动方案包括三个内容:教学观摩＋教学评价＋"家校一对一学情反馈"。其中,教学观摩和教学评价是学校的规定内容,"家校一对一学情反馈"是大卫老师自己增加的内容。大卫老师将活动方案再次发给家长,这次家长的积极性很高,基本都答复要参加。

此后一周,大卫老师抓紧和各科教师沟通学生学习情况,主要是学习习惯、学习态度和学习方法等,特别是学生最近表现出的进步。大卫老师一一做了记录。

同时提醒家长将孩子最近的表现用文字表达出来，活动当天交给老师。对于向单位请假需要学校出具说明的，大卫老师也提前做了相关准备。

2. 活动实施阶段：引导家长全面理解学校教育

家长开放日活动当天，教师、家长、学生在这一天会坐在一起，他们会有近距离的接触，通过不同的方式产生一系列的互动。对于教育教学，教师的专业性高于多数家长，因此要充分利用家长开放日引导家长科学、客观地评价学校教育。

（1）教学观摩活动是开放日活动的核心

教学观摩活动的实质就是请家长观看教师和学生的集体教学活动。一般情况下，家长开放日活动都会包括1—2节教学观摩活动，它们是家长开放日活动必不可少的组成部分，也是家长开放日活动的核心。

在开放日活动前一天，大卫老师特别通过班级微信群，告诉家长在教学观摩活动中，主要观察哪些方面，如对班级的管理、与学生交流沟通的情况、对学生的态度、对学生思维的引导等。对于学科知识和教学知识，有能力的家长可以关注。

（2）观察记录表引导家长科学评价教育教学

在家长进校时，学校给每位家长发放了一张观察记录表，邀请家长对学校环境、教学观摩以及此次活动的组织工作进行评价。通过这些评价，学校将家长关注的焦点引导到学校通过家长开放日想要呈现的内容上来，告诉家长在哪些方面观察和评价，家长再次得到系统指导。下面是关于教学观摩的评价表。

表4-2　家长开放日教学观摩评价表

评 价 内 容	满意	一般	不满意
课堂上能激发学生的求知欲和好奇心			
能引导学生自主学习			
教师平等地与学生交流，有耐心			
课堂教学中渗透思想道德教育			
教学手段和方法适应教学内容			
教师衣着得体，语言规范，举止文明			

（3）教师和家长互动，敞开心扉了解家长需求

教学观摩和教学评价结束后，大卫老师带家长来到学校会议室，进一步向家

长解释了这次活动的目的和意义,也对家长支持学校工作表示感谢,并请家长就当天在学校看到的情况以及平时了解到的相关情况做了交流,主要涉及教育教学、餐饮住宿、实践活动等方面,大卫老师认真做了记录。随后,大卫老师收集了家长用文字表达出来的孩子最近的表现,并再次感谢家长参与。

在听完家长的反馈后,大卫老师将之前准备的"学情反馈"一一发给家长,对孩子的学习习惯、学习态度、学习方法以及学生最近表现出的进步做了简要介绍,内容虽不多,但是字斟句酌,非常有针对性;同时,也提出了家庭教育可以借鉴的策略。此外,老师对于孩子最近的表现做了一个整体性评价,不针对某一个学生,而是针对全体学生;也向家长简单汇报了班级下一阶段的主要工作安排以及需要家长配合的地方,并针对一些共性问题提出了家校共同努力的方向。

3. 活动结束阶段:让已经开启的家庭教育指导延续下去

开放日活动,又一次让教师和家长站在同一个起跑线上讨论学校教育教学和孩子的学习与生活。这次之所以绝大多数家长参与,多是因为"家校一对一学情反馈"这个新颖的方式。大卫老师明白,如果不能趁热打铁,好不容易打开的家庭教育指导之门就可能关闭。于是,在整理活动相关材料之余,大卫老师制定了下一步工作的计划:对家长书面反馈的意见做进一步沟通;请家委会成员收集家长对开放日活动的完善建议;设计下一次家长开放日由家长主持活动的相关事宜,如由家委会发通知、由家长主持总结交流等。

随后一段时间,大卫老师和家长围绕家长开放日活动有一些后续的讨论、反思、交流等。家长通过观察孩子在校表现,发现一些问题,产生一些困惑,但是在家长开放日活动当天,由于教师比较繁忙并且时间有限,没有与教师进行单独交流的,在后面的时间都可以主动联系进行交流。

● 行动反思

开放日活动结束后,大卫老师结合家长的反馈对开放日活动进行了整体性反思,而不仅仅是对这次活动的思考。

1. 注重开放日活动主题化、系列化

在开放日活动前,充分了解家长的需求,根据家长的需求,针对学生学的问题设计相应的系列活动,再也不仅仅是单一地为了教而组织学。让家长多方面了解教学指导方法，从而实现家校共育。通过一系列活动，教师能帮助家长们根据学生的学习特点更有针对性地引导自己的孩子进行学习。

2. 注重开放日活动的多元评价

教育评价是学校教育工作的重要组成部分，它能够促进教师进一步了解教育的适宜性、有效性，调整和改进工作，是促进每一个学生发展，提高教育质量的必要手段。建立家长开放日评价体系，在家长开放日活动中做到他评与自评结合，建立家长与教师评价制度，形成促进教师自主发展、家长共同提高的评价体系，通过家校的互动评价，使家长开放日真正起到时效性。如：在家长开放日活动中，教师们组织贴近生活的系列课程，让家长参与活动，亲身体验愉悦和成功。在活动结束后，向每位家长发放家长开放日活动反馈表，反馈表上针对活动制定评价标准及评价说明，让家长进行评价时有依据有标准，便于家长操作。家长们在活动后及时评价，并提出宝贵的意见，从而提高开放日的实效性。教师虚心接受家长们的反馈意见，并有目的性、有选择性地根据家长们的评价进一步地反思自身在活动中的不足，及时采取有效手段进行调整，使得开放活动评价在家校互动中更有效。

3. 让家长参与教学的各个环节

对于开放日活动的总结，除教师单方面独白式之外，还有一种可以称之为亲师对话式总结。这种方式以家长和教师的讨论为主，家长作为讨论的主体，可以自由表达自己的困惑与观点，通过与其他家长以及教师之间的互动，家长自身可以获得一定的成长。这种讨论是家长与家长之间、家长与教师之间的对话，对于加深家长对教学活动的认识，对教师和学生行为的理解是非常重要的。

🌀 智慧分享

"家长开放日"后的启示

新课程、新理念已深入人心，教师的教学行为和学生的学习方式已有了明显变化。为了征求家长的意见、建议，取得家长的支持与配合，我校通过一个学期定期开展的"家长开放日"活动，请家长走进校园看一看，老师如何利用现代化手段进行教学？学生如何快乐地学习与生活？结果令人满意的同时，也给了我们许多启示。

1. 建立教育教学工作开放日

每周举行校长接待日活动，请家长们对学校的教育教学管理等各方面的工作提出意见和好的建议,广泛听取意见,对改进学校工作、增强服务意识、提高学校声誉都起到了积极的作用。每月定期开展的教学工作开放日,请家长来到学校,走进班级与自己的孩子一起听老师的课,一同感受新理念、新课程,让家长亲眼目睹孩子在课堂上的表现,也给孩子一次挑战自我、全面锻炼的机会。同时,该活动也提供了一次老师、家长、学生面对面的交流机会。学校教育教学的特色得到展示,使家长更好地了解学校,了解孩子,既看到新课改背景下的学校全新的教育,也让我们家长在对自己子女教育观念上有了新的认识,从而使家庭教育更具有针对性。

2. 建立家长学校,发挥家庭教育的优势

组建各个年级家长委员会,建立和完善家长学校的管理机构;制定家长委员会的职责。每学期召开三次各年级家长委员会的成员会议,即:开学初学校工作计划的讨论和研究,充分征求家长们的意见;期中考试后对学生进行学情分析,由家长委员会的成员提出改进意见和措施,形成一致的认识,改进管理,改进教法,求得家长的配合;期末考试后研究讨论交流教育经验。这样,既提高家长参与教育的积极性和主动性,又使他们与学校管理工作者、教师携手,一起研究解决学校教育所面临的、特有的各种问题,共同承担起对下一代的教育责任。同时,家长的参与,也完善了学校的教育管理,在教师、家长和学校管理工作者之间建立起一种崭新的协作关系。

3. 建立家长培训制度,提高家庭教子水平

家庭是儿童成长的主要场所,家庭教育、家庭环境对儿童具有举足轻重的作用。著名教育家苏霍姆林斯基说过:“只有学校教育而没有家庭教育,或者只有家庭教育而无学校教育,都不能完成培养人这一极其艰巨而复杂的任务。”面对多元而变化快速的教育改革发展,我们必须将学校教育与家庭教育有机地融合在一起,做到三个方面的改变。在育人观念上有所改变,要“蹲下身倾听孩子的需求”;在教育内容上有所改变,从单纯地关注成绩转变为关注孩子全面发展,从育分转为育人;在教育方法上有所改变,既要严格要求孩子,更要与孩子平等交流,要“欣赏孩子”等。要使家长做到这一点,学校要根据家长的工作性质、文化素质、品德修养的不同,有针对性地进行指导和培训。教师与学校领导定期对家长们进行专题讲座,进行交流,切实帮助他们提高对家庭教育的认识及家教的水平,拓宽家长的视野,改进教子方法,以此促进学校教育教学工作的进一步提高。

总之,家庭、学校、社会在教育过程中的密切合作与相互支持,是我国学校教

育改革的重要组成部分，家校合作是我们教育工作者永恒的话题。

（华建鹏."家长开放日"后的启示[J].教育艺术，2007(7)：67—68）

第四节　家长接待日

家长接待日一般由学校安排一个固定的时间，校长或主要管理者接待家长的来访，倾听家长对学校管理、教育教学、后勤保障等多方面的意见和建议，并当场对相关问题给予答复或提出解决问题的意向。家长接待日后，校长或主要管理者要跟踪落实治理方案并听取反馈意见。

其实家长接待日的组织形式除了在指定日期面对面与家长沟通交流之外，也可以充分利用现代媒介，通过设立意见箱或者通过指定邮箱、QQ 微信群等收集家长的反馈意见，多渠道、多维度汲取家长灵动金点子。学校和教师通过家长接待日能更好地促进家校互动，倾听家长的合理化建议，解决家长所关心的问题，改进和完善学校工作，拉近家长和学校之间的距离。更重要的是，通过与家长深入沟通，校长或主要管理者可以发现家长在家庭教育中面临的困境，并及时给予指导，帮助家长树立正确的教育理念，与学校一起共同促进学生健康成长。

⬡ 问题聚焦

> 学校占地 72 亩，三个年级学生共计 1 500 人，学生每日的食堂就餐问题一直困扰着学校领导、教师、家长。食堂规模太小无法满足三个年级同时就餐，学生吃不到热饭热菜，严重影响学生身体健康。虽然学校、家长和学生等组成的代表团协商多次，但是并没有实质性改善。曾经想过许多方法，如：食堂送餐进教室，但效果都不甚理想，不是饭菜冷掉了，就是由于饭盒紧盖而使得蔬菜变黄了，学生不吃，浪费现象严重。就餐一事得不到家长、学生的认可，成了学校的顽疾。在学校面向家长、学生组织的几次满意度评价中，餐食满意度评价一直排名最后。

教师思考

俗话说,民以食为天,食物是人体营养最主要、最重要的来源,如果连这个最基本的需要都无法满足学生,让学生安心学习就没有了物质基础和"革命的本钱"。问题这么重要,学校也积极磋商,为什么无法解决呢? 除了硬件条件的限制外,没有全面发动家长的智慧也是重要原因之一。

1. 家长代表人数少、作用有限

参与讨论的家长代表,来自学校家长委员会的推荐,基本都是家委会成员。虽然家委会是学校组织家长,按照一定的民主程序,本着公正、公平、公开的原则,在自愿的基础上,选举出能代表全体家长意愿的在校学生家长组合而成。但是人数毕竟有限,鉴于时间关系等原因,他们未必能每次都征求全部家长意见,他们所述未必能代表全部家长意愿。人数少,局限了解决问题的思路,导致问题迟迟不能解决。

2. 家长接待日问题意识有待加强

家长接待日是为了更好地进行家校沟通、家校互动,学校总想让家长全面了解孩子在校的学习情况,家长也总是关注学校的教育教学状况。平日里通过 QQ 邮箱、微信群等收集家长反映问题而不是解决问题的策略,如为方便沟通,孩子能否携带手机;学生在家无法与家长沟通,话不投机就离家出走;学农时间能否调整;图书馆的书太陈旧了;班级教师配置能否更加优化等。对于与生活密切相关的餐食问题,从来未当作接待日的重点去解决。

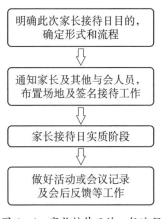

图 4-4 家长接待日的一般流程

教师策略

在学校、家长和学生等组成的代表团八次协商无果的情况下,学校决定通过家长接待日金点子征集的方式,与家长共同商讨如何解决三个年级餐食的问题。

1. 活动准备：为家长参与学校管理创造充足条件

（1）群发信息，邀请家长贡献智慧

在请示相关领导后，学校负责餐食的管理人员，撰写了一份"请您为学生午餐献策"的电子邀请函，把学校午餐时面临的困难做了简要说明，提出希望各位家长献计献策，并在最后留了预约到校反馈窗口和专用邮箱。

（2）充分预设，对家长抱有足够诚意

安排固定接待日的时间地点和接待人员，创设温馨干净的接待环境。根据家长工作时间安排部分晚上、周末的接待时间，方便家长积极到校参与学校管理共建。

2. 活动开展：关于学校管理的一次深度交流

接待家长时接待人员要有诚心、耐心和爱心。家长接待日期间，学校主要负责人无特殊情况不得外出。对家长提出的建议，如果之前有试行，要当场给予反馈；如果未试行，要认真记录。给家长解释相关情况时要亲切，做到不厌其烦。

虽然这次家长接待日有固定专题，问题很明确，就是要解决学生餐食问题，但是不可避免会有家长有一些其他疑问。对于家长提出的其他问题要认真记录，能马上解答的一定要第一时间答复，不能及时解答的要向学校反映，在听取相关负责人的意见后，尽快给予家长答复。

如果时间和人员充足，接待人员可以向家长介绍学校整体情况，向家长宣传新的学生教育观，将家长吸引到学校教育中来，引导家长以发展的眼光看待学生，关注学生发展的速度特点和倾向。尤其目前已经进入高考新政阶段，学校有责任和义务改变部分家长只关心学生学习成绩的片面教育倾向，强调学校的教育是为了让每一位学生在原有基础上得到发展，并请家长积极配合学校开发学生潜能，促进学生全面发展。鼓励家长树立起对于学生只有在家校共育的前提下才能健康成长的理念。随时随地都要宣传，学校发展需要家长的积极配合与支持。

3. 活动结束：及时体现家长智慧确定解决方案

接待日活动结束后，学校组织相关人员，尽快将家长提出的相关建议整理为电子文档，同时关注专用邮箱中收集到的反馈意见，将所有材料一一梳理、归类、汇总。在会议上领导班子讨论后认为，某几位家长提出的"错时用餐"的做法比较可行，并当场确定了错时用餐的基本方案。高一年级11:15;高二年级11:30;高三年级 11:45,各年级学生完成用餐以后,自行清理桌面,有序摆放筷子、盘子。这个方案在第二周随即试行。

4. 后续跟进:家长成为学校管理中重要成员

由于预先的宣传到位,措施落实,多年的顽疾终于在多方的合力下把本以为不可能实现的事情,变成了学校管理的一个常态与亮点。三个年级吃上了新鲜可口的热菜热饭,增进了学生的感恩之心;学生就餐秩序良好,在就餐后同时上了一堂生动的行规课;不再五个楼层送饭,食堂负担减轻了,浪费现象骤然改善;风险减少了,不必担心食物的二次污染;学校管理更顺畅,家校更和谐了。

表4-3 利用家长接待日解决问题流程

形式和流程	问题——共识
收集问题	食堂就餐问题:食堂规模太小,无法满足三个年级同时就餐。学生吃不到热饭热菜,严重影响孩子身体健康。
解决途径1	由于学校实在太小,不能满足三个年级同时就餐的需求; (历史遗留问题)八次协商无法达成共识,只能维持现状。
解决途径2	家长接待日金点子征集——如何解决三个年级同时就餐问题?
接待日提议	有家长建议:三个年级错时用餐,时间相隔一刻钟,先进行试运转,教师代表、家长代表、行政人员全部进食堂,观察实施情况,考察提议的可行度及后期完善措施。
家长接待日成果	1. 三个年级吃上了新鲜可口的热菜热饭; 2. 学生就餐秩序良好,上了一堂生动的行规课; 3. 家长、老师放心了; 4. 食堂负担减轻了,不再五个楼层送饭; 5. 风险减少了,不必担心食物的二次污染; 6. 学校管理更顺畅,家校更和谐了。

● 行动反思

请家长走进校园,走进课堂,了解学校的管理,了解课堂教学和课改动向,缩短学校与家庭、学校与社会的距离,形成家校共育合力,一直是家长接待日的初衷。为了更好地发挥作用,家长接待日可以针对以下不足进行改善。

1. 家长接待日目标不明确

目前，家长接待日大多流于形式，家校双方重点关注的还是学生的学习成绩，没有真正达成家长接待日的目的。真正有效的家长接待日不仅要让家长全面地了解孩子在校的学习情况，了解学校的教育教学现状，了解教师的教书育人情况，还要有针对性地参与学校的建设，以家校互动来解决问题，真正实现家校沟通，创设和谐育人氛围。

2. 家长接待日组织形式单一

常见的家长接待日活动形式不外乎家长进班级听课，与任课老师交流。为了使家长对接待日有真正的了解感受，学校应该巧设多元化的活动内容与方式。比如亲子活动，由学生向家长介绍教师和学校的形式，提升家长参与学校管理与建设的积极性。

3. 家长接待日运作流程不清晰

通过清晰有效的家长接待日运作流程，能赋予家长监督办学的权利，走进学校参与评价，理顺学校与家庭教育的关系，进一步完善学校管理，实现家庭教育与学校发展共赢局面，让家长全面了解学校教育教学的状况，调动家长参与学校事务管理的积极性。

🌀 智慧分享

家长"校访"时学校的价值引导

1. 共创温馨氛围，力求反映真实问题

（1）筹备家长接待日之前，学校可以用多种方式了解家长的需求和兴趣，和家长委员会成员讨论确定家长的参与方式及相关活动的安排，满足家长的参与需要，老师对家长应热情、诚恳，做到彬彬有礼。

（2）所有接待人员必须提高对家长来访接待工作重要性的认识，认真负责、耐心细致地解答问题，热情帮助家长解决困难，并做好接访解答记录，为家长提供满意的服务。

（3）许多活动的成功之处在于人们对细节的追求，家长接待日也是如此。如家长的饮水、家长的座椅、接待家长的形式等细节，都能充分体现相关工作是否到位。

2. 共寻问题根源,积极探讨形成对策

(1) 重视教育合力的形成

只有当学校教育和家庭教育形成了合力,我们的教育才会收到事半功倍的效果。因此,我们要充分利用家长接待日、家长学校和家长开放日,利用现代教育和素质教育的观点,全面指导家庭教育。

(2) 重视问题个性与共性筛选

对高一高二高三的共性问题进行沟通商讨归类,为后面的年级提供经验,使得高中家长接待日的教育资源库日益厚实;对三个年级一些典型性问题以个案形式积极探讨,寻求多方指导,达成理想的解决方案。

3. 共建解决方案,形成有效反馈机制

(1) 对家长就学校德育、教学管理、学生活动、后勤管理等方面提出意见及建议,学校相关部门要齐心协力,共寻对策,以便学校及时调整相关决策。

(2) 各部门主管和负责人对家长提出的各方面的问题要尽可能地给出解释。对于当时不能解决的问题,要做好记录,向上级请示解决。接待工作的记录要妥善保存,备查,为建立和完善家长接待日长效机制奠定基础。

(吴浩峰.家长"校访"的八种方式[J].家庭教育,1997(11):24)

第五节 爸妈成长营

家庭是社会的基本细胞,是人生的第一所学校,父母自然是这所学校中的第一任老师。父母对孩子的熏陶是终其一生的,所以要想让孩子成为优秀的人,为人父母者首先要成为优质爸妈。"优质爸妈成长营"团体辅导系列活动是指在团体情境下进行的,以互动形式促使家长在家庭教育中通过观察、学习、体验,认识自我、探讨自我、接纳自我,调整和改善亲子关系的一种心理辅导形式。优质爸妈成长营通过主题讲座、团辅活动、主题论坛和心理剧表演等活动,促进夫妻双方合作,促进亲子沟通技巧,提升家庭教育功能。

开展"优质爸妈成长营",实现心理健康教育与家庭教育双向互动,用心理学理念来引导父母了解孩子心理需求,关注孩子心理健康,转变家庭教育观念,优化家长家庭教育方式,是这一活动形式特有的价值。

◉ 问题聚焦

> 　　学校心理社团在筹备一部心理剧，向全校招募演员，小宋同学很喜欢表演，于是就去应征剧中男主角"林凡"，周末和父母说起这件事，没想到遭到父母的强烈反对！父亲对他说："我把你送进高中唯一的目的就是让你考上理想的大学！我只要你把学习成绩搞上去，其他事情只会让你分心和浪费时间，不许参加！"母亲也在旁边劝着小宋同学："儿子啊，高考 3＋3 改革，学习任务很重的，高中就是要好好读书，成绩上去了，考上好大学了，大学里再去参加这种活动也可以的！现在真的不是时候啊！"
>
> 　　于是，小宋同学和父母大吵一架，一个星期后的期中考试成绩也一落千丈，父母说现在的孩子越来越难懂，越来越不知道孩子在想什么，和孩子之间的隔阂越来越深了，孩子也不愿意和他们说心里话，他们心里也很苦恼、焦虑，于是来校向班主任老师和心理老师寻求帮助。小宋同学却觉得父母只知道让他学习学习再学习，从来没有考虑过他的感受，从来不知道他到底需要什么，还尤其反感家长来学校找老师。

◈ 教师思考

1. 高中阶段的家庭教育指导需要推陈出新

　　高中阶段对于家长和孩子来说都是全新的开始和崭新的挑战，出现上述问题的家庭不在少数，家长不理解学生的内心需求、不知道如何与学生沟通、不懂得如何欣赏自己的孩子，没有充分准备好帮助孩子度过高中三年，也没有充分准备好与孩子共同进步。

　　而我们现有的家庭教育指导途径未将家长和学生同时作为指导对象，而且不够富有吸引力、活动形式比较单一，在高中阶段难以解决学生与家长的苦恼。学校需要对家庭教育指导方式有所创新，达到更有效的指导效果。

2. 高中生成长中特有的心理发展特点

高中生正处于青春期,是世界观、人生观和价值观形成和完善的关键期,自我意识进一步增强,强烈希望别人了解、理解和尊重自己,心理和行为上都体现出强烈的自主性,情绪体验丰富且强烈,他们会关注和思考自己适合怎样的发展,想要怎样的生活,有明确的自我发展和自我实现的需要。高中阶段的学业较初中教育而言,也进入了更综合更抽象更高层次的学习方法、知识技能和能力素养的阶段,对学生来说是全新的开始,也是崭新的挑战。这个时期会发生很多变化,都是成长必经阶段,家长应站在发展的角度看待这些变化。

3. 家庭教育方式陈旧导致亲子冲突发生

现在高中学生在心理方面出现较多的问题,有厌学心理、考试焦虑、人际交往困难和情感困惑等,但与学生深入交流,不难发现很多问题其实都源自亲子沟通不畅甚至是沟通障碍。父母对高中学业及高中生心理变化了解不多,有时也不愿意放下身段,总在学生面前保持"家长制"的威严,不愿意倾听和关注学生的内心需求。尤其是由于学生面临高考的重重压力,如果父母依旧非常关注学生学业水平发展和学业修习成绩,容易忽略孩子日常的心理需求,也不善于发现并欣赏孩子身上其他方面的闪光点,那么引发亲子冲突就不足为怪了。

教师策略

高中阶段出现的种种问题大部分都由家庭教育引发,因此,为了转变家长家教观念,提升家校合作共育成效,共同为孩子的健康成长保驾护航,学校学生发展中心与心理辅导中心共同组织策划了"优质爸妈成长营"系列活动。

"优质爸妈成长营"团体系列辅导活动通过 Feetham 家庭功能量表等专业测量评估工具,进行"猜猜我有多爱你"、"其实我想更懂你"等主题活动,促进夫妻双方合作,提升亲职教育功能,有效协助孩子应对发展中的问题。

1. 优质爸妈成长营的目标

（1）认知与强化父母角色,充分认识其独特价值;

（2）学习和掌握亲子沟通技巧,提升亲子沟通质量;

（3）营造和谐的家庭环境,实现夫妻角色转变和功能调整;

（4）创新家校共育新途径,促进学生健康成长。

2. 优质爸妈成长营的内容设计

我们邀请上海市学校心理健康教育名师工作室（李正云工作室）进行科学规划与专家指导，设计系列团体培训，通过角色扮演、沟通模式觉察及训练、团体分享、家庭作业等形式提升亲子关系及家庭共育质量。

优质爸妈成长营团体辅导系列活动主要有 6 个活动主题：

表 4-4　优质爸妈成长营系列活动

活动	主题	内容	目标
1	吹响集结号——爱的鼓励	Feetham 家庭功能量表的问卷测量与数据分析，测量家庭功能。	建立优质爸妈成长营团队；传递父母亲职功能的重要性理念。
2	猜猜我有多爱你	房树人投射测验；优质爸爸表达性社会计量。	通过"投射测验"呈现家庭关系质量，通过社会计量测试了解父亲育儿的参与度，让其意识到本家庭教育的问题。
3	其实我想更懂你	"直升机"鸟瞰；大耳朵聆听技术训练。	关注孩子内心成长声音，提高父亲倾听能力。
		亲子沟通表达训练。	提高父亲的亲子沟通和表达技能，更新家庭教育观念。
4	打造我的神队友	夫妻互动沟通模式呈现与训练。	邀请夫妻共同参加，提高夫妻合作共育能力。
		设计一个亲子活动，布置家庭作业，实施该活动并记录。	
5	优质爸妈诞生季	高参与度父亲分享会	促进父亲对育儿问题的反思与改进，在合作中增进亲子沟通。
		亲子心理剧演出	
6	最美的期待	"与孩子的亲密与分离"训练	掌握亲子沟通技巧，呵护孩子成长与促进孩子独立。

3. 优质爸妈成长营的组织形式

（1）做好准备工作，招募团体成员

为保障每一次优质爸妈成长营活动的顺利开展，需要确定相关主题、制定活动计划、拟定活动方案、邀请专家支持和宣传动员工作。在招募成员方面，我们可以在学校微信公众平台及家长会现场发出邀请，并设置入选条件，例如：能基本保证参与活动时间、能接受问卷和口头评估、自愿改变亲职能力、愿意真实描述夫妻关系以及亲子关系等。

（2）形式丰富多样，引导家长积极参与

优质爸妈成长营有六个主题，每个主题会有 1—2 次团辅活动，会通过角色扮演、沟通模式觉察及训练、团体分享和家庭作业等丰富多彩的形式吸引家长积极并持续参与活动。参加团辅活动的教师和家长、家长与家长之间并不熟悉，但在活动中会有近距离的接触，因此在每一次活动前，需要一些简单的"破冰"游戏来拉近彼此的距离，营造良好和谐的合作氛围。

（3）填写活动反馈，及时与家长交流

把所有相关材料整理交由学生发展中心存档，主要负责老师写好活动反思，同时邀请所有参与活动的家长填写团辅活动反馈表，检测团辅活动的真实效果，同时了解家长活动后的所思所想，收集家长对活动的建议与意见，听取和了解家长亟待解决的问题，以便让优质爸妈成长营得到更好更持久的发展，能够让家长参加成长营后真正改进亲子沟通方式，掌握正确的家庭教育指导方法。

（4）布置家庭作业，获得持续实效

主题团辅活动结束之后，主要负责老师还会布置"家庭作业"，让家长们温故而知新，希望家长将在团辅活动中学到的新知识、新理念和新方法等在实际生活中进行拓展和延伸，同时增加夫妻双方、家长与学生之间的沟通和理解。比如在"打造神队友"主题活动后，就夫妻合作制定一个适合家庭实际情况的亲子活动方案并与孩子共同实施完成，在后面的活动中邀请家长进行现场分享，大家互相借鉴互相学习，让优质爸妈成长营更有实效。

◉ 行动反思

1. 继续丰富优质爸妈成长营的宣传平台

进入互联网时代后，家校联系的方式和平台更加丰富多样。我们要通过学校微信公众号、班级家长群和家长慕课平台向家长推送优质爸妈成长营有关参与信息和获得成果，在各类家长会、家长学校和家长开放日等家校活动中，向家长发放优质爸妈成长营的活动资料，使更多家长参与优质爸妈成长营，更好地搭建学校与家长互动沟通的良好平台。

2. 激发家长参与优质爸妈成长营的积极性

一部分家长文化素养较高并且比较开明，能认识到自己在家庭教育指导中的不当或误区，主动转变教育理念和教育方法，并积极来学校参加成长营；但是有的家长认为把孩子送到学校就全靠老师，有的家长觉得自己没有文化，不会教育孩子；有的家长忙于工作，无暇顾及孩子，也不愿意来学校参加活动，呈现出教育观念差异大的问题。

作为教师，一定要让家长明确父母的教育主体意识，并根据家长的特点，在成长营的活动上可以选择围绕心理健康、家教指导和学法指导等内容，让家长了解孩子的心理发展特点和心理需求，让家长认识到自己也需要成长和转变，要努力跟上孩子的变化，与他们一同成长。

3. 强化优质爸妈成长营指导教师的专业素养

学校一般由学生发展中心（或称德育处和政教处）、年级组长、心理老师和班主任老师担任心理健康教育和家庭教育指导教师的骨干队伍，且基本是兼职，真正的专业人才和专家讲师还较少，尤其是具有心理学和家庭教育指导两方面的师资力量总体不强。

因此，在优质爸妈成长营的师资上，我们需要家校社三方联动，调动社区和家长资源，组建一支强有力的专业教师队伍，专门就家庭教育所需的教育理念与教育方法，给家长提供职业化、专业化指导服务，为家庭教育问题提供个性化的跟踪与辅导服务，对家庭教育志愿者和家长骨干力量进行培训服务。

4. 积极探索优质爸妈成长营的有效活动形式

让家长聆听孩子的心声，及时了解孩子的心理需求，科学处理亲子交流中的负面情绪的同时，引导孩子换位思考，真切地感受父母的爱，理解父母的用心，有效地促进亲子之间的情感交流，我们认为在优质爸妈成长营之后开展亲子心理团体辅导系列活动是非常好的一种途径。

亲子心理团体辅导在相互理解、相互尊重的游戏和活动氛围中进行，会有效渗透合理宣泄、换位思考、正面鼓励、习惯养成等方面的方法与技巧，让父母和孩子在难得的体验与感悟中互相理解、互相包容和共同成长，促进家庭和谐幸福。

智慧分享

"优质爸爸修炼秘籍"（节选）

1. 父亲的意义

在孩子的幼童时期，父亲的作用是独特的，是不可替代的。到了青少年时期，父亲的作用更加重要，父亲的陪伴和抚养对孩子的智力发展以及今后在社会上的行为表现都有着举足轻重的意义。

对于孩子而言，父亲意味着力量和尊重。

对于家庭来讲，父亲是孩子通往世界的一扇窗口。

对于人类而言，父亲代表了思想的世界，法律、秩序和纪律。

父亲有助于培养孩子沉稳大气的性格；

父亲有助于孩子形成独立人格；

父亲有助于强化孩子（尤其是男孩子）的性别认同；

随着孩子年龄以及身高的增长，他希望父亲能尊重他的想法，像朋友一样平等对待他，给他发表想法的权利。他可能开始与父亲有不一致的想法，这都是正常的，说明他长大了。当他需要父亲倾听、指导的时候，父亲成为他的顾问；当他需要自己前行时，父亲在背后默默支持他。

2. 父亲对于孩子学习的作用

内部动机可以促使学生有效地进行学习活动，内部动机比外部动机更持久地推动个体进行学习。

为了激发孩子的内部学习动机，优质爸爸，您可以：

重视学习过程中知识的获得，但不要太看重结果；

坦然面对失败，与孩子一起找到每次考试的得失；

发现孩子的进步，让孩子在自身进步中体验成功；

引导孩子与自己的过去相比，而不是与他人比较。

您还可以：

与孩子分享自己或亲人的学习经历；

与孩子一起分析学业上的困难；

帮助孩子寻找到适合自己的学习方法；

帮助孩子逐步学会自主学习与管理的能力；

让孩子自己制定适合的目标；

鼓励孩子发现自己的优势，选择自己有兴趣的学科深入学习；

为孩子提供使其心情愉悦的家庭氛围。

好成绩不是一蹴而就的，需要一段时间的积累，需要您的循循善诱以及不断的鼓励和支持，有时表扬进步比批评更有效。不要因为孩子的成绩而吝啬您对他的爱。

（上海市奉贤区致远高级中学"优质爸爸修炼秘籍"宣传资料）

第五章 ‖ 个 别 指 导

　　家庭教育的个别指导是教师针对个别学生的特殊问题,与家长沟通,共同商讨教育方式方法的过程。个别指导方式不仅灵活机动、便于施行,而且更具针对性。但是个别指导过程并不随便,教师需要提前准备,对于学生和家庭教育中的问题要了解透彻,对于通过个别指导想要达到的目标要有预期,对于个别指导过程中的细节要有一些设计。

　　教师常用的个别指导方式有上门家访和邀请个别家长来访,这两种途径在学前教育和义务教育阶段也经常使用。由于高中生学业压力大,家长焦虑进一步显现,如果不能及时疏导,不仅直接影响亲子关系,影响家庭教育效果,还会间接消解学校教育质量,必须予以重视。所以高中阶段还需要对家长进行个别心理辅导。

第一节　上 门 家 访

　　苏联教育家苏霍姆林斯基说过:"教育过程中要充满爱和期待,如果把一份爱放在家访中,就会取得意想不到的效果。"家访是学校教育向家庭教育的延伸,家访是沟通学校教育和家庭教育的重要桥梁。

　　在互联网高度发达的今天,随着社会生活节奏加快,QQ、微信兴起,网络一度成为教师与学生、家长之间联系的重要媒介。越来越多的教师习惯用手机、电脑与家长沟通,面对面的"上门家访"越来越少。上门家访就是教师到学生家中,与家长面对面的交流的过程。这种方式一下子拉近了教师和家长的距离,这种情感纽带的作用是任何电子设备都无法代替的。

　　上门家访时,教师可以倾听家长心声,宣传学校教育理念,商讨班级管理思路,关注学生发展需求……在与学生、家长推心置腹的交流中,一起切磋教育方法,达成教育共识,形成教育合力,拉近家长、教师、学生的关系。上门家访这一传统而又富有人情味的家庭教育指导方式,有它不可替代的优势。

问题聚焦

袁老师中途接了高二(6)班,听说有一个名叫小月的"问题学生",很让老师和家长头疼。这个别人眼中的"大姐大",开学不到一个星期,便旷课、迟到、无故早退,样样都有。科任老师纷纷向袁老师投诉,该生在上课时除了睡觉,还用手机发短信,跟同学传纸条、打眼色,极大地活跃了课堂的"气氛",影响了课堂教学秩序和教学进度。科任老师都主张严厉惩处该生。袁老师明白她所做的一切,只是在向老师示威,在告诉老师最好别去"惹她"! 袁老师先选择了冷处理,让班干部们留意她的一举一动并做好记录,随时向她汇报。

袁老师先前从班主任张老师和班里同学处了解到,小月在学习、生活、交往等各方面的表现,她乐观开朗、和同学相处融洽、助人为乐、对数学学习积极性很高等。然后,袁老师主动要求加她为微信好友,有空就和她聊一些学习和生活方面的事情,当问到她今后的打算时,她表现得很颓废。

教师思考

1. 初高中衔接不畅的后遗症

高中是人生面临的又一个新考验,不管孩子主观方面,还是客观环境和承担的学习任务,较之初中阶段学习都有大幅度的变化,能适应的则前进,反之就掉队。小月就是没有适应高一的学习生活,学习跟不上,没有学习动力不说,还有其他各方面的行为偏差,来逃避学习。

2. 家长对高中生教育无力

通过沟通了解到小月父母都是自由职业,工作不固定,收入也不稳定,经常早出晚归,无暇照顾孩子,在学校所在地也没有房子,所以平时小月住在阿姨家,只有周末回家。由于高中学科知识量大、难度大、学习进度快、综合性强、系统性强、能力要求高,爸爸妈妈本身文化水平不高,不要说辅导学习,连基本的督促都力不从心。加上孩子周一到周四晚上都在学校住宿,家长不像义务教育阶段那样每天盯着孩子的学习,于是家长和孩子渐渐形成习惯,对学习放手,双方互不干涉。

3. 家校联系不紧密影响教育合力的形成

家长对于初中和高中在学习方法和要求上的不同并不了解,对孩子出现问题的根源并不清楚,主要是家校联系较少的缘故。袁老师认为,当学生生病没法上学、学生取得优秀成绩、后进生有很大进步、学生生活遇到了困难、学生之间产生矛盾、学生发生意外,或者学生犯了严重错误时,应该及时进行家校沟通,此时沟通效果最好。

教师策略

袁老师抓住中途接班这个契机,决定对部分学生上门家访,包括小月家里。一般来说,学生刚刚换个新的班主任,都有一种"重新开始"的心理要求,把握住这个"而今迈步从头越"的"特定"时期的心理定势,不失时机,因势利导,此时的上门家访是最有效的。

在向班级公布了家访计划后,袁老师提前向小月了解了父母休息日的安排,并给小月妈妈打电话,商量并确定具体家访时间。

1. 提前备课:有的放矢设计家庭教育指导内容

家访前,袁老师对小月在高中入学以来在校情况做了全方位的了解,包括:近一年来的学业表现、个人兴趣爱好、性格特征、人际关系、教师评价、父母的教育经历和工作经历等。同时,根据小月在学校中表现出的问题,制定了家访目标,对家访中可能出现的情况做预先设想,有针对性地制定出策略,提高家访的有效性。

2. 开展家访:运用专业智慧开展家庭教育指导

(1)表达家访目的

小月的家在奉贤最偏远的平安,袁老师转了两辆车,又走了一大段路才找到,但还是按时到达。一进门就感受到小月妈妈的热情,大概被袁老师的诚意感动了。一进门,袁老师先自我介绍,表明来意,一起帮助小月更好地适应高中学习和生活。

(2)沟通孩子的在家和在校表现

在交谈中,袁老师先从小月身上的闪光点说起:"小月在学校里人缘特别好,讲义气,会主动为班级做些力所能及的事情。数学老师反馈小月数学课上特别认真,经常举手发言,课后作业也及时完成。"小月妈妈听了很高兴,很自豪地说:"我家小月从小脑子特别好,特别聪明,我们一直很放心,她经常帮爸爸妈妈分担家务,很懂事。"说着说着,小月妈妈眼眶湿润了,哽咽了一下:"我们家长没有什么文化,平时靠打点零工养家,有时做几份工,疏忽了对她的管教,尤其进入高中后,又借住在亲戚家,孩子的自控力不强,学习一落千丈,我们非常担心。"

（3）对孩子提出希望,对孩子的发展进行具体的指导

袁老师肯定了小月是个聪明懂事的孩子,指出小月已进入初中到高中过渡转型的关键时期,如果养成良好的学习习惯,有明确的积极向上的学习动力,她一定能有更大的提升,但目前小月好的学习习惯还未养成,学习动力明显不足,需要老师和家长共同努力,袁老师随即针对小月目前的情况提出指导建议。

第一,帮助孩子正确地自我定位。高中教学不像初中管得细,孩子又没有很好的自律性,自身的期望和学习现状往往形成反差,内心受到冲击,心理承受力又不够,调整不好,很容易自暴自弃。对于这个问题,家长不仅要给予足够的理解,要及时帮助孩子进行调整,让孩子认识到不是自己水平下降了,而是整个平台提高了,在高水平的环境中更有利于自己的成长。要多和自己比较,看到自己身上蕴藏着的巨大潜能。定好目标,看看现在的我比以前的我是不是离目标更近了。

第二,帮助孩子适应新的学习方式。高中学习相对初中来讲,学习科目增多,其深度、广度、难度加大,作业和考试负担重,加之家长和亲朋好友过高的期望使孩子学习压力大,很容易导致孩子的不适应,严重的还会出现紧张和焦虑。所以家长要鼓励孩子,多陪伴孩子,给她足够的自信心,帮助孩子改变学习习惯和思维方式,鼓励孩子独立思考,特别要学会自主学习。

第三,帮助三方沟通更顺畅。由于学校要上晚自习,学生家里又住得远,住宿家长又担心,所以小月周日晚上到周四晚上都住在阿姨家。学校里每天发生的事就不能及时和家长沟通,到了周末,有的事情过了很久不愿再说起。久而久之,养成了少沟通、不沟通的习惯。针对这样的问题,袁老师教她妈妈加入班级的 QQ 群,可以时刻看到班内老师们发布的信息,并留好几个任课老师的联系电话,便于及时沟通。同时嘱咐孩子回家多和父母说说学校的事,说说心里话;也和小月妈妈说多鼓励孩子,多给孩子信心,平时晚自习后到阿姨家,可以经常通通

电话。

小月妈妈非常赞同袁老师的建议，这次的家访很顺利。

3. 后期跟进：家校合力其利断金

袁老师密切关注小月的表现，收集各类反馈信息，及时了解小月的思想状况，并且做好各个阶段的记录，以便对小月进行有的放矢地教育。有许多问题不是通过一次家访就可以解决的，需要多次家校沟通才能达到教育目的。这期间也有反复，袁老师结合 QQ、微信、电话等不同途径，保持和小月爸爸妈妈的沟通，及时反馈孩子在校表现。

那次家访后，小月主动来找袁老师，问老师像她这样成绩的学生还有没有希望考大学。袁老师说只要有决心，有目标，没有什么是不可能的，建议可以尝试加美术。后面袁老师又任命她为纪律委员，既让她有自信心，又能更好地管理自己。袁老师心想倘若这样的学生管理有成效，将对整个班级产生很大的正面效应。果然功夫不负有心人，在第一次月考后，小月同学从 440 名进到 314 名，袁老师马上抓住这个契机，在全班公开表扬她。一方面鼓励她，另一方面在班级树立正面形象，只要付出总有回报。课后小月一直到袁老师办公室谈心，几乎每天都来报到，什么话都说，开心就笑，不开心就哭，正因为那次推心置腹的家访，让她对袁老师敞开心扉，找出每个阶段的症结，对症下药。期中考试进到 290 名，期末进到了124 名。

⬤ 行动反思

全面的家访，深入到每一个家庭进行细致了解，与家长学生面对面地交流，加强了学校、家庭、学生的联系，了解了家长的期望与要求，了解了学生的个性与想法，加强了师生感情，对以后的工作将起到事半功倍的效果。在家访中要注意以下几点：

1. 有备而来：像小月家住在奉贤偏远地区，要转两部车，走一大段路才能到达，若事先不联系好，家长不一定在家，或者家长不愿意老师来访都有可能。为了不影响家长的正常工作、生活秩序，在家访前，应与家长预约，以便家长及时、合理地安排好自己的各项工作，从而配合好教师的工作，使家访达到预期的目的。

2. 如约而至：小月家尽管很远，但事先做好功课，如约而至，让家长感受到老师的诚意,感受到老师对学生的关爱,那家访效果就成功了一半。如前所述,预约之后,家长一般会在预约时间等候教师的光临,如果教师不守时,势必会打乱家长的安排,另外,教师不守时,给人一种不守信用的感觉,这势必降低教师的可信度,影响到家访的效果。

3. 扬长避短:袁老师在家访中充分肯定小月的优点,头脑灵活,数学较好,让家长感受到希望,也信心十足。家访要抓住最佳契机,这就要求教师掌握好学生的在校材料,谈话讲分寸,讲技巧,不能是告状式,要给家长以希望。若学生进步,则鼓励学生百尺竿头,更进一步;若有不良行为,也要首先抓住闪光点,再因势利导说缺点,不能单刀直入,以免引起家长与孩子的争端。家访是寻求帮助学习上进的途径之一,充分肯定孩子的优点,增强家长教育的信心。

4. 对症下药:袁老师在家访中指出小月好的学习习惯还未养成,学习动力明显不足,需要老师和家长共同努力,小月妈妈非常赞同袁老师的观点。家访应针对当前学生的实际情况有针对性地与家长交谈。如果是第一次家访,要问家庭情况,了解家长对孩子的重视程度,访问孩子在家的表现,把访问重点拿准。家访后,一定要请家长签上意见或建议,切忌老调重弹或海阔天空不着边际。

5. 开诚布公:袁老师在整个家访过程中没有避开小月,把学生当朋友,开诚布公,让小月慢慢地放下戒备,建立信任,对自己有信心。家访既不是告状,也不是上访,因此,家访应向学生一定范围内公开,对学生本人,应让他知道家访的内容、目的、时间等,学生愿意在场就让学生在场,不让学生因疑惑而不安。

6. 廉洁奉公:整个家访过程中家长多次想留老师吃饭,袁老师都一口回绝,临走要送老师家乡的土特产,袁老师也是一口回绝。教师是清贫的,但绝对不能借家访之名来解决某种困难或得到某种好处,否则将有损教师的形象、人格与尊严。

🌀 智慧分享

家校沟通新形式为家访助力

新的家校沟通方式与传统的家访形式并非水火不容,它能够拓宽家校沟通渠道,是家访的一种有益补充。

在家访之前,学校和教师可以利用微信、QQ 和手机等即时通信工具与家长进行沟通联系。茶陵县城西小学教师黄云生认为,要准确评估家长接受家访的意愿,从中识别和筛选有充分时间、一定意愿和良好态度接受家访的对象,做到心中有数,尽力避免因家长无暇或无意接受家访以致无功而返。四川省江油市太白中学教师于水生指出,如果家长或学生抵制家访,那家访应暂缓,要等待和创造更恰当的家访时机。一刀切式的家访,其要求和效果往往大打折扣,最后弄得大家都不愉快。

传统家访可与新的家校沟通方式紧密结合起来。于水生建议,老师可将自己对孩子的希望和家访的要求制成视频,与学生的家长适时互动,这样哪怕双方足不出户也能完成一次初步家访。这样一来,还可以大大减缓老师、家长和学生的心理负担和交流压力。家长也可把孩子在家的日常活动录制成影像资料,与老师进行互动。"传统意义上的家访,是老师来到学生家里,与家生面对面交流,一下子拉近了老师和家长的距离,这种情感的碰撞是任何电子设备都无法代替的。"常德市石门县三圣乡河口学校教师刘斌说。

"上门家访永远都不会过时。手机等即时通信工具只能是家校沟通的重要组成部分,是对上门家访的补充。"黄云生认为,现代通信手段再先进再发达,也无法了解学生在家的表现,无法了解家长对孩子的管教现状以及学生的家庭教育氛围,而这些恰恰都是学生成长所不可忽视的重要因素。

(刘祎霞.上门家访,真的过时了吗[J].湖南教育 A,2018(9):14—15)

第二节 家 长 来 访

伴随着电话、手机、电脑等通信手段的普及,教师主要通过电话、微信、QQ以及学校和一些科技公司联合推发的软件平台与家长联系,"请家长到学校来"或者教师主动上门进行"家访",与家长面对面沟通的频率逐步减少。教师充分利用现代化手段对家访的形式进行变革已经势不可挡,但不应完全摒弃传统的家校沟通方式。

家长来访大致可分为家长主动来访和教师邀请家长来访两种。家长主动来访,有时是询问孩子的在校情况或希望在某一方面获得指导甚至帮助;有时是对学校、老师的工作不满,认为孩子受到不公正待遇。教师邀请家长来访,有时是为了解情况、反馈信息或通报事务，如召开家长会或个别详谈；有时候是遇到紧急事件进行及时沟通、合力处理。

家长来访时，教师可以通过面对面交谈，将最新的教育理念、最有效的方法有针对性地传递给家长，挖掘家长的教育潜力，提高家庭教育指导的效率。

问题聚焦

> 小 A 是高一新生，尊敬老师，遵守行规，乐意为班集体出力；学习努力，会主动利用课余时间，同学关系融洽。可有一点却令人疑惑——屡次上学迟到。师生谈话中，他态度端正、认识明确，但迟到情况还是屡有发生。和家长联系，小 A 妈妈心急如焚，反映：批评教育了，晚上催了，早上也叫了，就是我行我素，油盐不进，总嫌我们啰嗦、烦，话没几句就进屋关门了……

教师思考

孩子不愿和父母沟通常常是有家庭原因的：

1. 家长的教育观念比较陈旧

有的家长受封建伦理观念的影响较深，认为子女是自己养大的，是自己的私有财产，自己拥有绝对的权威和尊严，孩子必须听我的话，没有给孩子足够的尊重和信任，专横跋扈，不讲民主。不分时间、场合，不讲方式，不问情由的唠叨说教和批评指责，使孩子感到难以接受。

有的家长不能从孩子的现实条件、学习基础、年龄特点、有无特长等实际情况出发，脱离实际地只凭主观愿望对孩子提出不能实现或难以实现的要求，硬要按父母的意愿为孩子设计未来的人生之路，要求孩子样样争先，出类拔萃，要孩子实现父辈毕生的夙愿，这往往是代际冲突和矛盾的一个重要原因。

2. 家长的教育方法失当

对身心发育进入一个新的阶段，已经是高中生的孩子，家长仍然以儿童的管教方式来对待，过多的关照，过细的要求，过严的管束常常引起孩子的反感和厌烦。即使孩子确实有错，但教育方法不合适，孩子会认为是对他们自尊的伤害。

有的家长以居高临下的姿态对待孩子,动不动就指责、训斥,甚至打骂,造成孩子的逆反心理,长此下去,得不到尊重和理解的孩子和高高在上的家长之间的距离会越来越远。

3. 亲子沟通不顺畅

有的家长忙于事业工作,忙于操劳生活,忙于交际应酬,很少与孩子在一起活动、交流,很少过问孩子的学习、活动和情绪,更疏于考虑如何教育孩子,两代人很少接触,缺乏情感和思想的交流,父母对孩子的内心世界了解得太少,难免产生沟通障碍。此外,家长自身威信不高修养欠缺,孩子由于思想、性格和交友的影响,也会导致代际沟通困难。

4. 孩子遇事易偏激

青少年对社会、对身边的人和事都有一种理想化的苛求,这是不成熟的表现,有利也有弊。如不满社会、人群中的不良倾向、丑陋现象,引导得好,会激发他们日后致力于改造社会的抱负和志向,可以使他们为了追求完善、理想去努力,但理想化的苛求如果不和自己的责任联系,就会变成一个事事挑剔、逃避责任的人。这种用完美的眼光看待世界,而又带有他们特有的激情,其冲击力对准自己的亲人、师长时,往往令人难以忍受,导致冲突更为激烈。

教师策略

实施访谈即接待家长来访过程由若干阶段构成,一般包括四个阶段:准备阶段、初始阶段、导向阶段、结束阶段。

1. 准备阶段:摆正心态,树立平等主体意识

在约谈前,教师需要思考以下几个问题:何时、何地、何人、主题、目的。

(1) 约谈在何时

谈话是需要契机或者先机的,而不是家长有要求或问题出现时再去约谈。约访时机的判断确立需要建立在老师平时对该生的关注,信息收集积累分析,对问题现象的洞察、敏锐度,以及对问题本质的洞悉和把握的基础上。当老师对以下三个条件有把握时,可以发出邀约:问题已清楚地成形存在或教师已敏锐地洞察到将成形的问题;有足够的依据证明你的主述问题;已构建解决问题的方案,准备好了支持解决方案的相关佐证资料。

（2）约谈在何地

约谈的目的是解决问题，同时进行家庭教育指导。由于问题的揭露在常人的观点中都属"下面子"的事情，所以为了体现尊重家长、真诚办事的原则，约谈的地点应斟酌宜人宜情。良好的谈话环境有利于消除谈话双方的顾虑，有助于双方推心置腹地交流学生的情况，尽快达成家校教育的共识，达到个别家庭教育指导的目的。

（3）约谈何人

不管是完整家庭还是离异、单亲家庭，孩子都是父母双方的。约谈对象应该是对解决问题能起到关键作用的那个人。根据实际情况的需要，考虑邀约父亲，或母亲，或者父母双方。有时如有必要，还可加约孩子，或任课老师，或相关学校领导，或相关人物一起，等等。

（4）约谈的主题

本着约谈的有效性，在预约前，思考确立约谈的主要内容，以及是否需要在预约时提及约谈的主要问题，让家长有所意识，有所思考，有所准备，由此节约谈话时间。因为适时地结束谈话，不冗长拖沓也是促进愉快地进行家庭教育指导和家校交流的有效保障。

（5）约谈预期达成的目的

有些问题的解决不是一次约谈可以解决的，可能需要多次或一系列的指导。但不管是一次约谈还是多次，希望老师都要思考本次谈话期望达到的目标效果，预设好你预期想要达到的目标以便保证本次约谈工作的有效性，不浪费双方的时间和精力。

2. 初始阶段：投入情感，全面了解前因后果

访谈的初始阶段是整个过程的起点和基础。一个成熟的教育工作者总是非常重视访谈的初始阶段，机智慎重地实现这个阶段的工作目标。通常，在初始阶段，要完成三件事。

（1）建立良好关系，营造约谈氛围

建立起良好的交流关系是使约谈成功最重要的条件。沙利文的人际关系理论认为，交谈双方首先要建立一种相互间基本的"联系感"，这种联系感能缩短双方的距离感，增加亲切感，给予处于揣测、忐忑、疑惑或阻抗心理状态的来访者更多的安慰、力量和希望。因此，教师应十分用心地营造好的交流氛围。约谈现场

的氛围一方面是物理环境,另一方面是教师和家长之间的交互影响。物理环境方面,不要随便地就在人多声杂的教师办公室约谈,尽量能选一处安静、整洁、舒适的环境,保持恰当的通风和光线,甚至还注意到各类物品的安放、摆设、装饰等协调;此外,教师要注意营造融洽的氛围(理解和尊重家长的氛围),从有利于家长心理状态的角度来选择自己的言行举止,让家长放松心情、平复心绪、放下戒备、敢于表达、直抒胸臆。

以情景1为例:

——小A同学妈妈,你好,今天真是麻烦你了,请来这边沙发上坐。(真诚有礼)

——你觉得空调温度可以吗?水温可以吗?包放在那里,坐得舒服吗?(尊重热情)

(2)积极关注,细节引导诉说心事

在用心营造氛围建立良好关系的同时,教师还须利用好这段时间,充分地表达出积极关注的态度,认真倾听、亲切温暖、尊重接纳、了解来访家长,能够使家长感到自己被重视、被接受。有了信任的基础,才能引导他们表达自我、讲述问题、诉说心事,而你才能获取所需信息和资料。值得提醒的是:在这一阶段,教师须避免过于直接的解释、说明、指令、评判,更不能采用责备、批评、挖苦、讽刺、攻击、刨根问底、无所忌讳等不良态度或言行,也不宜无原则地褒奖、逢迎、夸张、附和。

以情景2为例:

——好。嗯,我有个问题问你:为什么小A每天看上去那么清爽,那么精神?还有,他的鞋子都是白得吸人眼球,惹人忍不住想踩几脚……(轻松切入家庭生活,接近谈话主题)

——明白了,有这么一个细致体贴勤劳的妈妈,怪不得小A的书也放得很整齐,桌肚里井井有条,中午课间也不乱跑,总是在座位上学习,就是觉得这小家伙好像动作有点慢,你有没有发现?(提供事实细节的褒奖,委婉地征询,引出问题)

(3)梳理信息,归因问题

在初始阶段,教师还需在来访者的诉说中进行资料收集,结合已有资料进行梳理、分析、思考,现场调整对问题的诊断,弄清今次约谈问题的产生原因、持续时间。

根据小 A 妈妈的回答叙述，最终，获得了充分信息来归因问题：首先，小 A 觉得自己长大了，且小 A 家到学校只要步行五分钟，所以小 A 十分笃定自己可以完全把控而不用依赖父母提醒，所以不听妈妈的督促，虽然已屡次迟到，但依然想要证明自己能行！原来，不是懒散、无时间观念、不尊重老师、无视学校规章制度；而是高中男孩自我意识的觉醒，自我需求的满足的表现。

3. 导向阶段：共话教育，提出建议落到实处

经过初始阶段，我们建立了良好的关系、引导交流、梳理了获得的信息、归因了问题。接下来，双方一起商定解决问题的方案，最主要的是教师要把一些新的认识、观念、方法导给来访的家长，使他能在家庭教育中变成行为，达到解决问题的目的。那么，我们如何落实这个环节呢？

（1）指导家长了解一些现代高中学生的心理特点和家教观念。可以把之前思考阶段准备的资料共享，也可以根据现场确认的问题事后补充共享。譬如：情景 1 的资料我们可以在访谈后补充"马斯洛需求层次理论"等，让家长了解孩子在想什么，想干什么⋯⋯

（2）指导家长掌握一些应对方法。譬如：可以使用"行动契约"，在落实行动的过程上，契约可清晰明了地规定双方或对方应做到的事项，并规定成功和失败的奖励和惩罚。这时候，教师或家长承担着一定程度的裁判员的职责，关注和评价着家长或孩子的行动。这样，家长和孩子都更有责任心，行事更主动。同时，在契约的制定过程中，肯定小 A 的意识、自尊和计划，引导小 A 明白他的问题所在——时间观念不强、行动力迟缓、意志有待增强、自控力有待提高，更要使之坚信：在努力完成行动契约后，现存的问题定会得到改善，而他会如愿以偿地体会到他需要的成就感！

4. 反馈阶段：固化家庭教育指导成果

一般而言，在建立了良好的交流关系、探索和澄清了问题、理解和把握了重点和来龙去脉、制定了解决方案，在解决主述问题的相关理念、方法导向后，约访就必然走向结束阶段。在访谈结束阶段，我们可就确认的问题，解决方案以及需事后补充的指导信息资料等进行回顾性的总结，并约定好回访促进家教的执行实施，也可辅以追踪了解进展和实效或调整契约方案。

● 行动反思

接待好来访的每一位家长是班主任日常工作中一项繁琐却又十分重要的事情。我们必须用真心、真情去面对他们，及时与他们进行耐心细致的沟通，争取在教育方式、方法上取得共识，使家庭教育得到指导，使学校教育和家庭教育能够和谐统一。

1. 以饱满的情绪营造温馨氛围

无论家长的情绪正或负，作为师者，切记时刻保持饱满的情绪，积极调整自己状态，做到不受家长情绪的干扰，不卑不亢，淡定有礼，进退有度，机智幽默，体现教师的师德修养，人品素质，赢得家长的好感，让其愿意倾听你的讲述。

其次，换位思考，认真倾听家长诉说。做好要点记录，不插嘴，不打断；客观地进行评价，实事求是地提出疑惑或不懂的地方；站在对方的角度思考，含蓄委婉地指出不足之处和问题，不掺杂个人价值观，提出对方能做到的建议，不强人所难，给予难堪；管理好自己的非言语语言，譬如：面部表情、肢体语言。做到只是真诚地想解决问题，而不是责怪、推卸责任。体现教师的专业水准，专业素养，博得家长的信任，愿意接纳你的观点、理念和方法。

2. 以技巧的谈话顺畅导向

以商讨的模式来进行谈话，在谈话进行中，运用引导的技巧。教师引导家长诉说，引导家长提供所需信息，引导家长发现问题，分析问题，不着痕迹地牵引着家长朝预定目标探索前进、查根溯源，从而解惑，使之获得解决问题的主观动力。在整个约谈过程中，你是主导但绝对不是强势、主宰。最理想的结果是，家长在最后自己自然而然、水到渠成地清晰感悟到导致问题产生的家庭原因，领悟到接下来自己在家教上需做出些调整改变，意识到改善需要老师的指导帮助。我们没有指手划脚，没有发号施令，我们只是高度尊重了家长的主体意识，提供他们需要的指导，满足他们想要得到帮助指导的心愿。

3. 以科学的选择来访方式提高实效

虽然上门家访能使家长体会到在没有权威的障碍下，放松地表达自己思想、愿望的快乐；使教师能更真实全面地倾听和观察学生，分享不同家庭文化，和不同家庭成员交流，但这需要接待教师的家庭做些准备工作，在直观呈现家庭环境的同时也会曝光一些家长可能并不愿公开的隐痛隐私，也给其他家庭成员带来不必要的麻烦，所以不轻易家访、家访次数不宜频繁。同时，上门家访最鲜明的特点是——教师访谈的是一个家庭，是包括家长、孩子甚至其他家庭成员的一个团体，而不是个体。

如若家校的交流需要孩子避嫌，不需要其他家庭成员参与，视问题情况只需要接触家长个体即可，那么邀约家长来访是上策。此外，为了避免现今社会的"潜规则"，杜绝教师受贿的机会或渠道，请家长来访是适机的、符合事宜的重要途径。

🌀 智慧分享

家长来访接待时如何尊重家长

可是，究竟什么是尊重？尊重似乎难以用一个确定的概念来定义。要使尊重在访谈中产生影响，就不能仅仅将其作为一种态度或观察他人的方式，需要以行动来表达对来访者的尊重，具体应该做到以下一些方面：

1. 彼此平等。决不因教师在专业、经验等方面的优势使对方感觉无知、无力，也不能把自己的想法、观念、行为模式强加于人。

2. 以礼待人。对来访家长一视同仁，不能有厚此薄彼的轻视或奉承的心理行为，也不能因个别来访家长的失礼言行而表现出不克制、贬损对方等行为。

3. 重视多样性。尊重来访家长与他人的差异，也努力去理解其与我们自身的差异；在善于洞察多样性的同时不为其迷惑。

4. 将来访家长视作独特的个体，珍视其个性，并且使指导的过程个别化，以适合不同来访者的需要、能力和资源，使其能够更有效地参与家庭教育。

5. 搁置是非评判。不需要把自己的价值观强加在来访家长的身上，需要做的只是帮助家长认定、反省和评估自己的观念所产生的后果，留有足够的余地使其进行自我探索。

6. 真正体现出为家长着想，认真为他们的利益考虑，帮助他们向自己提出要求，有时甚至也需要向他们挑战。因为，尊重既需要仁厚，也需要讲求实际而不为感情所支配。

7. 乐意为来访家长服务。和来访者在一起时要全身心地投入，愿意进入他们的世界去理解，并且欣然地帮助他们，提供所需要的支持。

8. 保密。对访谈内容予以保密，不与他人提起，是尊重行为，亦会使来访者对你产生安全感和信赖感,有益于融洽关系,促进后续交往。

(陈富国.学校心理咨询专业理论与技术[M].上海:上海人民出版社,2008:312)

第三节 个别心理辅导

著名心理学教育专家张春兴对辅导的定义是,辅导是一个教育的历程,在辅导历程中,受过专业训练的辅导人员,运用其专业技能,协助受辅者了解自己,认识世界,根据其自身条件(如能力、兴趣、经验、需求等),建立有利于个人、他人和社会的生活目标,并使之在教育、职业及人际关系等各方面的发展上,充分展现其性向,从而获得最佳的生活适应。

个别辅导是指一位辅导老师对单个个体进行的辅导。个别辅导既可以采用面谈的方式,也可以通过网络、电子平台、信函等其他途径进行。在个别辅导中,辅导对象一般顾虑较少,可以毫无保留地表达自己的真实思想,倾吐内心的秘密。这种辅导有利于辅导老师对来访者进行耐心、深入的帮助,其不足是费时、效率低,而且所需要的专业知识和技能要求更高。对高中生家长进行个别心理辅导,有助于缓解家长焦虑,改善亲子关系,提高家庭教育效果,是开展家庭教育个别指导时不可忽视的重要途径。

问题聚焦

唐老师班上有一位特别热情的小玮妈妈。家里一有什么情况,她都会在第一时间找到唐老师。"老师,他在玩手机,不听我的,我打他了。""老师,我家儿子突然不愿去画画了,他说他不想学了,关在自己房间里不出来,我说不动他,你帮我说说……对,我吼他了。""老师,你现在在哪里,我要给儿子拿早饭来。我刚出门给他买蛋饼,他就早饭也不吃走了。""老师,我家儿子去画画了,还是你行,你能不能让他认真点画,画好点,一定考个上海好点的大学……他什么都不愿和我说,在家就把自己关在房间里。""老师,他美术学校旷课,我给他烧好早饭,弄好水果,充好交通卡,水买好,发好红包,什么都弄好,可他就是不起床，不开门，我批评他，他在房间里哭。""老师，儿子自己想去补英语了，你跟他说说，让他把数学也补上。""老师，我家有个亲戚是军官，和我说考个军校不错，我想，让他考军校出来也做个军官，你和他说说。"

教师思考

上述案例中，可以发现家长教育子女的一些误区，这些误区不仅体现在理念认知，也体现在具体行为及情绪上，进而影响了孩子的认知，在孩子的情绪和行为上体现出来。

1. 家长不当的教育方式影响孩子健康成长

小玮妈妈的尽心尽责，对小玮学业的满腔热情的关心，但更强烈的是她以自我为中心对小玮的学业提出的步步紧逼的理想化要求。如果说小玮有些问题的话，那妈妈的家教、妈妈的言行要对小玮的现状负上责任。

2. 学校缺少对家长心理的个别辅导

小玮妈妈显现在案例中的焦虑和急躁情绪已经较严重地影响了孩子的情绪和行为，并已持续较长时间，仅仅一次、二次的上门家访和邀约来访交流不足以解决问题，需要连续地系统地采用多形式的辅导才能从源头上解决小玮的情绪和行为问题。但是，当前学校由于条件限制，对家长的个别辅导重视不够，即使少有的个别辅导，也因内容缺乏系统设计、形式单一而缺少应有的效果。

教师策略

针对小玮妈妈显现出来的问题，班主任与学校心理咨询中心的老师协商后，认为有必要对家长进行个别辅导。个别辅导，由疏和导两大步骤、六个环节构成。首先，梳理信息、疏通困惑、归因问题。其次，传导新知识，辅导新方法，养成新习惯。

1. 梳理旧知，追根溯源：家庭教育指导不是蜻蜓点水

（1）核查客观证据，曝光旧知

家长对在一定情景下冒出的自动想法，都认为是很有道理的，没错误的，却很

少经过深思熟虑和仔细推敲这些想法的依据。老师要抓住这一特点,诱导家长提供客观证据,曝光旧知。

上述案例中,小玮妈妈就认为自己已"鞠躬尽瘁",所提的要求也是为了督促孩子,毕竟孩子都是有惰性的,她所做的一切都是为了孩子好,可孩子却不配合。她质问道:"我哪里做得不好?"客观证据有:醒得比孩子早、睡得比孩子晚、三餐营养搭配、准备好课间小点心和水、微信红包鼓励、实时关注及时提高要求……

通过小玮妈妈呈现的客观证据,老师总结道,小玮妈妈确实是一个很尽责的家长。但在她的认知体系里面理所当然地认为"我都做到了,你也能做到","你需要的我都满足你了,你也应来满足我的需求"。至此,小玮妈妈的旧知曝光在教师面前,教师已清晰地了解小玮妈妈的旧知偏漏。

(2)引导自我发现,质疑旧知

在家长提供客观证据后,老师可以运用情景模拟来引导家长自主发现情景问题,从而质疑自己过往做法的可行性、有效性,自我否定一些失之偏颇的旧认知,自我发现自己遗漏的一些信息。

例如:以上述案例为例,教师可以设置情景模拟,重现场景。教师扮演家长,家长扮演学生,此处,老师扮演小玮妈妈 A,小玮妈妈扮演小玮 B。

A:小玮,妈妈早饭烧了粥,出去买了你最爱吃的蛋饼,还炒了蔬菜。你这孩子最不爱吃蔬菜,一定要吃一点。哦,荷包蛋也煎了,吃了增强记忆力,必须吃。明天,妈妈给你煎牛排。快,快吃,上学别迟到了。带上红牛和面包。

B:……

A:孩子,听老师说,你明天开始去画室了,这样才对嘛,妈妈给你发红包。学了 2 年了,你现在放弃不划算,一定要好好学,努力学,争取考一个好一点的大学。

B:……

A:儿子,老师说,你想补一下英语。嗯,儿子懂事了,妈妈没有白辛苦,你英语最薄弱了。不过,高考数学最要紧了,我们把数学也一块补了吧,争取考个 985、211 大学。

B:……

A:儿子,我们家亲戚今天来了,是个军官,他说考个军校也不错。儿子,我们考个军校吧,以后出来当个军官。

B:……

整个过程中，老师根据以往和小玮妈妈的交流积累准确地重现了过往场景，而此时的"小玮"有时回答，更多地亦是重现小玮的沉默。沉默代表小玮妈妈已逐渐发现问题的存在，开始质疑自己过往的某些做法。

（3）疏通问题症结，矫正认知

在这个环节中，老师通过简单直接的提问，如"你感觉如何？""接下来会发生什么事？""这话是什么意思？""你还记得你前面说了什么吗？"等等，使家长发现其中的缺陷和漏洞，就会对习惯的想法和做法开始重新思考，动摇他们以往那些想当然的理想化想法，重塑认知。

在本节案例中，小玮妈妈在经历过这三个环节后，清晰感知到问题症结——那就是她无上限的期望和无下限的付出，一方面使孩子感恩负重，因自感无法满足期望而焦虑、不自信、沉默；另一方面又心生愧疚而自责、害怕、拒绝。明明是一个加考美术才有希望考上大学的孩子，在他答应一个个基本要求后，家长提出的要求越来越高。面对以亲情来绑架施压的家长，孩子看不到希望、无力承担又无力反抗，唯有选择哭泣和闭门不出了。

通过呈现的客观证据，来核查梳理过往的认知，引导家长自我发现存在的问题，归因问题，从而疏通困惑，矫正认知，自发重塑认知的念头，为接受新知做好主动真诚的心理准备。

2. 导入新知，重塑认知：家庭教育指导要理论方法兼重

（1）传导新知

针对个别疏导的核心问题，教师可以通过远程交流的方式，和家长传输相关知识理论、概念、信息，交流体会感言心得，亦步亦趋共同学习、指导学习。亦可指导家长自学，传播一些学习渠道，譬如书籍杂志、学校平台、家庭教育 APP 平台、电视专栏、主题视频等等，间或交流思想，指导学习，争取能有共鸣。当然，如有必要，教师可以家访或约访家长，进行面对面授业指导。

（2）辅导新法

在家庭教育的方法中，"说"是最常用的教育方法，除此之外，我们还可以根据不同的情景，采用不同的方法来应景开锁。譬如：写信，立契约，亲子互换角色、情景模拟，一起看电影、看剧，一起参加学校亲子活动，家庭活动日，演剧（例如参加学校心理剧社）等。只要我们有心，就能找到或创造出层出不穷的方法来满足家长实施有效家庭教育的需要。

（3）引导习惯

习惯一旦养成就会自动出现,所以要想引导家长形成新的习惯,少不了指导者花费一些心思。采访和追踪是引导家长新行为习惯养成的两道保障。前者发生在教育事件前,后者发生在教育事件后,采访探知家长如何对待教育事件,追踪教育事件后家长的后续行为。其间给予恰如其分的方法指导,以期达到满意的教育效果,隐形中引导家长形成新的理性家庭教育指导习惯。

⬤ 行动反思

在个别辅导的过程中,为了更亲和家长,使之更容易接纳不同的认知、方法,从而达到辅导的目标,提高工作效率,我们有必要遵循以下几点:

1. 平等互尊

简而言之,一个层面就是教师要和家长"共情";另一个层面是,教师疏导家长要对孩子有"同理心"。如果没有共情、同理,那么感受被否认、愿望被否定、品位被嘲笑、情绪被忽视、喜好不由自己控制、忍受莫名其妙的标签、总处在妥协的状态中,教师如何实施指导,而家长孩子如何真心接纳指导!

2. 形式多样

在辅导过程中,我们可以借鉴尝试多种形式的辅导方式。

直接辅导——通过教师和家长个体直接面对面交往和互相作用,辅导家长解决存在问题。

间接辅导——通过辅导对象最亲密的配偶或身边最信任的亲朋好友等其他人进行中转辅导。这种形式的辅导既可以化解有些话语直接面对面时的尴尬,又可以提升辅导个体的人际关系和社会交往。有些话有些事情第三方出面更有效。

团体辅导——把具有同类问题的家长对象集中在一起,以小组团体进行辅导。由于具有感染气氛和支持效应,因而更利于问题的解决,同时也能缓解辅导个体的阻抗或自卑心理。

通信辅导——通过相互通信的形式就辅导个体的困扰问题进行澄清和处理。其优点是能打破空间距离的束缚,不受主地域的限制,也能避免因不善口语表达或过于拘谨造成的信息不全或尴尬的局面,从而使家长畅所欲言。

电话辅导——利用电话与辅导对象通话交流，对其存在的问题进行解答、解释、劝慰、鼓励劝告、支持并提供解决问题的建议。其优点是方便迅速，能及时解决问题。

现场辅导——教师上门家访和邀约家长来校辅导，甚至是教师模拟场景现场进行辅导。由于现场辅导能提供教师场域环境、文化、其他人员等资源，因而对解决相当集中的问题效果较好。

🌀 智慧分享

个别辅导过程中可用的一些技巧

个别辅导的技巧是通过个别辅导的基本手段——会谈表现出来的。辅导会谈不同于一般交谈，它是谈话双方围绕问题主题，有目的、有规律、有控制的晤谈。其功能是传递和交流保证辅导达到预期目标所必须的言语（语词）和非言语（姿势、表情、目光）的信息。个别辅导技巧，实际上就是会谈技巧。

会谈可以分为交换性会谈和影响性会谈。属于交换性会谈的主要技巧有：聆听、询问、鼓励、释意、感受、反映等；属于影响性会谈的主要技巧有：解释、引导、指导、劝告、暗示等。

1. 聆听

聆听是指辅导者专心地听取辅导对象围绕问题的诉述。这是辅导会谈中教师获取信息的基本手段。聆听不仅能够使教师了解家长关于问题的主诉内容以及情绪表现，而且也能够使家长的消极情绪得以释放和疏泄。前者是成功进行个别辅导所必需，后者本身就是个别辅导所要达到的目的之一。

2. 询问

询问是指教师通过恰如其分的提问以控制会谈的方向和内容并进一步获取解决问题更详实的资料。询问可以分为封闭式询问和开放式询问。封闭式询问是教师在家长诉述的内容范围内，就特定的信息进行查证。通常用类似"是不是"、"对不对"等句式提出，目的在于澄清事实。但其功能也有明显的限定倾向，可以使会谈内容更加集中，不至于偏离正题。开放式询问是教师根据家长诉述的内容进行追踪式的提问。通常用类似"什么"、"怎样"、"为什么"、"能不能"等句式提出，目的在于获得深层次的更丰富的资料。

3. 鼓励

鼓励是指教师借助语气词或表情动作来表达对家长诉述的兴趣、重视或接受,给家长以心理支持,以强化家长诉述的动机。鼓励不仅有利于调节会谈气氛,使之更加和谐、轻松,便于消除家长可能还存在的心理压力,而且也有助于控制会谈内容。家长某方面诉述内容得到教师的鼓励反应,某方面诉述内容就能通过继续诉述而得以深化。

4. 释意

释意是指教师正确地诠释或意译家长的诉述内容,以澄清或印证家长诉述的涵义,使会谈双方对需解决的问题取得共识。释意不仅具有家长的诉述被重视和被理解的暗示作用,而且具有使家长再次审视自己的问题并作必要的补充以使诉述更完整的作用。

5. 解释

解释是指教师依据心理学的理论观点、合理的思考方式或经验,对家长的问题进行有说服力的剖析和说明,使家长扩展视野,调整思路,以获得新的领悟。

6. 引导

引导是指咨询者针对家长的现存问题带领其导向正确的认知,以激发其自身的心理动力。引导不仅有助于家长正确认识自己的存在问题,而且也有助于家长自身潜能的发挥。

7. 指导

指导是指教师对辅导对象的现存问题直接指点和示意其做什么和怎样做,以使其通过实践实现认知情感和行为的改变并最终解决问题。指导可分为一般性指导和特殊性指导。前者是教师根据个人和他人的成功经验对家长进行指导;后者是教师向家长提供自我调适和矫正的专门方法的指导。两类指导应根据问题的性质予以选择,可以单独进行,但更多的是结合进行。

8. 劝告

劝告是指教师就辅导对象的问题直接向其提供合理思考和正确处理的具体建议。

(陈富国.学校心理咨询专业理论与技术[M].上海:上海人民出版社,2008;傅安球.实用心理异常诊断矫治手册[M].上海:上海教育出版社,2012)

第六章 ‖ 媒 介 指 导

当下,以人工智能和机器人为代表的技术革新方兴未艾,以第四代媒介互联网和第五代媒介移动网络为代表的技术手段在家校沟通中得到广泛应用,家庭教育指导也不例外。然而,书籍、广播和视频这三代传统媒介并未退出历史舞台,而是与现代媒介一起共同架起家校沟通的桥梁。

本章分别介绍教师利用传统媒介、现代媒介包括网络课程进行家庭教育指导的情况,从中可以深刻感受到传统媒介在指导的深度上显现的优势,现代媒介在指导的及时性、互动性等方面的优势,以及网络课程在指导的系统性上具有的优势。

第一节 传 统 媒 介

传统媒介,一般指印刷(品)媒介。常见的印刷媒介形态包括书籍、报纸、期刊等,是视频、网络等现代媒介出现前,以文字为主、辅之以图片的信息传播工具。

伴随着社会经济的飞速发展,传统媒介在不可逆转地淡出人们的生活,然而,结合高中生的具体的学习和生活环境,比如高中生日常接触印刷媒介的概率和时间远远超过现代媒介(寒暑假等节假日除外),就会发现利用传统媒介进行家庭教育指导具有现代媒介无法比拟的优势。相比于现代媒介快餐式推介,传统媒介更可能形成深度互动,更可能走进家长和学生的心灵深处。教师在开展家庭教育指导时要处理好传统与创新的关系,发挥好传统媒介的作用。

◉ 问题聚焦

> X同学的妈妈最近一直很焦虑,一直朝X同学的班主任倾诉,甚至于抱怨一个问题:自从孩子上了高中,由于是寄宿制的高中,周末回家后和她交流得越来越少,而且越来越浅。除了简单的衣食住行,稍微多一点询问就会遭到孩子的严词拒绝:"你烦不烦?"那个半年前

还和自己无话不说的孩子去哪里了？

X同学的妈妈遇到的这类问题,在寄宿制高中是一个司空见惯的问题:昔日的小棉袄一夜间冷冰冰,强烈的落差的确让一个母亲难以接受。

不过,作为一名家长(或班主任类的德育工作者)对待这个问题需要一分为二地辩证看待:其一,孩子长大了,自立的能力在日渐形成(或者加强)。一个人之所以会烦躁另一个人讲话,一个重要的原因就是此人讲话可能重复、啰嗦(此处不是贬义),孩子烦家长过多询问简单的衣食住行,证明他的自立能力在提升。其二,孩子的人生观、价值观、世界观在独立、在深化。按照马斯洛的需求层级,温饱只是人类最基本层面的需求。孩子不愿意沟通太多的重要因素之一就是家长不是特别理解他们的精神世界,却还要扣上家长权威的紧箍咒,那么孩子自然不愿意多说。

教师思考

那么,孩子目前这种一回家就关上门,开电脑、玩手机等沉溺于虚拟世界现象产生的原因是什么呢？ 在班主任看来,至少有几个方面的原因:

1. 孩子行为偏差的形成往往和家庭有很大关系

家长可能存在的问题一:过于沉溺手机等电子产品。作为成人,一日工作劳累,回到家中很自然会寻找一些休闲方式。躺在沙发或者床上"刷"手机、打游戏成为日常行为,久而久之,自然会对孩子产生潜移默化的消极影响。孔子所谓:"其身正,不令而行;其身不正,虽令不行。"即是此理。

家长可能存在的问题二:注重外在衣食而疏于内在心理。高中是青少年的价值观、人生观和世界观迅速更新和形成的阶段,不同于小学时候对家长的依赖,初中时候对家长的叛逆,高中生越来越强烈的独立意识和自我辨别意识,使得他们容易在同学、老师或者各种其他信息中寻找自己的方向。而与此同时,家长却还停留在小学或者初中的经验中,不能适时地作出调整。当孩子发现一次、两次无法和家长顺利沟通的时候,就会失去进一步沟通的兴趣和倾向。

家长可能存在的问题三:过于关注各类的考试成绩。高中生是经过了中考的选拔才进入学校的，相对都是比较优秀的人，家长自然而然希望孩子能再接再厉，争取考个好大学。这期间不免对孩子提出更高更严格的要求，结果却造成了两代人之间更大的距离，最终成为孩子对家长冷漠的又一原因。

2. 孩子行为偏差的形成往往和自我设定有很大关联

每个人的自我设定往往悄悄地引导着自己的人生走向。积极的自我设定，将使人进一步走向成功，反之将走向失败。

价值观、人生观和世界观正在形成的高中生，往往会被外界的信息所刺激，而这种刺激有好有坏。学生目前存在的最常见问题：各类小说（悬疑、侦探为主）和漫画中所渗透的思想。这个层面鱼目混珠，良莠不齐，搭建了一个所谓的"二次元世界"：有上进、勇敢、仗义和温暖，也有萎靡、消极、颓废和暴力。之所以会如此地矛盾，原因多半来源于学生对自己和（未来）世界的期许，也有现实经历失败后，希望通过虚拟的自我去解除失败感的意图，其实这是逃避，是消极的表现。

教师策略

1. 心理剖析：家庭教育指导的前提

青春期的男生往往不爱与家长和老师深入沟通，他们的很多内心想法不得而知，为了给 X 同学和妈妈提供有效的家庭教育指导，老师深入研究了影响其心理的内外在因素。

（1）分析 X 同学内心世界。根据前期准备的结果，发现影响当下高中生较大的漫画作品是尾田荣一郎的《海贼王》、宫崎骏的《天空之城》等；小说中影响颇大的是东野圭吾、阿加莎和韩寒等的作品。具体到 X 同学则是尾田荣一郎的《海贼王》和东野圭吾的《白夜行》。据同学们反映 X 同学在自己课本扉页都有写：要做一个海贼王一样的男人；此外他很同情《白夜行》中的女主角唐泽雪穗。

（2）探究 X 同学内心倾向形成的外界因素。经过排摸后，重要因素有二：其一，X 同学在原来初中学校成绩属于中上等，他自己称能考入所在高中的原因是"超常发挥"，然而入学后同学间激烈的竞争和庞杂艰深的高中学科让他很是不知所措；其二，从小学开始，X 同学父母离婚，虽然妈妈对他很是呵护，但这种爱更加偏向于"细腻"，一旦遇到"男生意识"觉醒，就会显得有些无力。表现在 X 同学身上就是对妈妈嘘寒问暖的烦躁。

2. 投其所好:家庭教育指导的切入点

(1)引导家长改善自身形象,通过阅读传统作品提升教育理念。时代虽然在变化,但是人的内心还是呈现出比较大的延续性。指导家长拒绝电子产品的诱惑,聚焦传统的经典作品,比如卢梭的《爱弥儿》、马歇尔·卢森堡的《非暴力沟通》等,可以让我们更懂得孩子的内心世界变化,提升自己的沟通能力,进一步走入他们的世界,而不是简单地嘘寒问暖。

(2)指导家长通过传统媒介从内容和形式两个角度走入孩子内心世界。从内容的角度看,X同学妈妈需要主动阅读《海贼王》和东野圭吾的相关作品,阅读必要的漫画杂志,比如《漫画世界》、《漫画BAR》等。只有这样才能知道X同学在想什么。在形式上和孩子站在同一视点上,能够拉近与孩子之间的距离,取得孩子的信任,有利于彼此的交流与沟通。

(3)通过传统媒介引导学生把虚拟世界中所学到的积极思想转移到现实生活中。在帮助学生的过程中大可不必把所有的虚拟作品看作洪水猛兽。他们所喜爱的宫崎骏等人的作品是有很多积极、正面的现实意义的。在肯定基础上做必要的迁移是取得孩子信赖、转移孩子注意力的重要途径之一。

3. 家校合力:家庭教育指导的目的

(1)学校关注学生兴趣,组织专门学习。以宫崎骏为例,他的作品往往让人感觉到清新、温暖、对生命的思考与关怀。学生对漫画的思考往往停止在这一步。为此,老师专门安排了一堂课,跟进学生的兴趣,对这些作品展开追问:宫崎骏的画风细腻、清新;对生命的思考悠远、深邃,是什么样的态度促使他对漫画创作如此执着?他是如何对待周围和世界的?然后用学到的沟通技巧让孩子真正明白宫崎骏在《哈尔的移动城堡》中所说的:"就是因为你不好,才要留在你身边,给你幸福。"在《龙猫》所说的:"生活坏到一定程度就会好起来,因为它无法更坏。努力过后,才知道许多事情,坚持坚持,就过来了。"

(2)家校同步,随时关注学生变化,教师和家长共同分析,教师利用班会课等时间先行点拨,家长在家里积极跟进。同时,也向学生和家长推荐了一些经典书籍,如《爱的艺术》、《为何家会伤人:揭示家庭中的心理真相》、《陪孩子长大》、《阅读的力量》等。

家长读完上述作品后,可以用书信的方式写下读后感与孩子进行交流,指出他所喜爱的作品的精彩之处以及积极的正面的思想意义，在肯定的基础上，希望孩子能够把这种价值迁移到自己的学习和生活中。之后家长希望孩子也能够用此方式与自己交流观后感或其他心里话。这种交流方式既可以避免当面交流的冲突，又能提高孩子的书面表达能力，更有助于互相的沟通与理解。

行动反思

国内一位知名的班主任曾经说过："自从我做了班主任之后，我就永远 18 岁，因为我眼前的孩子一直 18 岁。"18 岁是一样的，但是今年的 18 岁和去年的 18 岁就不一样。每个年代有每个年代的烦恼。

1. 有效的教育和指导需要走进内心

孩子的年龄在增长，心智在成熟，那么教师和家长的沟通和教育手段相应地要有所更新。X 的妈妈用的就是惯常的、小学初中时期的方式，那么无法有效地沟通就是自然而然的事情。有效沟通不等于耐着性子、和颜悦色地说话，这是很多家长和教师的误区。只有当"懂"字当头，懂学生的内心和世界，才能走近、走进他们。

2. 信息时代更要懂得"观书老眼明如镜"

要想做到如上两点，家长和教师都需要一个知识和技能不断更新的过程。那么传统媒介在这一方面发挥着不可替代的作用，因为印刷品所具备的系统性和深度是现代媒介无法取代的，这需要教师和家长在这方面有必要加强。越是在浮躁喧哗的时代，越是需要一颗沉静的心。教书育人本身就是一个润物无声的过程，需要静下心进行必要的阅读和沉淀。

智慧分享

简论传统家书的教育价值

所谓传统家书，是指家庭或家族某成员给该家庭或家族其他成员写的信。它是比较常用的一种书信。

1. 最早的家书

结合传世文献与出土文献可见，最早的"私信"应是云梦睡虎地 4 号墓秦简

"黑夫木牍"两件木牍,是"黑夫"与其兄弟"惊"写给家人的信,既报告参加秦楚淮阳之战(公元前223年)的情形,向家人报安,又希望家人火速寄衣寄钱。两封家书反映了战场前线士兵的悲惨生活,对了解秦统一中国前秦兵参战的情况很有价值。

2. 家书的内容

家书的内容决定于撰写者的身份、地位、学养、修养、志趣、环境、他与家族成员的关系,也决定于特定的时代背景。在我们印象中,诫子书的比例比较高。

中国人重视家庭,家是社会最小的单位,也是最具活力之地,是创造、延绵生命之所。五伦中的父母、夫妻、兄弟三伦与家有密切关系。《孟子·滕文公上》说:"父子有亲,君臣有义,夫妇有别,长幼有序,朋友有信",父子一伦最重要。《尽心下》说"仁之于父子也"是天性。钱穆把这一关系称为天伦,是天人合一的一种表现。父子之间应该充满爱。古时候,儿子被视为家族未来的掌舵人之一,也是国家社会的栋梁,家国兴衰决定于他们。因此,古人特别重视儿子教育。

从一些有名的家书如刘向《诫子歆书》、诸葛亮《诫子书》、左宗棠家书、曾国藩家书、郑板桥家书、林纾家书内容,可见传统士大夫向其儿子传达的内容之一斑。一般包括如下几方面:

强调有志。孟子强调士大夫要"尚志"(《尽心上》),尚友古人(《万章下》),立其大体,"从其大体为大人,从其小体为小人"(《告子上》)。中国人一直强调立志,立志是极重要的事。诸葛亮告诫儿侄要"淡泊以明志",才能"宁静以致远"。郑板桥教导子女要立志奋读。曾国藩要孩子立经世济民、匡救时弊之志。

强调修身。中国任何一个思想学派都重视修身。儒、道如此,释、法亦然。诸葛亮要求儿子"宁静"就是修身。郑板桥教导子女要"第一明理做个好人",要与佣人的孩子友爱。曾国藩也提出勤俭兴家,提出三戒(戒多言,戒忿怒,戒忮求)。林纾要求小儿林璐安分守己、明哲保身。陶潜则强调先养后教。

强调好学。孔儒重视学习,说好学不如乐学。诸葛亮强调学习,学才能广才。郑板桥教导儿子会读书,要有"韦编三绝"的精神,不要视读书为当官致富的途径。曾国藩主张治学要有志、有识、有恒,反对"死读书"、"读死书"。

告诫处事立世之方。学优则仕,是传统士人最理想的出路。宦海风云多,当官也要谨慎。林纾教导大儿子林珪如何当个好官。左宗棠反对子女与纨绔子弟结交。

其他书信的对象也有写给家族不同成员的，如父辈、夫妻、兄弟、儿孙等几代不同关系的人。内容一般离不开修身进德，交友学习，持家教子，从政从军，济世安民，重亲情，传承传统美德等。由于作者直接写信给家人，希望把自己的看法灌输给家人，因此，家书一般来说有真情实感。而且作者不知道家书会被后世公开，所以多不造作，多能表现作者的个性。

3. 价值

家书有不少价值。

一是史学价值，可验证史料，填补史料。如秦简"黑夫木牍"内容，可补充正史之阙，有史料价值。又如通过林纾家书可以了解到林纾为人正直，热爱古文。

二是有文学价值。有些名家写的家书的文学性极高，如林纾家书。有的作者即使不是文学家，但文笔极佳，如诸葛亮《诫子书》虽然仅86字，但字字珠玑。

三是有传统道德伦理价值。那些父亲写给儿子的家书，多教他们立志、为人、处世，保存了中国传统美德。另外，其他类别的家书反映了夫妇恩爱、兄友弟恭等情感。

当然，家书还有文化遗产价值、学术研究价值、文学艺术价值等。

（杨兆贵，洪嘉琪，陈振豪. 简论传统家书[J]. 才智，2018(14)：195）

第二节 现 代 媒 介

进入21世纪，计算机和网络的应用已经渗透到工作、学习和生活的方方面面，家校沟通也乘上"互联网＋"的快车，微信、QQ、晓黑板、极课等成为家校沟通常用的媒介。现代媒介的使用不受时间和地点限制，为学校和家长的沟通提供了便利，加强了家庭教育指导的及时性。当然，与传统媒介相比，现代媒介缺乏对面对面的过程，无法准确感知对方的情绪变化，往往造成沟通深度不足，同时易受到黑客入侵等。教师在使用现代媒介指导家庭教育时，要扬长避短，科学使用。

问题聚焦

作为一位高中生的家长，最苦恼的事情之一就是孩子学习跟不上时，家长束手无策。高中学习内容多、学习难度高、学习速度快，一旦跟不上，往往会造成长期"消化不良"。于是焦虑的家长只能给孩子报名周末校外辅导班，期待延长学习时间能对学业有所帮助。殊不知，很多孩子并未在校外辅导班中获得有针对性的指导，学业成绩也并未因此有所改善。孩子和家长面对学业的无力感增加，身心健康都受到一定影响。

教师思考

1. 信息技术打破教育教学的时空限制

以教育数字化带动教育现代化是推进教育改革发展的战略选择，是促进信息技术与教育教学深度融合、推动教学模式变革的有效工具，是促进教育公平、提升教育质量的有效途径，是提升教育管理和教学决策的有力支撑。数字化课程有助于弥补当前学生学习缺陷、促进学生自主发展。

数字化课程体系是经数字化处理后、可以在多媒体计算机或网络环境下运行的多媒体课程系统。数字化学习平台支持学生学习互动讨论、作业测试、错题解析、个人错题集、分析工具等，支持学生自主学习、探究学习、合作学习，培养学生自主学习、潜在学习的意识和能力。

学生在学习过程中，可以在学校、家庭随时使用数字化学习平台，可以在预习和复习阶段随时回顾学习内容，可以根据个体需要选择薄弱环节进行强化，打破教育教学的时空限制，有助于家长和孩子一起学习。

2. 数字化课程体系有助于提高课堂教学的有效性

各门学科在数字化学习平台上构建课程知识框架，并逐步建立系统、科学、丰富、形式多样的教学资源，为教师和学生课前自主学习、课中重点研讨和课后巩固拓展提供大量教学和学习素材。同时，数字化学习平台可以对学生平时练习和各个学程学习情况进行检测，每名学生都在数字化学习平台上留下大量数据。根据数据，各学科教师对根据得分情况，对题目难易度作分析和积累，补充考点知识分类，确定每道题目的身份认证，建立分类、分级的进阶题库。进阶题库的形成，为进一步针对学生学情推送解决学生薄弱知识和能力的等价题和变式题奠定了基础。数字化课程有助于教师因材施教，在动态分析学生学情后有针对性地开展课堂教学。

教师策略

学校为了全面解决上述问题，特别组织课题组，对学生的数字化学习需求进行了调研分析，并组织专人开发数字化学习平台，在建设过程中即组织学生试用，根据学生反馈情况予以完善。目前已经初步建成具有学校特色的极课大数据，含全学科（语、数、外、理、化、政、史、地、生）全学段（高一、高二、高三）的所有课程。以下是班主任指导家长使用该平台的具体做法。

1. 安装相关软件。在学校公共计算机上安装扫描、生成的软件；在教师、学生和家长的计算机或者手机上安装接收软件。教师和学生、家长分别通过手机号和学生学号完成注册，前期准备工作完成。

2. 熟悉使用过程。极课大数据软件针对群体有教师、学生、家长三类，不同的角色掌握不同的信息，一般情况下，学生和家长只有接收反馈信息的权利，教师则还有输入的权利。根据不同角色进入之后，按照界面提示极课搜寻到相关信息。对教师来说，常用的是扫描试卷、导出成绩、成绩分析、错题分类、同质练习五大功能；家长和学生则多使用成绩分析、错题分类、同质练习三大功能。此外，极课大数据可以保留过往成绩，以时间为标准生成学生成绩的浮动图。这些功能基本上能够满足我们在问题聚焦中所面临的窘境。

3. 家长操作培训。由于极课大数据是直接和校方产生联系的，而家长处在相对外围的环境中，所以有必要对家长进行相关的培训。通过书面介绍、视频讲解，或者班会课，培训家长的操作技能。

4. 持续关注软件使用的熟练程度。现如今的高中生家长虽然大半接受过高等教育，但是彼时的网络信息技术远不如今天发达，所以不少家长对新技术的学习持有一种逃避的态度，虽然安装了，但是依旧按照旧方式咨询学生情况。

5. 指导学生和家长个性化的使用。比如,对于某些在检测中错题较多的同学,纠正错误时如果一一用笔抄写,那么效率就会大打折扣。针对这种情况,就需要指导家长将在极课上对学生每次检测的错题进行汇总,根据自动生成的同质题目打印出来,在周末供学生纠正,并做进一步的巩固提高。这样做往往会事半功倍。

6. 合理利用学生成绩的曲线变化图。学生学习成绩在某个时段内有所波动是一种正常的现象,但是如果在曲线上出现持续下滑或者断崖式下滑,那么就需要教师和家长合力寻找成绩出现问题的原因。

● 行动反思

数字化学习平台使用近三年,总体上促进了学生线上—线下自主学习能力的增强,学生对教育教学的满意度各个层面都有提高,如对教师教学方式的满意度由 66.2% 提高到 71.4%,对数字化设施的使用满意度由 72.8% 提高到 74.3%。这些成绩的取得主要是利用了现代媒介的如下优势:

1. 即时性强。教师、学生、家长三位一体,使用同一款软件,校方或者教师可以即时告诉家长关于孩子的最新消息,避免了传统媒介的滞后性。

2. 信息量大。现代媒体都是数字化存储,信息量丰富。比如上述的极课软件可以让家长看到孩子的分数、排名、成绩曲线、排名曲线、错误题目等诸多信息,大大减少了任课老师的工作量。

3. 互动性强。现代媒体可以即时互动,也可以存在时间差,对工作日益忙碌的家长和教师都是一种便捷。但是传统的家长会、家访由于其可以"身临其境"的优点,依旧不能忽视。

4. 精准推送。当前的现代媒体可以建立学生的数字信息,信息推送一对一,规避了教师筛选、重组、发送等多重手续。

当然新媒体的运用也存在缺陷。从现状看,很多家长和学生接收新消息的速度越来越快,但是对数据和信息的分析越来越浅,缺乏深度解读。就此,需要和传统媒介结合而行,做到深度和速度的统一。

🌀 **智慧分享**

"互联网＋"家庭教育服务指导的探索与实践

互联网时代的家庭教育承担着"打地基"的重要任务以及让亲子教育科学地融入"互联网＋"时代的重要责任。当前，全国从中央到地方各级家庭教育机构、组织的互联网＋家庭教育指导服务的探索与实践正如火如荼地进行着。它们通过搭建家庭教育服务体系，开展丰富多彩的线上线下活动，以适应当前传媒需求，服务家长和儿童。

1. "互联网＋"在家庭教育指导服务多元化和个性化方面的探索与实践

（1）家庭教育信息共享服务平台初步搭建。2009 年全国妇联在中国网建立了全国家庭教育网，之后与江苏移动合作建立了全国网上家长学校。与此同时，全国 30 个省区市也开通了省级网上家长学校，基本形成了覆盖全国的网络指导服务平台。近几年，利用新兴平台进行家庭教育推广有了较大发展，QQ 群、微信群、微信公众号、微课堂等新媒介的快速推进，使得移动互联网在公众获取知识方面发挥的作用日益凸显。截至目前，全国共创办新兴媒介家庭教育宣传平台 6 700多个。

（2）家庭教育网络指导服务功能不断完善。"十二五"时期是妇联系统家庭教育信息化建设快速发展的时期，这不仅体现在各类信息化平台的快速建立上，更重要的是利用现代信息技术开展家庭教育指导服务的功能不断充实完善。总览妇联系统各类网上家长学校，其主要功能包括：家教资讯服务，及时传播家长和社会普遍关注的家庭教育热点难点问题；家教指导服务，为家长提供科学、系统、专业、权威的家教知识和方法；家教资源服务，主要是为家长提供优质的网络教育资源链接；家教互助服务，为家长提供相互交流的自助教育平台。家教培训服务，为家长及家庭教育工作者提供在线培训。这些服务功能的设定为家长快速便捷获取家庭教育知识创造了有利条件。

（3）家庭教育指导服务逐步实现了线上线下的有机融合。近年来，全国及各地网上家长学校开展了大量的线上线下互动的家庭教育宣传实践活动，如全国网校开展的"红色穿越·亲子同行"、"全国家庭教育百名公益人物评选"、"好妈好爸好家风"推荐展示活动等，利用网络优势吸引了广大家长儿童的积极参与，使他们在活动中增进亲子沟通,共同成长进步。2016年,全国妇联儿童工作部、中国家庭教育学会还专门成立全国家庭教育网络指导中心,目的就是与网校互联互通,共同策划开展线上线下家庭教育实践活动,开发数字化的家庭教育指导服务产品等,进一步扩大网络平台的社会影响力,增强网络平台的指导服务功能。

2.“互联网＋”与传统媒体的融合发展在家庭教育出版方面的探索与实践

(1)对新媒体的进一步扩展和升级。中国儿童中心期刊总社建立了儿童教育门户网站——中国儿童网,建立了QQ群,开通官方微博、微信等多元化的新媒体服务平台,2014年,为了促进儿童教育和家庭教育工作开展,积极完成了中国儿童网改造,实现线上购买杂志、在线报名,在线交流的功能,使板块结构更加清晰,为服务全国读者,全方位提供线上交流服务打下基础。

(2)全媒体延伸销售渠道,全方位打造品牌。中国儿童中心期刊社在《中华家教》、《父母世界》、《学与玩》、《中国校外教育》等杂志的推广销售过程中,利用广大的读者群,第一步,建立了线上读者资源库;第二步,通过新媒体——网站、微信公共平台等手段凝聚属于自己的活跃的“粉丝团”;第三步,实现粉丝经济诉求,在推送内容的同时,推送活动、延伸产品等,实现线上业务的拓展与线下业务的互动。

(3)充分利用新媒体,开发电子专刊,提供个性服务,扩大宣传各类活动。如拓展网络在线教育平台,将更多读者吸引过来。开发出关于儿童美术教育的优秀课例、活动,在网站和杂志展示,出版优秀美术教学案例等,设计教师培训等活动。

(马小莲,王敬川,陈光.“互联网＋”家庭教育指导服务的探索实践与思考[J].中国校外教育,2017(13):1—3)

第三节　网　课　开　发

当下,开展教师家庭教育指导的途径丰富多样,除了传统的家长会、家长开放日、亲子活动等面对面的交流外,随互联网技术发展兴起的微信群、AI、网络课程等新媒介也给家庭教育指导提供了新途径。这其中,网络课程因其精心设计的课程内容、丰富多彩的表现形式,以及资源共享、学习自主、结构开放、传播迅速等特点,成为开展教师家庭教育指导的一种有效途径。开发和使用网络课程，既能提高教师自身的综合素养，又能扩大教师家庭教育指导专业的受教育面，成为广大教师学习方式转变的重要途径。

在开发网络课程的过程中，为了让教学科学、有趣，富有实用价值，实施者需要引导广大教师在实践中关注三个方面要领：

一、整体把握，设计科学合理的文本教案

教案作为开发网络课程的"剧本"，其重要性不言而喻。教师在编制教案的过程中要有全局观，不仅要思考文本内容的逻辑性和完整性，还要思考后期呈现的丰富性和趣味性，用真实案例、照片、表格等丰富表达。

首先，紧抓主题，设计课程框架。一个科学、严谨的课程框架能使撰写者明晰重点、清晰阐释课程主题。教师在设计课程框架时，需围绕主题进行整体设计。

在整个教案的设计过程中，要注意把握三个"实"：分步实施，源于实践，注重实效。从当下开展教师教育培训的实际看，一般提倡一个专题系列以 5—8 节课为宜，不超过 10 节。

以上海市奉贤区教育学院撰写的《又一种教育智慧：家庭教育指导教师教程（义务教育版）》为例。每节课程严格按照"问题聚焦—教师思考—教师策略—行动反思—智慧分享"五个方面展开，案例鲜活可信、典例示范；思考直击要点、理念引领；策略步步为营、切实可行；反思查漏补缺、精益求精；分享拓展延伸、开阔视界。思路清晰，操作性强。比如，掌握家访能力是教师家教指导的一项基本要求，围绕"家访"这项教师需掌握的"基本功"，教师可设计为若干专题。如根据不同的侧重点，分为"不同类型的学生家访怎么做"、"教师家访的误区及策略"、"外来务工人员子女的家访工作如何开展"、"互联网时代，家访如何与时俱进"四个专题；从家访实施的具体环节来看，可分为"家访的前期准备"、"家访过程中的'二要''二不要'"、"教师家访时的谈话'技巧'"、"家访后的总结和反思"等专题进行详细阐述，撰写方案。但无论采用何种方式，要求整个专题归纳起来又都围绕"家访"这一主题进行，即俗称的"打得开、收得拢"。

其次，设计 PPT 课件，整合课程内容。随着信息技术的发展和受众接受信息方式的转变，PPT 课件作为视频课程"专业性"和"趣味性"的承接和补充，在整个课程中占据着十分重要的地位。一份好的课件，既能够将丰富深奥的内容变得简

洁直观,又能够以形象化的展示体现美感,起到"讲者不累,听者易懂,传播高效"的作用。PPT课件要做到简洁明了、重点突出,还可用图片、表格、关系图等多样化的内容辅助展示。目前,主要有两种PPT设计形式。

1. 纯文本型

当教案内容涉及概念解读、流程讲解、要点总结、案例列举时,可用文字直接表达。进行概念解读和要点总结时,要提取关键信息,切忌大段文字堆积,关键信息的提取要准确、简洁和视觉化。进行流程讲解时,要层次分明,同一层级的文本,其字号、颜色、字体等需保持一致,还可使用流程图辅助表达,增强文本的可视性。进行案例列举时,可使用表格工具对主要信息进行提取、分类,直观呈现案例间的异同。

以上海市奉贤区教育学院开发的网课《亲子活动,亲子交流的好平台》为例(图6-1),教师在列举四个年级开展的"感恩教育"系列活动时,以表格的形式将各个年级的活动名称、主要活动内容和活动目的呈现出来,清晰明了,还可进行纵向对比分析。

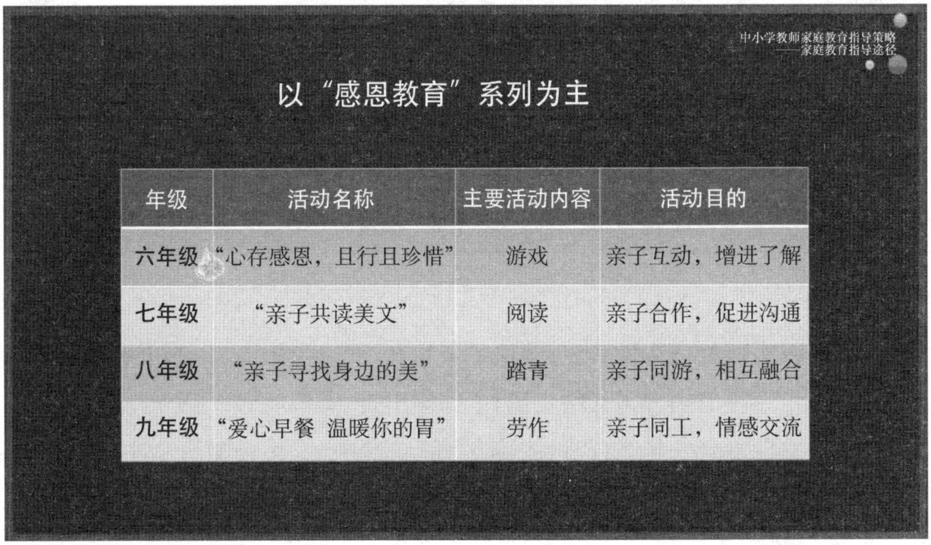

以"感恩教育"系列为主

年级	活动名称	主要活动内容	活动目的
六年级	"心存感恩,且行且珍惜"	游戏	亲子互动,增进了解
七年级	"亲子共读美文"	阅读	亲子合作,促进沟通
八年级	"亲子寻找身边的美"	踏青	亲子同游,相互融合
九年级	"爱心早餐 温暖你的胃"	劳作	亲子同工,情感交流

图6-1

2. 图文并茂型

为丰富PPT的呈现形式,增加网络课程的趣味性,教师可使用图文结合的方式设计 PPT 教案。图文互补，图片让单纯的文字更加生动，文字让单薄的图片表达更加立体。而且，美观、自然的图片可缓解学习者在网课学习过程中的视觉疲劳，让学习者集中注意力，达到更好的学习效果。为保证 PPT 课件的呈现效果，单图大小不低于 1M，图片需清晰、构图工整、衔接主题。

仍以网课《亲子活动，亲子交流的好平台》为例（图 6 - 2），当讲到六年级的"心存感恩，且行且珍惜"亲子活动时，教师插入现场照片，注解和图片相得益彰，既让教案内容真实可信，又升华了主题。另外，还可根据排版需要将照片剪辑成不同的形状，使页面更具设计感。

图 6 - 2

为了增强画面的创意性，也为了保护家长和学生的隐私，还可用漫画、动画的形式进行展示。画面内容需紧贴主题，主体突出，色彩鲜明。

如家长慕课平台二年级课程"生命教育"专题中的"生命教育从小开始"一课（图 6 - 3），采用动画人物演绎的形式展示课程内容。在保护家长和学生隐私的基础上，用充满创意和灵动的动画演绎增强了课程的趣味性。

再者，提供佐证资料，丰富课程表达。教师可将自己开展家教指导和家校沟通过程中的典型案例或身边优秀的案例放入教案中，让课程内容更真实、更生动。在撰写教案的过程中，教师要对讲授主题中提到的概念进行简单介绍，便于教师

图 6-3

理解。并在结尾处设计 1—2 道思考题,以便授课内容结束后引导教师继续思考,并考察教师对课程要点的掌握情况。

教师的教案要思路清晰、文字简练、结构严谨、语言生动且具有启发性。一般来讲,从目前的教师网课教学实践看,提倡每节课 8—15 分钟为宜,文字一般在 1 500—2 500 字为宜。

二、灵活转换,录制"专业＋趣味"的视频课程

在实际录制网络课程的过程中,教师需注意以下几点:

一是精准定位授课对象。教师家庭教育指导课程的授课对象是教师,不是家长,更不是学生。很多讲师由于职业习惯,会把授课对象误认作家长,甚至是学生。授课对象不同,授课的语气和神态也会随之发生变化,因此在录播时讲师要精准定位授课对象,注重内容的科学性、全面性、系统性、时代性,让教师通过学习切实提高自身的家教指导力。

二是注重书面语言到视频语言的转换。网课侧重于授课教师的"讲",因此,如何把严谨的书面语言转化为通俗自然的视频语言,是授课教师需要掌握的必备技能。有些语言在教案中看起来很适当,讲出来却有些"文绉绉";有些语言在教案中很有气势，讲出来却有些拗口。所以，讲师需提前做好准备，将书面语转化为视频语言，还要注重过渡语的运用，使各个环节衔接自然。从实践中看，教师进行视频课程录制时，需注意：

把握节奏。授课教师不可将讲义"读出来"或"背出来"，要根据课程内容变换语速、调整节奏，可适当添加口语表达的修饰要素，进行语调、节奏、语速的设计，让课程内容"生动"、"活泼"。

控制时间。在进行课程录制时，时长应保持在 15 分钟以内。如果时间过长，听课教师会产生疲劳，注意力不能集中，难以达到预期效果。

循序渐进。在撰写教案时，部分教师缺少对课程整体架构的思考，当授课内容以系列的形式呈现时，书面语言到视频语言的转换需要体现内容的层次性、序列性。

三是肢体与媒体的配合要自然。很多授课教师面对镜头会紧张，肢体语言比较僵硬，与媒体配合不够默契。为了达到更好的录制效果，讲师在录制前可以对着镜子多排练几遍，并提前进行体姿、手势、眼神、表情等方面的设计，确保在录制时"胸有成竹"，神情自然，同时让课程具有"可读性"。

三、技术要求

从当下录制技术和教学实际看，录制课程有 4 个基本要求。

1. 网页要求

主页设计美观大方、具有课程特色。主页与下级各页面应保持色彩、结构、风格的一致性。网页设计以知识点为单位，文字较多的知识点在页面设计时可采用折叠方法（即文字部分显示，部分隐藏，点击可显示全部），使页面更加整洁，减轻观看者的阅读疲劳。

2. 图片及视频要求

图形、图像素材应采用目前通用的格式处理和存储，即 GIF、JPG 和 PNG 格式；彩色图像的颜色数不低于 256 色，图像尺寸以能够清晰显示图像细节为宜；装饰用的图片应简洁、美观，与内容相适应。

若需要插入短视频（横版）辅助呈现，要注意：视频尺寸≥1 280 * 720，成片码流需控制在 2 Mb—4 Mb/秒之间；视频尺寸≥1 920 * 1 080，成片码流需控制在

4 Mb—6 Mb/秒之间。

3. 动画要求

如网络课程需配有适量的动画,要做到科学、准确、形象,有较强的表现力,并配以必要的文字或声音讲解。动画素材使用的格式为 MP4、AVI、MKV 或 RMVB(目前常用的为 MP4 格式)。

4. 链接要求

程序响应链接准确、及时有效、无死链。提供学习过程跟踪记录的机制,令学习者可从前一次退出的地方开始新的学习。各种媒体的选择要以学科专业内容的表现特点为依据,有良好的交互性,可及时对教师的学习活动作出相应的反馈。热字、按钮等交互因素的设置要合理、标示一致、清晰易辨。

总之,为了提高视频课程的可视化和趣味性,除了传统的 PPT 课件,也可在视频课程中加入短视频、动画演绎、实景图等素材,丰富表现形式。除了单人讲解,还可根据内容选择双人访谈、多人座谈等形式,增强互动性。

四、案例分享

家长会,可以分类开(家长会系列课程之一)

授课教师　上海市奉贤区西渡学校王艳娥

【设计背景】

家长会是学校教育的有机组成部分,是增进学校、家长、学生三者之间相互沟通、相互理解、相互配合的有效途径,同时,也是班主任动员家长积极从事家庭教育、主动配合学校教育、扩大教育合力的主要途径。要想使学校教育和家庭教育统一起来,使家长、学生和老师真正成为和谐的整体,就要认真开好家长会。

但传统的家长会内容和形式单一,家长会的氛围较严肃,缺乏双向沟通,导致家长会的效率不是很高。为了改变这种状况,我区多所学校在家长会的形式上进行了创新,召开分类家长会就是其中一项有效的尝试。分类家长会是由班级部分家长参加的小规模家长会,主要针对班级需求及家长或孩子存在的问题，是由教师或家长采用讲授、研讨等方式制定家校共育策略的一种新型家长会形式。小型家长会时间安排灵活，内容选择针对性强，便于老师和家长的交流以及家长之间的相互讨论学习，实效性比较强。

【活动目标】

帮助教师明确分类家长会的意义，认识分类家长会的作用。

指导教师掌握召开分类家长会的方法和策略，为今后工作带来便利。

引导教师认真做好家长会工作，提高家庭教育指导素养。

【活动准备】

制作教学课件

制作动画

【活动过程】

◆ 问题聚焦，引出课题

1. 播放动画《我们不想开家长会》

故事概况：期中考试过后，又要开家长会了。可是，通知一发……

老师们手拿着家长会通知，不禁长吁短叹："家长不愿交流，从头到尾就我一个人干讲……""有的家长听听就开始玩手机了。""有的爸爸妈妈不来，来的是爷爷奶奶，他们懂啥呀……"老师的内心想法是：我们不想开家长会！

家长们接到家长会通知后，也显得忧心忡忡："开家长会老师们说的没啥意思。""听了许多道理，可还是教不好我的孩子……"家长心里想的也是：我们不想开家长会！

2. 教师思考

为什么老师和家长都不想开家长会呢？主要原因可能有两个：

（1）传统的家长会内容和形式单一

传统的家长会往往以教师汇报，家长聆听为主，由于形式枯燥、内容单一，家长参与的积极性并不是很高。

（2）家长会的氛围较严肃，缺乏双向沟通

传统的家长会，很多老师会开成"告状会"，老师们"居高临下"的模式注定了家长和老师之间很难有真正的、平等的交流和沟通。

3. 引出课题

如何改变这种局面呢？根据家长的需要，召开分类家长会是不错的选择。分类家长会时间安排灵活，内容选择针对性强，能够有效地指导家庭教育，形成家校合力。

◆ 方法与策略指导

1. 找准时机

召开分类家长会必须选择适当的时机。每个班的学情不同，班主任要善于结合本班实际，主动灵活地组织好学校安排或自行决定的每一次家长会。如果每次统一考试结束后，班主任已将学生的成绩情况掌握在手，家长对学生考试前后的学习态度和方法了解到位，就可以召开分类家长会了；班级里出现某种情况，涉及到某些学生，可以召开分类家长会；某一阶段，家长对孩子的教育出现同类问题，也可以召开分类家长会。

2. 做好分类

在召开分类家长会前，教师要认真梳理，合理归类，这样能够把握学生中的共性问题和差异性问题，为家长会的有效开展、家庭教育的有效实施奠定坚实的基础。

（1）学生的分类

可以按照学习成绩划分学生类别，按照学生的行为习惯好坏划分学生类别，按照学生的性格、脾气、人缘划分学生类别等。

（2）家长的分类

家长是进行家庭教育的关键。家长会要想开出实效，教师就应该分类研究家长。只有透彻了解家长的人生观、价值观以及家庭教育理念和家长在家庭生活中的角色分工，才能有效指导家长开展家庭教育。

如按照角色和性别划分，我们可以把参会人员分成妈妈组和爸爸组，并根据其各自不同的需求，有针对性地选择相应的指导内容。王老师的爸爸家长会，就把目标定位在指导爸爸们不要缺席孩子的成长。

（3）问题的分类

为了提高家长会的有效性，我们可以对学生的问题进行分类，比如把学习问题细分为厌学、注意力不集中、学习困难、自信心缺失、偏科、经常不交作业等；

行为问题细分为自我约束力差、顶撞老师、严重缺乏行为规范问题等；心理问题细分为孤独、情感困惑、网络成瘾等。这样，立足于学生的生理、心理特点及班级的整体情况，综合归纳，把学生群体中存在的共性问题和特殊个例梳理、筛选出来，在分析梳理这些问题的同时，问题产生的根源也就一目了然。这样召开家长会，既能引起家长的高度重视，又能提高家长教育引导孩子的针对性。

3. 发出通知

假设你要在 10 号召开小型家长会，那么，在 6 号就要通知学生，让学生回家告知家长做好工作安排。班主任可以以书面邀请函的形式通知家长，同时班主任可以利用家校通、微信群等网络手段，给家长发短信。

王老师在召开"爸爸家长会"前，发出了这样一张邀请函：

××的爸爸：

您在孩子心中如山一般高大！请您在百忙之中于 11 月 10 日 13:00 在学校录播室参加三(1)班"爸爸家长会"！

热情期待您的到来！

××学校三(1)班

2016 年 11 月 6 日

4. 会议筹备

首先，会前班主任要对同类学生的共性问题有整体的认识，对个体差异也要有一定的把握。其次，班主任可以通过查阅资料、向有经验的教师请教等方式掌握一定的家庭教育知识，保证家庭教育指导能够有效进行。再次，在家长会形式上班主任要注重创新，提前准备，如"头脑风暴式"家长会，班主任要准备好问题；"论坛分享式"家长会，班主任要提前请家长做好交流准备……

案例中的王老师在通知发出后忐忑不安：爸爸们会来吗？家长会产生什么反应？怎样开好这次"爸爸家长会"呢？她翻阅教育杂志，边读边思考。会前，她做了两项工作，一是请孩子们说说各自眼中爸爸的形象及其陪伴自己的情况，二是录制了几位孩子对爸爸说的心里话。而这一切，都在暗中进行，爸爸们毫不知情。

5. 会议开展

会议开展的形式要多样,切忌教师一言堂。可以采取如下形式:"头脑风暴式"——围绕一个主题,确定议题,家长分组讨论;"论坛分享式"——围绕一个主题,邀请班中有成功经验的家长,通过经验分享交流的方式展开论坛式的交流,进一步启发其余家长。

案例中的王老师采用了如下形式:

(1) 故事引入,拉开序幕

家长会正式开始了,大部分的爸爸都来了,少数因工作不能参加的爸爸也都亲自打电话请假,委托妈妈来参加。王老师首先给大家深深地鞠了一躬,继而热情洋溢地说:"奥巴马说竞选过程中有一件事他很自豪,那就是在其长达21个月的选战中,他没有错过一次孩子的家长会。他无论多忙仍每晚和女儿一起吃晚餐,耐心回答她们的问题,为她们在学校交朋友的事儿出谋划策。而这一切只因奥巴马知道自己不可能做一辈子的总统,却一生都是孩子的父亲!"就这样,"爸爸家长会"拉开了序幕。

(2) 播放心声,触动思考

孩子眼中的爸爸是什么样的呢?王老师首先用幻灯片打出孩子对爸爸的评价:"忙于上班"、"喜欢打牌"、"喜欢上网打游戏"……接着她播放了一段视频:《爸爸去哪儿》第三季里,刘烨自顾自地玩着手机,儿子诺一突然说:"爸爸,我做了一个梦,观音菩萨让我陪你聊会儿天……"很童真的一句话,道出了孩子内心对父母陪伴的渴望。王老师趁热打铁,播放了几位孩子对爸爸说的心里话,有的孩子说:"爸爸,请你周末不要玩牌了,多陪陪我好吗?"有的孩子说:"爸爸,这个周末能不加班吗?"……听着孩子们一句句真挚的话语,爸爸们陷入了沉思。

(3) 家教老师,现场宣讲

接着王老师邀请了区家庭教育指导团的何老师为爸爸们开展了一个微讲座,何老师运用理论与案例相结合的形式,深入浅出地诠释了什么是健康的家庭教育,爸爸在家庭教育中的重要作用,并对爸爸怎样参与孩子教育提出了针对性建议。爸爸们或静静聆听,或低头作笔记,个个都是那么认真,一股暖流在教室里静静流淌。

（4）情感熏陶，触动心弦

最后，在《父亲》这首文辞优美、旋律动人的歌曲中，爸爸们畅谈了对此次家长会的感受。"从今晚起我争取每天陪伴孩子！"一位爸爸站起来，激动地立下"军令状"，好多家长当即表示赞同。会后还有很多爸爸发来短信表示会多参与孩子的教育，让王老师感动不已。

◆ 总结反思

1. 分类家长会目标很明确，集中解决一个中心问题

分类家长会主题单一，能有的放矢，话题集中，容易谈到点子上，增强了家长的主体意识，促进了老师与家长的配合。

2. 家长得到相互交流的机会

分类家长会规模较小，使具有相同问题的学生家长聚到一起，相互间有更多的共同语言，也敢于说出自己真实的想法，便于交流和沟通，真正起到了家校合作教育孩子的作用。

3. 分类家长会解决了家长的认识差异

传统的全体家长会，往往为了照顾全体学生，必须面面俱到，这样很难突出需要解决的重点问题，其效果自然大打折扣。而分类家长会可以突破"重点不突出"的瓶颈问题。

◆ 智慧分享

课程最后，跟大家分享一篇文章《家校互动之各国家长会》，可以看到，在国外，学校开家长会另有一番情形，家长会形式多样，氛围轻松，甚至成为家长参与学校管理的重要渠道。老师们也可以借鉴文中其他国家的做法，不断优化我们的家长会。

第七章 ‖ 合 作 指 导

　　家长参与学校活动的形式多种多样,按照参与内容来看,有家长参与学校活动、家长参与教育教学、家长参与学校管理、家长为学校服务、家校共享资源等多种类别。在家长参与学校事务的过程中,学校可以借家长的力量开展家庭教育指导。教育研究发现,成人具有丰富而不同的经验,通过经验的交流与分享可学习相当多的知识,成人相互学习是成人教育的重要方法。因此,来自家长的经验分享在家庭教育指导中会发挥意想不到的作用。

　　在本章中,您可以看到教师们发挥家长委员会的作用,促进家庭教育和学校教育同向同步;发挥家长志愿者的作用,宣传先进家庭教育理念和科学家庭教育方法;组织家长沙龙,让有成功家庭教育经验的家长对其他家庭进行指导等。

第一节　班 级 家 委 会

　　家长委员会是在教育部门的推动和支持下,由家长代表成立的参与学校管理、教育工作和沟通学校与家庭的组织。成立班级家长委员会的目的是希望充分调动家长的积极性和创造性,挖掘家长和社会的教育资源,使教育资源最大化,实现学生、家长、老师、学校多方共赢。为了更好地指导家长开展家庭教育,教师可以和家长委员会积极协商,开展一系列主题活动,发挥家长自我教育的优势,宣传正确的教育理念和科学的教育方法。

◉ 问题聚焦

　　一日,同往常一样,家长正在班级群上热烈地讨论着孩子的教育问题,"我们家孩子攀比手机、电脑""是啊,我家孩子脚上穿的必须是名牌""别提了,我那个小家伙,一到周末就握着手机不放,连上厕所也机不离手""我家的也是啊,周五回家基本不学习,周日返校前还在匆忙应付作业""我家孩子学习看上去挺勤奋的,整天把自己关房间里，可是推门进房间看看，要么发呆，要么作业还翻在这一页，急啊！""哎，和我家儿子根本说不上话呀，还是小时候贴心"……抱怨中处处显示的是家长在教育子女方面的无力感、困惑。

教师思考

1. 高中生亲子关系问题亟待关注

高中生亲子关系总体良好，但存在的问题也不容忽视，主要表现为：父母对子女的期望值过高，子女心理压力过大；亲子沟通不畅，相互封闭，彼此不理解；父母不能适应子女青春期的变化，对子女干涉过多。影响亲子关系的原因首先是家庭因素，包括父母的教育观念、教育态度以及教育方式方法等；其次是学校因素，包括学校对学生的评价方式，是否开展建立良好亲子关系的指导等；再次是社会因素，包括家庭结构变化、就业竞争、传统文化等。

2. 重塑高中生亲子关系需要学校发挥指导作用

基于以上认识，高中生建立良好亲子关系的对策应以学校为主，通过家长会、家长委员会、班会等多种途径，发挥学校在建立良好亲子关系中的重要作用。家庭文化是传统文化的堡垒，也是文化冲突的避风港。在人格塑造中，家庭以其血缘的联系产生着潜移默化而又根深蒂固的影响。家长应该不断地进行自我学习，更新自己对孩子的教育思想观念，提高自己对孩子的教育水平和能力。学校的对策主要是重视对学生亲子关系的研究，把对家长建立良好亲子关系的指导贯穿到学生成长的全过程，消除学校影响亲子关系的不利因素，共同建立高中阶段良好的亲子关系。

3. 家委会是学校指导家庭教育的重要渠道

在当前各种家校沟通上，建立班级微信群、QQ 群、博客等，是可以把家长和班级、学校连接起来，使通知到位、信息通畅，使家长更多地感受学校的办学理念，班级的发展动态，孩子在校的学习生活等，也会有一些经验在群里传播，可是总有一种意犹未尽的感觉。要想更好地建设家班共育平台，有更多的心灵碰撞，智慧分享，参与或者亲历更多孩子成长的过程，班级家委会（简称家委会）无疑是一个很好的载体。家委会为家长和班级的交流搭建了桥梁和平台，对于促进家校沟通合作，推动家长正确理解和认识学校工作，促进家庭教育和学校教育同向同步，创设良好的教育环境,完善学校、家庭和社会三位一体的教育体系具有重要意义。

教师策略

班级家委会建设不仅有利于学校教育、班级建设的健康发展,而且也有利于家庭教育的优质提升,同时还有利于社会教育的融合统一,是班级发展的助推器,可以创造属于家长的力量。

1. 梳理问题框架,制定家庭教育指导计划

针对高中生亲子关系中常见的问题,学校相关部门决定通过各种载体完善家教指导计划,包括:开展活动,丰富家庭教育指导内容;指导研究,提升家庭教育指导魅力;加强建设,优化家庭教育指导队伍;沟通协作,挖掘优质家庭教育资源;创新实践,发展家庭教育指导特色。其中,形式多样的家委会活动和家委会校访制度作为新的举措提出并立即实施。

2. 结合学生实情,开展形式丰富的家委会活动

(1)各级家委会组织多种形式的家庭教育指导

班级家委会讲师以班级为单位开展家教知识讲座、家教论坛活动、优秀家长经验介绍、家长沙龙等,他们倡导发起了"创建学习型家庭"和"走进孩子的心灵"一系列活动,在社会上引起了广泛影响,激发了家庭的亲子情感和孩子的感恩之心。再比如年级家委会家长参与学校感恩节、传统文化节、体育节和科艺节四大节庆活动,从传统文化节上的自制传统美食,科艺节上超级变变变的素材服装道具准备,体育节上驰骋赛场的后援到感恩节上来自父母的信和微视频大赛,都因为家长的参与而变得更加精彩更有意义。

(2)聚焦核心问题,开展主题论坛

学校家委会定期调研、访谈家长,随时了解家长教育动向。家长沙龙是家长自我成长的平台。一月一次,每次一个专题,周五接孩子时进行,家长自愿参加。主持家长沙龙的,有家长、专家,还有心理咨询师。大家不仅分享教育心得,破解困惑,而且还萌生了不少活动创意。对家长群里发现的一些教育共性问题,家委会则以开设家长论坛等方式予以讨论厘清。如今,家长论坛已成了学校家长委员会的一个重要补充。家委会还通过建立微信群、QQ群、博客等,把家长和学校连接起来,使得更多优秀的育儿经验、家教经验在这里传播,学校的改革创新在这里

传递，孩子的健康成长在这里分享。

（3）邀请家委会参与主题班会

班级班会课是德育教育的主阵地，一堂有效的班会课会让整个班级凝聚一种精神，增长一份士气，更能让学生提高一种思想和认知境界。学校班会课是周五下午的最后一节课（也是周末家长接孩子的时间），邀请家委会参与主题班会，不会耽误家长太多时间，家长的听课和讲课也会让孩子有一份独特的感受。家长从事不同的行业，有着不同的经历和专业特长，是学生人生规划启航的重要资源。于是，班主任邀请家长参与主题班会的职业规划系列，内容涉及金融、通讯、军事、司法、医疗等老师不精通不擅长的领域，拓宽了学生的视野，丰富了班会课的内容，真正为学生所用。

3. 建立家委会校访制度

在充分重视和开展家校互动网络平台、家访、家长接待日、家教委等工作的基础上，学校以建立家长校访制度为抓手，通过家长进入课堂、宿舍，走访学生、老师和领导，全面了解学校教育教学、日常管理情况，为学校、学生的发展提供良策，使家校之间的联系更紧密，并形成教育的合力。校访的内容如下：

（1）日常行规：学生的日常行规表现包括上课、自修、课间操、就餐、大会、就寝纪律等文明礼仪、行为习惯以及学校对此的管理状态。

（2）宿舍生活：学生的内务、纪律状况、宿舍文化建设、宿舍管理。

（3）课堂教学：教师课堂教学的管理与质量，学生课堂学习的积极性与学习力。

（4）活动教育：班主任组织班会课的成效以及课外活动、社团活动、其他教育活动的组织管理与实际效果。

（5）学校管理：学校教育教学、后勤服务、环境文化布置等总体情况。

对于担任校访员的家委会成员，学校也提出了一些灵活的要求，希望家委会代表校访时间至少满 2 个小时，7:00—22:00 之间任意选取其中一段时间。进入门卫室后，领取校访记录本，挂上《校访证》，开始校访。根据校访五点重要内容，进行深入观察、仔细了解，并把校访情况，认真填写在记录本上。学期结束后，学校召开家委会和校访家长工作总结会，评选表彰优秀校访家长。同时，就学校教育教学管理、家庭教育工作进行研讨，以推进家校协作教育机制，增强教育的实效性。家委会校访制可以使家长亲历子女在校学习生活（尤其是寄宿制学校），参与课间活动,走进课堂和宿舍,深入班级,真正了解学校,了解班级,了解孩子,做到沟通无障碍。

⬤ 行动反思

1. **班级家委会工作要制度化**

班级家委会可以设置主任一名,副主任一名,秘书长一名和委员若干名,他们分别担任活动实践指导委员、安全健康指导委员、学习习惯指导委员、家庭教育指导委员、特长发展指导委员。此举完善了由班主任、学科老师、家长和学校干部组成的班教导会管理制度,实现了班级管理团队制。

在此基础上的年级家委会(学校家委会)可以设置家长教师部、家长学校讲师部(家庭教育指导部)、学生成长导师部、学生活动实践部、家长爱心助教部等。学校要积极引导,使各部的功能发挥到最大化,使家委会真正成为学校发展的得力助手。

2. **班级家委会要明确职责,规范化**

班级家委会的主要工作职责:关心班级教育教学工作,及时解决班级的实际困难,为班级多办实事;利用班级家长的资源,为班级各项活动提供服务,并组织管理或支持协助,培养孩子们的责任感和集体荣誉感;及时向学校、年级家委会反馈家长对学校的意见或建议。

班级家委会成立后,要根据职责定期制定主题规划,为后续工作明确方向和提供动力。如根据学生成长规律和家长需求,和班主任一起为自己班级的主题班会、家长会确定系列德育主题。在形式方面,力争将班会、家长会开得形式多样、生动活泼,如班级情况汇报会、教育经验交流会、学生作品展示会、家校联谊会等,使家长、师生自觉增进相互沟通和理解。

3. **班级家委会成员要以身示范**

为提高家长的教育能力,一方面依赖学校请相关专家开设教育讲座,组织家庭教育成功的家长和颇具实践经验的班主任与家长面对面交流,解答家长们的疑惑;另一方面需要家委会成员以身示范,用行为感召更多家长。如开展家庭共读活动,号召家长每天腾出时间,自觉拿起书本,与子女一起读书学习,营造良好的家庭读书氛围,寻求共同的话题,共同的趣味;开展家庭趣味运动会,家长孩子一同参加，增进家庭的协同运动能力，以此让孩子感受家庭协作的重要性；积极帮助问题学生的家长，组建"家庭发展共同体"。

🌀 智慧分享

家庭合作小组——班级家长委员会下的细胞

在学校原有的校级、年级、班级三级家长委员会的基础上，各班级成立了若干个家庭合作小组，我们称它为"班级家长委员会下的细胞"。具体做法：

1. 讨论实施，群策群力。在充分整合家长、教师的意见和建议下，通过召开校级家委会及全体家长会逐级讨论开展家庭合作小组方法的可行性，并听取家长意见建议进行完善，制定了《家庭合作小组管理制度》、《家庭合作小组活动指导》等一系列制度文件，便于管理指导并规范家庭合作小组的各项活动的开展。

2. 合理搭配，优势互补。基于班级集体活动，因学生人数太多面太广，意见难集中，不易操作等问题，我们在班级家长委员会和班主任的组织下，以班级为单位，家长根据实际情况（如：家长的教育理念、家庭居住的远近、孩子的兴趣爱好等）自由组合成立家庭合作小组，每班大致分成5~8个家庭合作小组，每个家庭合作小组由6~10个家庭组成，每个小组内要按照家庭合作小组的人员设置进行组织、宣传等分工（每个家庭合作小组设组长一人，负责本小组的全面工作，设副组长一人，协助组长开展工作）。我们利用家委会QQ群、微信、校讯通等信息平台，让家长们随时随地将自己在对孩子的教育、社会实践的组织等问题上的意见及困惑进行交流，进而相互学习与提高。

3. 适时引导，有的放矢。为避免家长在组织参与家庭合作小组活动时出现随意性，造成活动效果不明显的问题，学校家委会与学校通过研究学期学生教育计划，内容涵盖读书、学习、实践活动等各个方面，提出活动建议并且传达到年级家委会和班级家委会，班级家委会召开专门会议或利用家长学校授课时间传达到每一位家长。

4. 交流反馈，总结提升。每个班建立专门的班级邮箱，每一个家长都能随时到邮箱下载或者阅览相关的文件和材料，家委会主任和班主任负责整理班级家庭合作小组的活动材料，随时掌握各家庭合作小组开展活动的情况，便于管理。每学期结束，各班级让各家庭合作小组汇报自己活动的情况，加强学习交流，各班级根据各个家庭合作小组的活动情况(如参与度、活动效果、资料的完整性等),评选出优秀家庭合作小组,上报校级家委会,由校级家委会和学校进行推广和表彰。

(栾静.家庭合作小组——班级家长委员会下的细胞[J].学子(教育新理念),2014(20):12)

第二节 家长志愿者

家长志愿者是指凭着自己的知识、技能和经验,利用自己可支配的时间为学校作出了力所能及贡献的家长。随着学校治理体系和治理能力日益现代化,家长志愿为学校服务被越来越多的学校所采用。实践证明,家长是一种重要的教育资源,家长不同的职业背景、成功的育儿经验、鲜明的个性特征,可以为学校教育提供清泉活水。

"山不在高,有仙则灵;水不在深,有龙则灵。"如果一个班级拥有一群家长志愿者,教师可以充分利用这一资源,和广大家长一起分享先进的教育理念和科学的教育方法。

⚙ 问题聚焦

每逢周五的班会课,是班主任老师伤脑筋又要费一番功夫的事情,老班主任们凭着经验和之前积累的素材课件,在学校年级的主题背景下,可以相对轻松地准备实施班会课。新教师们绞尽脑汁搜肠刮肚,还要请学生干部制作课件、总结工作,耗时耗力,关键只是集班主任自己和几个学生的思路和智慧,可能思路狭窄、内容雷同、形式单一。班会课的效果跟老师的初衷也许大相径庭。如果一个班级拥有一群家长志愿者,就会显得更有活力和魅力。但是却有很多班主任苦于与家长打交道,自己默默地做着所有的事情,而有部分家长也非常关心学校的事情,想要帮忙,却没有机会。

教师思考

1. 家长志愿者参与内容单一，作用发挥有限

当前，我国大部分学校都成立了全校性的家长志愿者和班级层面的家长志愿者组织。但是从运行来看，目前家长志愿者参与内容以学校组织的不同类型活动为主，形式性和象征性的居多，实质性和制度性互动性亟待加强。

2. 家长志愿者自身认识有限，影响作用的发挥

家长志愿者在参加学校和班级活动中，互动机会较多，但家长参与时存在选择性积极的现象。具体来说，在养育层面上，家长存在"重智轻德"的倾向，因此在辅导子女学习上，家长的参与会非常积极；在志愿者服务层面上，主要是参与学生的节庆生活，体验孩子的快乐，参与学校班会、论坛，感受孩子的成长，很少组织家校共育方面的方式方法探讨；在参与决策上，家长主要是组织体制外的边缘性参与；而在社区合作上，只是流于形式，学校和家长都开始有一点点尝试。

家长志愿者在活动体验中，出现了一些差强人意的地方：如因了解学生不够而导致设计的内容不切实际，不为学生所接受；如设计的主题内容过于专业，学生无法接受消化；也可能因为家长志愿者不是专职教师，在授课或活动时会显得比较贫乏……这些问题的出现也许都是由于一个原因，那就是家长志愿者在活动前缺少适当的培训和指导。

教师策略

那如何凝聚和组织家长志愿者，更有效地组织好班级家长志愿者，使其能最大程度地助力于学校教育呢？

1. 广泛招募，全面了解

学校可以在学期开始，各校工作日程基本确定后，利用招募书广泛招募家长志愿者。如学校有人生导航系列活动等、班级有各项探究小组的论证和开题等。请填写家长志愿者的基本信息：姓名、电话号码、住址以及孩子的姓名，家长志愿者选择想做的事情等。

为发挥家长志愿者的作用,对于有意向的家长,学校或班级要全面地了解他们,不仅要熟悉他们的经历背景、知识经验、兴趣特长,而且还要了解他们志愿工作的时间和空间。这样做不仅可以将家长志愿者的职业背景、知识经验、兴趣爱好与学校教育教学活动联系起来,更重要的是能筛选出真正适合担任家长志愿者的人,将心有余而时不足者提前排除。

2. 充分培训

分配任务之前,不仅重视形式,还要对家长志愿者进行入门培训,以便他们正确认识自己的角色转换,把握有限的时间,有效发挥自身的作用,更好地满足学生的期待,达成班级活动的目标,真正成为教师的帮手,使学生受益。

同时也要注重提升家长志愿者的综合素养。一方面,着力培育他们的人文主义精神,使他们能够认识到青春期孩子的心理生理特点,重视培养他们的责任感、独立性、学习力和担当意识。当遇到紧急情况而不能到校时,能找一个人来代替自己或与志愿者协调员及时取得联系避免空档的发生。

对大多数家长志愿者进行集中培训,也鼓励家长志愿者利用业余时间进行自培,"集体培训"和"个人自培"相结合等举措,既能使家长志愿者深入了解学校的结构和制度、课程的目标和实施、班级活动开展的形式和策略,又能充分发挥家长志愿者的主动性和积极性,使他们能更好地理解自己的权利和义务、教师对自己的期待,从而使学校和家庭的合作共育从必要走向可能。

3. 恰当安排

根据家长特点安排工作,全面开发家长的教育资源价值。家长也是学校教育中的宝贵资源,具有决策、管理、服务、教学等多种教育资源价值,学校应该充分开发和利用。从事不同职业、拥有不同知识技能、具有不同个性特长的家长,其教育资源价值的表现形式又各不相同。因此,学校在开发利用家长资源时需要细致了解家长们的个体及群体差异,量体裁衣,根据家长的特长、特点来安排志愿服务工作,尽可能地提供机会和平台,让家长根据自己独特的知识经验、技能特长、兴趣爱好、智慧优势等来为学校及班级教育、教学活动服务,充分发挥家长作用,促进学校特色发展,实现家庭、学校和社会教育资源的优势互补与共享。

4. 总结表彰

活动结束或者每个学期结束,学校或班主任一定要在"学校光荣榜"或"班级功劳簿"上记录家长志愿者贡献的时间、地点和知识、技能、情感、智慧等，或者给家长志愿者颁发证书、奖状、感谢信、小礼品，或者用微信、QQ 来宣传志愿者服务的事迹等以表达谢意，并邀请他们再次参与，激励家长们的自我价值感、效能感、成功感、自豪感和光荣感。

● 行动反思

随着家校社合力共育成为一种新的教育生态，家长志愿者参与学校和班级管理的途径增多，并在诸多方面发挥了积极作用。

1. 家长志愿者可以筹措经费，改善班级活动条件

家长志愿者的各种资源综合，可以帮忙解决各类活动所需的服装、道具、材料等等，为活动的有效开展提供有力保障。除此之外，他们还会想出各种办法：比如商场或餐厅的优惠券或捐款，组织一些学生竞赛知识类、才艺类、体技类活动，让家长志愿者根据学生的表现给予相应的奖励。这样既为班级募集了经费，又激励了学生的爱班情感。有了家长志愿者的支持，学校与班主任的压力大大减轻，使得教师能更专注于学生的教育成长。对家长而言，为了让子女能得到更好的教育环境，他们尽自己所能，发挥各方力量给孩子创造条件。

2. 家长志愿者可以参与教学，丰富学校教育资源

家长志愿者是学校丰富的课程资源，他们参与课堂教学活动，促进学生整体、全面发展。许多家长志愿者具有较高的文化素质和专业特长，他们往往会被邀请在课堂上辅教甚至主教某些课程。在家长志愿者参与组织策划实施班会课、主题教育课，贡献自己资源的同时，也能关注自己孩子的学习状况，与老师的亲密关系也增强了对孩子教育的信心，能掌握较好的教育方法。家长常常参与策划、协助组织全校性大型活动，包括体育节开幕式、科艺节、传统文化节、感恩节等，帮助编辑印刷相关宣传单，装饰活动场所，以及一些具体的服务维护工作甚至技术指导，在和孩子一起穿梭于洋溢着节日气氛的校园时，家长们会为自己的参与和付出感到骄傲，也会让孩子们对父母的参与感到自豪骄傲，更加拉近了亲子关系。

3. 家长志愿者可以参与管理，提高对学生学习、管理的效率

家长志愿者进校园班级参与管理，班级家长志愿者每周五进班级，时间为

7：00—16：30 自选，内容包括"听一节班会课"、"与一位教师沟通"、"看一次大课间"、"巡视一次教学区"、"与一位家长交流"等七个"一"活动。也可以在周末、寒暑假组建家长志愿者学习管理小组，负责学习小组的作业完成情况统计、检查、汇总报告工作。学校志愿者每周三进校园，时间为 7：00—22：00 自选，完成"家长志愿者进校园"活动记录表的填写，"为学校工作提一点建议"，参与学校午自修、晚自修的监督管理等，充分发掘家长资源，从而促进和谐家校关系的构建和学生德智体美劳全面发展。

智慧分享

家长志愿者：美国校园的风景

学校经常以"邀请信"的形式将有关活动信息告知家长，言辞诚恳地邀请家长做一名志愿者，来学校分享孩子们成长的快乐经验，并对家长志愿服务为学校发展所作的贡献表示衷心感谢。邀请信会具体地说明某项工作任务、承担该项任务的素质要求，还会承诺可以为家长从事该项志愿服务任务提供需要的辅导或培训。例如，当学校决定在午饭后的休息时间或下午放学后的一段时间里，为各个年级热爱读书的孩子开展"午间（或课后）阅读活动"并提供"阅读指导"时，就会邀请家长参与其中，让其成为"阅读导师"。

阅读导师邀请函

我们正在考虑在每天午饭后的休息时间或下午放学后，组织"美文共赏"活动，为热爱读书的孩子们提供学习、交流的平台。

如果您对儿童的阅读学习感兴趣并愿意指导孩子们学会阅读，那么，欢迎您来做孩子们的"阅读导师"！需要的话，我们也可以帮助您获得作为"阅读导师"所需的技能。

如果您愿意倾听孩子们谈论他们的阅读经验和故事，那么，欢迎您来做一名"忠实的听众"，分享孩子们的阅读快乐并负责维持学习秩序。

学校也会以"调查表"的形式了解家长的背景，包括职业、知识经验、兴趣特长等，及其参与学校志愿服务工作的倾向，包括可能的时间、地点、频次等。举例如下。

家长志愿者调查表

亲爱的家长：

我们非常需要家长志愿者帮助学校开展各种活动。您可以在家里或者在学校的任何一个地方为我们提供帮助,和我们分享您的时间、热情、技能和智慧! 您愿意以怎样的方式与我们分享呢? 请让我们知道——

您今年(或本学期)想做志愿者吗?

是　　否

您想在哪里帮助我们呢? ①孩子的班级;②学校图书室;③学校餐厅;④您家里;⑤其他

您喜欢或者希望能够为我们做什么? (学校会列举一些可供家长选择做的事情,也会留白请家长自行填写)

您有哪些兴趣爱好?

您什么时候能来学校? ……每个星期的这个时间段都能来吗? 每次来学校时,您在学校能停留多长时间?

您对我们有什么建议、评价? 请留下您的姓名、联系电话、住址、孩子姓名和年级(或班级),谢谢!

此外,当学校紧缺或急需某项工作的家长志愿者时,也会及时地发布相关信息。例如：

家长志愿者招募启示

午餐时间是我们最需要您为学校奉献爱心的时间。感谢家长们为我们作出的贡献! 我们现在特别渴望能够有更多的热心家长参与午餐期间的工作,具体时间及需求人数如下：

周一、二、三(12:00—13:30)：需要4人

周四、周五(11:30—13:00)：需要3人……

如果您愿意前来帮助我们,请与学校办公室×××女士联系(电话:
　　　　　)

(杨跃.家长志愿者:美国校园的风景[J].湖北教育(新班主任),2014(5):
74—77)

第三节　家 长 沙 龙

家长沙龙活动是家校共育、家班共育的一种活动形式,以主题问题的讨论与交流、比较和衡量、选择与实践为主要内容,通常规模较小,议题简单,家长、专家可以畅所欲言。

教师开展家庭教育指导的途径有很多,为了避免零敲碎打,单向灌输,促进整体规划,双向互动,可以通过成立家长沙龙,提升家长的参与兴趣,发挥学校和教师的指导作用,提升家长家教技能,促进学校、班级和家庭之间密切合作,形成教育合力,最终达到教育共赢。

问题聚焦

英语王老师匆匆忙忙赶去上课,想着课上要进行默写,提早一点进入教室,希望孩子们早点进入状态。王老师经过教室窗口时,被眼前的一幕惊呆了,一男孩正在女孩的位置旁边,小心翼翼地吻了一下女孩,而其他同学也熟视无睹。年轻的班主任王老师恍恍惚惚地撑完一节课,平时在班会课上、课间与学生交流时,都三令五申禁止青春期的早恋问题,如有发现迹象,也全面了解情况,及时和家长交流沟通,家长也表示肯定会严加管教,但家长同时又表示:一旦跟孩子谈起此类问题,孩子不顶嘴也不搭理,说多了甚至关上房门不予理睬,有的家长软硬兼施,可是收效甚微。屡次约请家长,家长也有点无能为力。

🎓 教师思考

类似的问题，具有典型性，是青春期孩子多会经历的，如何帮助家长正确看待这类事情，如何引导男生女生正常交往，王老师想到了开展家长沙龙活动。

1. 家长沙龙可更精准关注家长话题

家长沙龙可设定的话题很多，可以通过四种方式发现家长关注的话题：一是通过网络征集家长感兴趣的话题；二是通过问卷调查全校学生家长的教育理念和关注的学生发展目标，发现其所关注的话题；三是以年段为单位，调研不同学段学生家长关注的焦点话题；四是以班级为单位，调研不同班级学生家长关注的话题。通过调研得到的话题往往较为抽象，话题背后重叠着更深层次的问题。因此，还要邀请专家、学校管理者与教师共同研讨话题背后隐含的具体案例，还原问题在现实生活中的真实情况。

2. 家长沙龙在家庭教育指导中有特殊优势

家长沙龙的主要特点是尊重、交流、共享和宽容，互助式家长沙龙使家长共同参与，互相分享、传播先进的家庭心理健康教育理论，形成一个共享经验、挖掘潜能的学习共同体和实践共同体，解决自己在教育子女过程中的困惑与苦恼，从而更好地实现教育目的。值得注意的地方是，家长沙龙可以采用面向全体家长、部分家长和个别家长等多种方式。

〰️ 教师策略

要疏导家长在教育青春期孩子过程中的焦虑、无助情绪，增强家长的自我效能感，帮助家长个性化地解决教育困惑，开展同伴互助式家长沙龙活动也许是一种比较好的方式。具体做法如下：

1. 聚焦冲突，确定主题

青春期异性间懵懂的感情源于少年向青年的心理转变和对生活的热爱。青春期的高中生觉得这是正常现象，而父母和老师觉得是大逆不道，基于两种认识的冲突，王老师将家长沙龙的主题定为"当'焦虑'遇上'青春'"。

2. 明确目标,设计活动

在平等、互助、信任的氛围中,家长在小组内分享在孩子早恋问题上的困惑,获得来自同伴情感上的理解与支持;通过倾听小组内其他家长的教育困惑,缓解了家长在教育青春期孩子时积聚的焦虑情绪,理解孩子在青春期普遍具有的心理发展特点;通过给其他家长提建议,增强家长教育自己孩子的自我效能感。

3. 报名参与,合理分工

王老师采用自愿报名的方式,吸引一批有此需求的家长参与沙龙,其中男同学家长与女同学家长的人数比例相当。同时为确保沙龙活动顺利开展,需要落实好不同的主持人,包括大组主持、小组主持和小组记录员。大组主持负责整场沙龙的组织协调,小组主持则是小组进行同伴互助分享活动的组织者与协调者,小组记录员担任计时、观察者与汇报者的角色。

4. 组织实施,有序推进

男同学家长组和女同学家长组各自进行小组分享——我家的"青春男"和"青春女"。

第一步:小组主持和嘉宾老师分别入组男同学家长组和女同学家长组,每个小组配备一位小组主持和至少一位嘉宾老师,两个小组分别在不同的房间进行讨论。小组主持组织自己的小组成员围圈坐好。

第二步:安排好座位后,小组主持重申活动原则,即目标明确主动投入、真诚分享、保守秘密、彼此尊重、一个声音。

第三步:主持抛出讨论主题,"看看我们刚刚勾勒的'青春男'('青春女')的特点,请家长们分享一下孩子进入高中后,让你觉得骄傲与欣慰的成长与变化,同时也分享孩子的一个让你觉'男女生交往中最不放心'的地方"和家长"最焦虑'的地方'"。家长逐个在小组内分享,记录员主要就"最不放心"的地方做好记录。明确家长们普遍"最不放心"和"最焦虑"的地方后,小组主持组织小组成员进行深入探讨对策。

第四步:小组主持邀请嘉宾老师从教师的角度进行总结与回应。

第五步:小组主持进行小组总结,总结的重点在于肯定小组成员投入、主动、真诚分享的表现,同时指出小组讨论不够充分的地方,对小组未来的发展提出期望。

5. 活动分享，有感而发

在谈及参与沙龙的收获时，许多家长都谈到在教育孩子男女生交往过密问题上要抱着不断反思、不断学习的心态，了解孩子谈恋爱的原因，是因为缺乏关心还是在内心有一个错误的爱情观念等，针对不同的原因，要具有不一样的处理方式。多陪伴孩子，多与孩子沟通，多与老师交流，正确引导孩子处理好这段朦胧的感情。有家长谈到收获时说，感觉自己参与沙龙活动后没有那么焦虑了，原来不是只有自己的孩子有这样的问题，其他孩子也有类似的问题。通过倾诉，获得同伴的鼓励，家长感受到了情感上的支持。同时，家长也通过与本班家长交流，更多地了解了自己孩子所交朋友的家庭氛围，增进了对自己孩子的理解。

6. 活动延伸，举一反三

许多家长在参与了班级沙龙活动后，又自行组织了茶话会、亲子游等多种形式的同伴互助活动。他们自行设置主题，开展了类似的沙龙活动，主题包括"什么时候送孩子出国最合适"、"手机如何管"、"如何培养学生学习力"、"帮助孩子备考"等。班主任也通过沙龙，了解了家长在教育中碰到的困惑，使得接下来的教育指导工作更有针对性。

◉ 行动反思

1. 正视家长沙龙的不足

家长沙龙会促进家长之间的互动，聚焦共性问题，让家长能进一步了解当前的教育理念，携手共同培养孩子，家长之间、家校之间形成了更为紧密的教育共同体。在开展年级沙龙活动的过程中可能会有以下不足：参与家长因为彼此不熟悉，需要较长时间的热身环节才能进入正式研讨；因为受到不同班级基本情况的影响，有些话题无法充分展开研讨；家长人数过多，无法进行充分表达与对话。

2. 充分发挥教师的引导性

组织者水平的高低决定了家长沙龙活动的成效。虽然是家长沙龙活动，但作为教师还要发挥支持、引导作用。在家长沙龙活动中既要以家长为主，也要避免凌乱、无序、讨论趋于表面、过分追求形式等低效现象的发生；同时还要充分发挥专家的引导作用，让家长在学习交流的过程中自觉接受新信息、新理念，提高科学育儿的技能技巧。

✿ **智慧分享**

家长沙龙：推动教师和家长共生共长的研究现场

家长沙龙为家长、教师提供了一个研究现场。这个研究现场提供了表达的空间，搭建了对话的平台，使得家长与教师得以相对完整地呈现、获得和理解学生的整个学习和生活状态。从 2012 年至今，我校探索了以下三种类型的家长沙龙。

1. 校团主题性家长沙龙

校团主题性家长沙龙包括学校主题性家长沙龙和团队主题性家长沙龙两种类型。学校主题性家长沙龙聚焦跨校区、跨学段的小学生发展的核心话题，如"家庭教育中如何关注学生健康"、"发现、尊重和培养学生的兴趣"等，参与人员包括三个校区不同学段的家长代表、学校行政人员、骨干教师和青年教师。团队主题性家长沙龙分校区、分学段举行，聚焦不同校区、不同学段的学生发展的核心话题，如"家长如何引导低学段学生面对批评"、"高年级学生出现青春期逆反情绪或焦虑情绪怎么办"等，参与人员主要是某一校区、某一学段的学生家长、校区管理者、骨干教师和青年教师。这两种层面的家长沙龙，既能聚焦共性话题，又能观照学段特性话题。

2. 班级主题性家长沙龙

在实施过程中，我们发现校团主题性家长沙龙存在以下不足：参与家长因为彼此不熟悉，需要较长时间的热身环节才能进入正式研讨；因为受到不同班级基本情况的影响，有些话题无法充分展开研讨；家长人数过多，无法进行充分表达与对话。因此，我们尝试推行班级主题性家长沙龙。此类家长沙龙由班级家长委员会组织，任教班级的所有学科教师参与，班级学生家长自愿参加，每次沙龙在家长需求调研的基础上聚焦 2～3 个话题。由于班级家长成员之间彼此熟悉度较高，班级家长沙龙的话题讨论更为深入和具体。

3. 个性化家长沙龙

有些家长或者学生的问题非常特殊，且私密性较高，因此学校为这些家长举办了个性化家长沙龙。参与成员包括学生父母、班主任、心理辅导教师、学校管理者。例如：针对某个学生情绪管理能力差的问题，学校专门举行个性化家长沙龙。在沙龙上，学生的妈妈反思自己的成长经历和由此形成的教育观念，找到了问题的根源。此类家长沙龙基于学生个案的研讨，丰富了学校对学生家庭成员生命历程和家庭教育的深层理解和认识。

（廖文胜.家长沙龙：推动教师和家长共生共长的研究现场[J].中小学管理，2016（2）：48—49）

✳ **问题与思考**

1. 您认为家委会家长可以做哪些事？班级家委会和学校、年级家委会在家庭指导方面有什么区别？如何构建分层式家委会？

2. 您认为如何让家长志愿者动起来？

3. 您认为如何借助家长沙龙进行班级特色建设？

4. 您认为怎样更有效融合家庭教育、学校教育？

第三编

家庭教育指导实务

| | | | | | | | | | | | | | | | |

所有优秀的孩子身上,几乎都有他们父母的烙印,所有的问题儿童身上,也都可以找到他们家庭的影子。有了问题怪学校是不对的,有了成绩功劳全归到学校也是不对的,家庭的作用远远比学校重要得多。

——朱永新

本编概要：

▶ 处于青春期的高中生，心理发展不稳定，随着学业压力增加，会出现各种不适，如初高中衔接不畅、学习专注力差、学业焦虑加剧等。虽然多数高中生的家长通常会感到在学业指导上心有余而力不足，但是仍然应该对孩子的学习习惯、学习态度等给予充分关注，及时发现问题，寻求帮助。

▶ 高中生处于半幼稚半成熟的发展关键期，他们想自主，但是往往不擅长时间管理；他们期待得到认可，遇到挫折会去网络世界寻找安慰；他们内心情感丰富、敏感，却不愿意与家长分享内心。这一阶段的家庭教育，更需要授之以渔。

▶ 青春期是人一生身体、心理和智力发育的关键时期，也是与同学共同生活、受同伴影响逐渐增多的时期。高中生家庭教育要更多关注孩子的人格形成、情绪管理、人际交往(含异性交往)等影响孩子终身发展的基本素养。

▶ 新高考实行后，学生在高二的选科情况就决定了高考的专业选择，这无疑将职业规划提前到了高中阶段。学校和教师应该积极向家长传达高考新政背后的价值导向，指导家长充分科学地引导学生生涯发展。

第八章 ‖ 家庭教育中的学业指导

高中阶段的孩子追求独立,迫切期望能够从父母的羽翼下脱离出来,期望融入成人世界扮演成人角色;然而,无论是从生理还是心理来看,高中生还有很多不成熟的地方,仍然需要家长和教师承担起相应的教育责任。

高中生的学业重,压力大,如果能得到教师和家长的正确指导,将事半功倍。高中生的学业指导涉及到很多方面,其中,初高中衔接、学习专注力、家庭作业、学业焦虑等是多数家长最关注的方面,是家庭教育指导需要重点关注的内容,也是需要家校合力共同解决的重点问题。

第一节 初高中衔接

从心理的角度看,初高中衔接阶段的学生正处于一种半幼稚半成熟的心理敏感期,有较强的自尊心,渴望独立又缺乏自我监督,发展还不稳定;从学习上看,高中的知识量增大,学科门类虽然与初中差不多,但知识量和能力要求比初中要多很多。许多初中生进入高中后会普遍出现不适应现象,一些孩子会产生消极、焦虑情绪,成绩波动大,甚至丧失学习兴趣和信心。家长如果不能及时发现问题给予孩子正确的指导,会延长孩子的转换适应期,不仅无法全身心地投入高中的学习生活,给高中的学业发展带来不利影响,而且对孩子的身心健康发展也极为不利。

但是,家长毕竟不是专业的教育工作者,对这些知识缺少积累,对相关现象缺少敏感,所以,高中阶段的教师要尽早给家长以专业指导,充分发挥家长的作用,共同帮助孩子顺利度过初高中衔接阶段。

🏵 问题聚焦

> 小张如愿考上了心仪的高中,妈妈觉得自己陪读了初三一整年,终于可以好好松一口气了。但高一的第一次月考让小张妈妈大吃一惊,孩子成绩排名在班级靠后。小张妈妈怎么也想不通,孩子一直听

话懂事，是初中老师经常表扬的好学生，从初中到高中，不过是一所学校到另一所学校，怎么到了高中就变成落后生了？她认为肯定是孩子上了高中后学习态度不端正，不求上进，时间没抓紧的缘故。于是又恢复了初三的陪读模式，还给孩子报名上周末校外辅导班，时刻紧盯着孩子学习，经常给孩子念"紧箍咒"。一个月后的期中考试，孩子的成绩仍然不见起色。小张妈妈一筹莫展，情绪低落，焦虑心态达到极点，小张的情绪也受到影响。

教师思考

初高中衔接时期一般指高一上半学期这一特殊时段。在这个阶段，学生普遍会表现出一种不适应现象，心理和学习会出现波动和不稳定。家长有很多困惑，主要表现在当孩子的学业成绩不理想时，会用初中阶段的经验去思考问题，往往适得其反。造成这种现象的原因，大致有以下几方面：

1. 高中的学业特点对学习方法提出了新要求

高中开设十几门学科，从学科数量看，相较于初中虽然差不多，但是从学科的知识量来看，每一门学科的知识量比初中要增加很多；而且从知识的难度来看，知识的抽象概括性高，跨学科知识增加，给知识掌握带来一定困难。

到了高中，孩子的学习自理能力很重要。一方面因为学科的广度和深度所致，知识量剧增，上课容量很大，熟练性的课堂训练大大减少，学生每天需要自己消化的知识大量增加；另一方面，老师对学生的指导也不会像初中那样具体细致，而是要求学生独立完成各个环节的任务，如预习、听讲、记笔记、课后复习、家庭作业、单元小结、考后分析等。如果还是沿用初中的学习方法，往往会出现"消化不良"或"负债"现象。

2. 高中的学业特点对学习能力提出了高要求

高中对学生的思维发展提出了更高的要求，在观察事物时，要更有目的性，更加全面和深刻，要能区别出主要和次要，必然和偶然；不仅要有静态的观察，还要有动态的观察；不仅有定性的研究，还要有定量的分析。高中要求记忆以逻辑识记为本，力求在理解的基础上抓住教材内在联系，进行记忆，运用概念、判断、推理来进行逻辑思维，同时要独立思考问题，研究问题。高中要求孩子的想象力要有较大发展,把抽象问题具体化,形象化,高中对学习能力的要求进一步提高,与初中相比,其阅读能力、写作能力、运算能力、实验能力需要进一步的提高与培养。高中的学科之间需要综合应用各科知识,系统性强,能力要求高,只有深刻理解概念、法则的本质,才能把知识真正学懂,学到位。

3. 家长忽视孩子进入新阶段新环境的焦虑情绪

进入高中意味着进入了一个新的陌生的环境,孩子既要接受全新的人际交往的挑战,又要面对学业上的压力,再加上青春期身体发育引起的心理和生理的变化,难免会产生焦虑情绪。到了高中意味着每个学生又回归到同一起跑线,高中阶段在学习方法和能力要求上高于初中,对学生能力的要求如观察力、记忆力、思维能力和想象力等都明显高于初中。有的家长有思维定势,一看到孩子成绩落后,不去好好分析原因,只一味责骂孩子读书不用功。而很多时候孩子很用功,只是学习方法还不适应高中特点,还有其他心理因素的影响导致孩子不适应高中学习和生活。

教师策略

针对高中新生和家长普遍存在的上述问题,小张的班主任决定在期中考试成绩公布后的那个周五及时召开家长会,向家长传播正确的家庭教育思想和观念。小张班主任在家长会上主要和家长沟通了如下内容:

1. 家长要摆正自己的心态,做好孩子升入高中后的心理调适

高中教育不是义务教育,考入高中的学生,尤其是重点高中的学生在初中时大部分都很优秀。这就要求家长面对现实,重新审视孩子所处的环境,在高中给孩子一个准确的定位。家长首先摆正自己的心态,再制定符合孩子实际的预期目标,避免造成期望值过高,否则一旦孩子没有达到目标,失望过大,会导致家长心态失衡,在家教指导上情绪化,影响对孩子的教育引导。

2. 家长要帮助孩子转变学习方式,寻找适合高中的学习方法

想要适应高中阶段的学习,在学业上稳步提升,就要培养孩子主动学习的习惯和自主学习的能力,这对于习惯了被老师看管得很严的孩子来说,是一种挑战。家长应该指导孩子养成良好的学习习惯,掌握科学的学习方法,合理规划时间:做好预习、听课,善于总结归纳,形成知识体系。在学习中变被动学为主动学,变死

记为活用,这样孩子才能举一反三,触类旁通,学习有进步。

3. 家长对孩子既要信任,又要做好监督指导

孩子在高一会有一个相对较长的调整期——结识新朋友、摸索新的学习方法、养成新的学习习惯、进行新的定位。在这一过程中,首先家长要认识到孩子的学习成绩波动是很正常的,甚至有的孩子波动还非常大,这都是正常的表现,这是孩子自己在调整情绪状态,寻找适合自己的方法,家长要相信孩子能够顺利度过这个时期。其次这个阶段尤其需要家长关注孩子的变化,具体分析孩子的变化原因是环境适应不良、人际适应不良、心理适应不良还是学业适应不良,并在合适的时候要适时地给予鼓励和帮助,而不是动不动就批评打击孩子,这样只会让孩子越来越没有信心,甚至会产生逆反心理。

4. 家长要提高自身素质,多与孩子交流,获得孩子的信任

处于初高中衔接阶段的学生,思想还不成熟,但又有强烈的追求个体独立的自我意识。他们在新环境新学业的压力下,会表现出心理承受能力和自我心理调节能力较差,面对成绩的起伏容易产生情绪波动。但他们的感情逐渐隐藏在内心,在外部沟通的情感上却并不明显。家长不要忽视对孩子的精神关爱,也不要强调自己的家长地位,家长在工作之余要读些心理学、教育学等书籍,加强自己的修养,跟上时代的步伐了解孩子的思想,减少与孩子的隔阂与代沟,拉近与孩子的距离,了解孩子的困惑和需要,认识到只有获得孩子的信任才能更好地帮助教育孩子。

◉ 行动反思

家长虽然和孩子朝夕相处,但是因为教育是一种专门职业,需要相应的知识储备和技能技巧。家长虽然从为人父母之初就担负起教育子女的职责,但由于孩子一直在成长、在变化,父母积累的经验不一定能满足家庭教育的需要。因此,需要教师正确指导家长去引导孩子走出困境。

1. 教师要多与家长交流高中学习的特点,分享以往学生的经验和教训

首先家长要了解现在的高中学科特点和学习要求,不要自以为是,开口就是"当初我读高中时……",家长"彼一时"的认知经验并非就是孩子"此一时"的指路明灯。时过境迁,教育日新月异,学习要求肯定也在变化,教师要和家长加强沟通,及时传达教育方针理念和相关精神,让家长知晓高中学科特点和学习思维要

求。面对家长的困境，教师可以把以往的教育案例与之分享，让家长明白孩子在初高中衔接出现问题有普遍性，不需惊慌无措，孩子可以在家校合作引导下顺利摆脱困境。

2. 教师与家长一起帮助学生树立切合实际的学习目标

这几年中考试题相对简单，有些孩子"初一、初二时玩着过，到了初三才收心复习"，以投机取巧的方式来谋求一时的好成绩。到了高中，不少孩子仍然抱着这样的想法来面对高中学习，导致升到高中后因为不踏实学习而无法适应。作为家长，应引导孩子尽快将高一纳入整体高中目标管理体系中，从高一开始就要有具体的目标和计划。"上海市新高考方案"于 2017 年开始实施，该方案更注重学生综合素质的培养和考查，这要求学生根据自己的学习特点和兴趣爱好，结合新高考细则，找到适合自己的学业发展方向，确定适合自身的重点课程，明确学习的方向和目标，扎实前进。

3. 学校和家庭要通过多种方式提高孩子的情绪调控与抗逆能力

情绪调控与"抗逆力"对于那些初尝挫败感的高一新生尤为重要。在成长的过程中挫折是难免的，挫折可以促进人格的成熟，失败是人生最好的老师。有些孩子在初中阶段处于成功和赞扬的包围之中，有点输不起，因此，家长需要引导他们增强心理抗逆力，正确看待挫折和失败，把失败当作一种历练，找到出错的原因，并进行分析，重新树立信心，学会调节和放松身心的方法，从低落的情绪中解脱出来，放下包袱，轻装前进。

智慧分享

重点高中新生学校适应不良主要表现

众所周知，我国高中生是一个非常特殊的群体，高中新生更是从青春早期的懵懂开始向成熟人格过渡，此时外界的各种环境对他们身心的方方面面都易产生重大影响。调查发现，高中生虽然已经进入生理和心智较成熟的阶段，但学校适应水平却相对于小学高年级及初中生为最低。这或许由于高中生特别是重点高中的高中生是经过中考选拔出来的，使得他们的自我期望值较高，而对新环境的心理准备不足，容易产生社会比较中的焦虑。另外，与初中学生相比，高考已被提上议事日程，来自各方面的期望和压力使他们的承受能力相对不足，也容易产生紧张焦虑感。重点高中新生学校适应不良主要表现在以下几方面：

师生关系。师生关系成为高中新生最不适应的方面。可能是因为这一群体在初中时都是尖子学生，很得老师的"宠爱"，而到了重点高中后，很多初中的优等生聚集于此，大多数人不能像初中那样得到老师的重点关照。这使很多人产生了失落感，从而在师生关系上出现了不适应。

学业适应。学生们最不适应的问题是学业问题，在量表结果中学业适应位居第二，可见，学业适应是重点高中学生的主要适应问题。其原因主要有高中课程内容骤然加深，难度增加，高中老师对学生的要求和管理模式与初中有很大差异，这让刚从初中上来的高中新生很不适应。老师忙于赶进度，使一些学生一时适应不过来，赶不上老师的思路。重点高中新生在初中时作为优等生，习惯于在老师的赞扬和关注中学习，而在重点高中，很多人失去了这种关注，从而使很多人感到失落，学习的动机减弱。

自我接纳问题。自我接纳是排序第三位的重点高中学生适应问题。很多高中新生提到了初高中自己在班级里的学习及人际地位的差异、初高中自己在老师心中地位的差异，这种落差引起心理不适应。重点高中学生在初中时大多是尖子生，现在，在一个都是尖子的群体里，原来的很多尖子都成了相对平庸的个体。由原来一个优等生变成一个平庸的中等生，甚至差等生，这和他们较高的自我期望发生了冲突。很多学生由此产生"我不再优秀"、"我不再出色"等想法，甚至还会对自己的能力产生怀疑，从而对现在的自己不能接纳。

同伴关系问题。高中新生提到的第二类不适应问题为人际适应问题，如"没有知心好友"、"没有能说心里话的人"等，或者是希望班集体有更好的氛围，如"班里凝聚力不够"、"班里不够团结"等。重点高中学生的学习竞争激烈，同伴之间竞争气氛浓厚，不易形成知心、亲密的关系。这使逐渐摆脱亲子依恋而重视同伴关系的他们感到难以适应。

生活适应问题。这主要是由物理环境的改变引起的，加上现在的大部分高中生，不管是来自农村还是城市，自理能力都不强，适应环境能力差，对环境不符合自己期望的忍耐力差。

（耿宁. 重点高中新生学校适应状况调查及干预研究［D］. 山西大学硕士学位论文，2008：9—25）

第二节　学习专注力

专注力也称注意力,是指一个人专心于某一事物或者某一个活动时的心理状态。人的注意力受多方面因素的影响,注意力缺陷是许多学困生的共同特点。而家长由于不懂造成注意力缺陷的复杂原因,也对高中课程教学内容之多、理解和记忆负荷之大、高中生学习负担之重缺乏理性认识,所以往往把孩子学习专注力的缺失简单归因于现在社会孩子面临的外在诱惑太多,或者归因于孩子缺乏学习动力。

在家庭教育指导中,教师应该引导家长思考学习专注力缺失背后更深层次的原因,指导家长采取科学合理的措施,与孩子一起克服障碍。

⬢ 问题聚焦

> 很多老师都反映小雅上课容易走神,大大的眼睛盯在某个地方不动,神思恍惚。晚自习能集中注意力做作业的时间非常短暂,总忍不住做一些小动作,如去触碰同桌、说话、摸抽屉里的各种东西、四处张望等。与家长交流时,家长把孩子的问题归结为没有上进心,没有足够的学习动力,所以无法保持专注。
>
> 但是,类似小雅这样的问题并不是个案,班级其他同学也会出现上课专注坚持时间短、晚自习学习效率不高等现象。家长没有找到孩子不专注的真正原因和有针对性的解决方案,而是一味责怪孩子没有上进心。

▨ 教师思考

学生在学习专注力上出现问题,原因是多方面的,有自身学习态度、学习习惯、学习动机等方面的原因,有学习内容太难、太抽象、太枯燥等方面的原因,也有外界自然或社会环境干扰的原因(如学习环境不利于专注,家庭关系有变故等)。

对于小雅,班主任通过家访和与学生本人交流,发现主要是家庭方面的原因:

1. 复杂家庭环境的负面影响

教师通过多次沟通，引导家长发现了家庭原因和孩子专注力缺失的联系，最终指向是家长对孩子的重视程度不够，孩子感受不到关爱。

小学时，父母分手后她被判给了妈妈，妈妈再组合家庭后生了个弟弟。她妈妈是普通工人，拿着微薄的薪水。继父家族财力雄厚，继父在家族企业里工作，虽然也是普通工人，但是家里买房子等重大支出都有家族长辈资助。然而继父的家族资助和她没有多大关系，她很希望能参加艺考，高考可以省力很多。但母亲舍不得支付 2 万多的艺考学费，而读初中的弟弟去美国研学项目，家里却爽快拿出餐旅费用让他参加了。家庭里类似的不公平待遇对她来说处处存在，她也无法向同学好友诉说自己的苦恼。进入高中，她和同学们在物质上的差距越拉越大，这让小雅很自卑，上课总是不由自主走神想这些事情。

2. 家长的管教不得法效果差

小雅妈妈说孩子的手机在大人的房间里，孩子没有机会多接触手机。但其实每逢她夜里去加班，孩子就去家长房间拿了手机玩一晚上。后来，孩子在网络上拥有了不少直播粉丝，但是妈妈什么都不知道。因为家长对孩子缺乏必要的关注，因此很多细节都没有发现。作为走读生，小雅每日回家作业质量不高，妈妈说花费时间总是很长，这其中的原因有可能就是学习的专注力差，身在曹营心在汉。妈妈每次抱怨完后却并没有对此加以重视。

3. 家长对"专注力"缺少必要的认知

很多家长对"专注力"这个概念，并没有像对孩子的身高、体重等对成长重要因素一样有足够的意识和认知。专注力其实是有特点的，在孩子日常的表现中可以捕捉到它。如有的孩子无法把注意进行聚焦，无法对其他事物的影响加以抑制或不理会，这是集中性差的表现；有的孩子看书看不了两页就去做别的了，这是稳定性差的表现；有些孩子对某个科目专注力差，有的孩子分配特质低，还有的孩子转移特质差。小雅的妈妈就对"专注力"缺少必要的认知。

教师策略

作为教师无法改变每个家庭的特殊情况，小雅的案例说明影响学习专注力的原因中有一些是不可抗的和日积月累形成的因素，但是班主任从教育者的立场出

发,与小雅妈妈进行深入交流沟通之后,达成如下约定:

1. 培养孩子的时间管理能力

孩子在家学习的这整段时间里,一开始就和孩子把时间进行分段规划,每次学习开始之前,设置时间限制,如每40分钟休息15分钟,并具体写下作息表,文具店有卖定时器,可以设置一个每40分钟响一次。家长尽量陪在目光可以触及的地方,这样,在约定好的40分钟里,孩子能保持高度的学习专注。家长可以在旁边记录孩子的大致行动,所记录的过程可以帮助孩子反思自己是否真正做到专注,能从有效和无效的事情中汲取经验。

2. 培养孩子合理使用电子产品的意识

在控制电子产品的方法上,老师引导家长向学校的心理老师咨询,指导家长和孩子一起采取如下措施:①进行依赖量表评估,确定孩子玩手机的程度,如轻度、中度、重度、失控等哪个量级,进行时间管理的安排。②对睡前控制实施小步子原则,循序渐进地建立任务清单,如通过协商确定晚上接触电子产品半小时,经过一段时间干预后,协商把接触时间改为15分钟。③研究表明如果有很强的动机去完成其他事情,有利于降低对手机的依赖。如早起学习或晨练的人群会抑制自己夜间的手机使用。

3. 为孩子创设适宜的学习环境和心理空间

老师指导家长认识到空间清净包括桌面的清简和环境的安静。将书桌上和抽屉里与学习内容无关的书籍和物品全部清走。目光和手触及范围内没有干扰物,容易集中注意力。水和水果等全部放在厨房,休息的时候起身去厨房也是一种运动,放在书桌上会成为分心元素。学习环境的化繁为简可帮助孩子把注意力聚焦到目标事物。

同时,老师建议小雅妈妈与女儿就家庭的情况进行深入沟通,请女儿理解自己的立场,并用合适的方式向孩子表达自己的关爱。妈妈和女儿一起约定,共同努力走出困境,规划更好的未来。

◉ 行动反思

专注力的专门训练多见于少年儿童甚至幼儿时期,因为这一阶段是习惯养成的最佳时期。多数高中生在经过幼儿园教育和义务教育十余年的培养后,专注力已经足以满足高中的学习需要。只是如前所述，影响学生专注力的因素很多，仍然有少数高中生的专注力需要训练。对于相应的家庭教育指导，教师应注意如下几点：

1. 专注力训练需要长时间努力

小雅的母亲在家校沟通后采取了一些行动，孩子情况好转了一学期，但是第二学期，家长一松懈，孩子又慢慢回到了以前的样子。我们常讲，"少成若天性，习惯成自然"。但是习惯的养成并不是一朝一夕的事，21 天养成好习惯也只是理想状况。伦敦大学学院的健康心理学家费莉帕·勒理及其同事招募了 96 名参与者，让他们每天重复一项与健康相关的活动，持续 84 天，看有多少人可以形成习惯。有一位参与者只用了 18 天就达到了自动化，有一些参与者到了第 84 天还没有成功。根据统计推断，他们可能需要在第 254 天才能达到自动化。因此，对于部分人来说，专注力的养成就是一个循环往复的修正过程。

2. 专注力训练需要家长和教师共同努力

研究表明，专注力缺失的人 30%～90% 概率还伴有其他心理疾病，如学习障碍、社会行为障碍、焦虑、恐惧等。这些心理疾病需要专业人士介入才能解决，班主任老师应该和家长一起寻求学校心理教师的帮助，共同帮助孩子从根本上治疗心理疾病，扫除影响专注力的障碍。另外，高中阶段专注力缺失除了危害孩子本身外，还给其他同学带来影响，使得教师花费更多的时间和精力来处理相关问题；也给家长带来压力，从而影响家校沟通、影响家校共育。所以，教师要和家长一起努力，尽早发现专注力问题，共同攻克相关问题。

智慧分享

专注力训练

专注力是指向与集中的能力，在智力活动中担任"组织者"和"维持者"的角色，是观察力、记忆力、思维力、想象力的基础。意大利的著名教育家蒙台梭利说："最好的学习方法就是让孩子聚精会神学习的方法。"

专注力低的不良后果

调查发现，大多数学生对自己的专注力也是非常重视，他们都认识到集中注意力有助于提高学习效率。如果长期注意力不集中，会造成学业不良，导致自尊水平和社会认可率下降，甚至最终导致接受高等教育概率下降和心理健康受到损害。但只有58％的学生认为自己在课堂上注意力较集中,超过20％的学生在课堂上经常走神,这主要是由于学生们缺乏对注意力的认识与训练。

那么,学习不专注后果会怎么样呢? 第一,完成学习任务时间长,比别的同学要多花40％—60％的时间。第二,很难胜任难度较大的学习内容,影响学习能力。第三,影响反应速度、敏捷性以及逻辑思维的正常发展。第四,还容易出现烦躁、极端、自我评价低等心理问题。

提高专注力水平的方法

1. 养成良好的睡眠习惯:一些同学由于学习负担重,一到晚上便贪黑熬夜,甚至不能按时睡眠。所以,如果你是"夜猫子"型的,奉劝你早睡早起,养足精神,增强体质,提高白天的学习效率。

2. 学会自我减压:高中学生的学习任务本来就很重,老师、家长的期望,又给大家的心理加上一道砝码。一些同学自己对成绩、考试等看得很重,无异是自己给自己加压,必然变得疲惫、紧张和烦躁,心理上难得片刻宁静。因此,我们要学会自我减压,一分耕耘,一分收获,只要我们平日努力了,付出了,必然会有好的回报,又何必让忧虑占据心头,去自寻烦恼呢?

3. 做些放松训练:舒适地坐在椅子上或躺在床上,然后向身体的各部位传递休息的信息,伴随着轻音乐效果更好。先从左右脚开始,使脚部肌肉绷紧,然后松弛,同时暗示它们休息;随后命令脚脖子、小腿、大腿,一直到躯干部休息;之后,再从脚到躯干;然后从左右手放松到躯干。这时,再从躯干开始到颈部、头部、脸部全部放松。这种放松训练的技术,需要反复练习才能较好地掌握。而一旦你掌握了这种技术,则会使你在短短的几分钟内,达到轻松、平静的状态。

除了以上大家平时可以注意的训练方法之外,老师认为最重要的就是同学们应节制有度地使用手机! 不要在学习的同时干其他事或想其他事,特别是要在学习的过程中远离网络、手机和电脑等。

(武瑞馨.学习力之专注力训练[J].大众心理学,2018(7):25,30)

第三节　家　庭　作　业

大部分学生到了高中就要寄宿,周一到周四的家庭作业完全要自己完成,家长无法监督，于是，部分家长就会认为孩子的家庭作业完成与否、完成质量如何都不需要再操心了。即使少部分不住宿的孩子，大部分人在晚自习完成家庭作业，家长基本无法判断其作业完成情况。

其实，良好的陪伴和监督孩子的作业完成情况仍然是保持孩子有效学习的一个关键因素。教师在家庭教育指导中不仅要帮助家长理解其重要性，更要指导家长有效监督和引导孩子完成好作业的具体方法。

问题聚焦

> 力力是个走读生，他每天晚自习回家从来不背书包。回家后总嚷嚷着要看一小时手机，以慰劳辛苦一天的自己。小施也是走读生，他每天回家都是背着书包的，书包里有各门功课的书，但是成绩总在年级下游。薇薇是住宿生，身边是带着手机的，每次双休日回家，手机也总不离手，说要查作业，但成绩却不见好转。三位同学在家庭作业方面的表现是部分高中生回家后的真实写照，即晚自习回家不再碰书，回家带一部分未完成的作业边抄边做，手机不离手，边做作业边玩。
>
> 到了高中，家长们感到一下子失去了对孩子的控制。对于作业，一方面是随着知识难度增加，家长没能力做到像义务教育阶段那样得心应手；另一方面是孩子作业基本都在晚自习完成，家长不知道是否还需要检查作业。提高孩子成绩，家庭作业也是很重要的切入口，家长该怎么办呢？

教师思考

造成上述问题的原因是多方面的，主要有：

1. 高中阶段学业难度增加，导致家长不知道如何介入

如本章第一节所述，高中阶段，每门学科的知识量增加，抽象性提高，理论性增强，综合性知识点增多，这一切都给高中生的学习带来全新挑战，家长也同样感受到学业难度的变化，对家庭作业尤其是对孩子百思不得其解的题目的指导逐渐

力不从心,于是不少家长选择退出家庭教育指导。然而,当前的学校教育毕竟还是大班教育,一个班四十多个孩子,即使教师每天能单独交流,一周内也许都无法覆盖到全班,孩子们的学习大多数情况下处于自我生长的状况,如果学习中的重点、难点不能及时掌握,就会出现问题越积越多的现象。

2. 学生不良的学习习惯无形中加大家庭作业监督需求

上述提到的三个孩子,作业上的问题都是日积月累出来的,是长期学习习惯不良导致的结果,并不是进入高中突然出现的情况。力力显然因为玩心较重,在校时努力也不够;小施经常晚自习看小说报纸等,同学们作业做好后,他把剩下没做完的科目拿回家抄;薇薇平时做作业时喜欢对答案,不会的题目她马上根据答案抄下步骤,没有太多自己思考的时间。不良的学习习惯表现在家庭作业中,就是无所谓的态度,边玩边写,甚至遇到难题直接退缩,边做边抄。

3. 家长对高中作业的认识误区导致其进退两难

一些家长和孩子沉浸在"初三太辛苦了,高一先缓缓"的想法中,根本没有预料到高一的学习内容会比初中难度增加很多、数量增加很多。还有许多家长认为,孩子到了青春期,只是家长着急孩子自己不努力,不仅对学习没用,还影响亲子关系。因此,这部分家长对孩子每天晚自习回来和双休日的作业情况只停留在口头的询问,没有落实到细节。还有一些家长看到孩子成绩不理想,到处去补课,却没有想到每天对孩子作业情况的关注和对孩子学习方法的改善才是提高学习效果的关键,每天的作业才是针对孩子个体最强的矫正利器。

教师策略

针对学生在家庭作业方面表现出来的问题,班主任组织该班级相关任课老师进行了一次情况汇总,在掌握基本情况后,向家长提出相关建议,并组织了专题讨论。

1. 建议家长重视对作业的系统检查,主要是培养学习习惯

如果孩子是走读的,让孩子每天把考试科目的作业拿回来,家长看看孩子完成的情况,字迹是端正还是潦草,从而判断他当天的学习态度和知识掌握情况。借鉴同学的部分,要求他用不同颜色的笔写答案。不会做的,要求他抄在笔记本上第二天赶紧单独问老师。因为老师每天赶新课,作业讲评有时候会延后一天甚

至更久，到时候孩子会有遗忘。为了防止不懂的题目越积越多，每天去问可以做到日日清，也增加了师生的单独交流的机会。

无论是走读学生还是寄宿学生，养成周五回家就和平时晚自习一样把所有或者大部分作业完成的习惯。家长也可以观察孩子完成作业的品质，可以观察出作业对他来说是轻松还是困难。以此可以类推他这一周来的学习情况。完成作业后，家长可以选择学生最薄弱的一门课入手，监督其对着答案批改作业。周六周日节省下的时间，可以总结反思一周的学习情况，独立订正错题，不懂的马上弄懂，或做出标记，下周问老师或同学扫除难点，复习重点，做到周周清；也可以陪孩子一起看网络预习课程，给下周的学习助力。

2. 对孩子作业完成情况进行规定

高中生的作业很多，每天八、九节课，几乎每门都有作业。一些贪玩的孩子如果不能抓紧白天课间时间和晚自习时间，完成作业的时间就会拖到很晚。因此，家长应该客观看待作业量与孩子完成作业时间、孩子学习能力和学习习惯之间的关系，与孩子一起，对周五、双休日的家庭作业完成时间和质量进行规定，帮助孩子形成良好习惯，提高学习能力。

教师提醒家长，在家庭作业方面，贯穿高中三年始终的一个特点是，如果不抓紧时间完成作业，仅靠晚自习或回家时间，基本无法及时完成全部作业。同样，双休日作业如果拖到周六下午再开始做，由于遗忘了很多知识点，做作业效率也会大打折扣。

3. 组织家长开展家庭作业指导的主题讨论，相互借鉴

教师可以开展关于"家长开展家庭作业指导"的主题讨论，推广家长的正确做法。如有个家长，由于孩子寄宿，平时作业她无法顾到，双休日和假期作业她都事先向老师要答案，及时给孩子批改订正。没有答案的科目，她联系成绩比较好的同学，进行批改。如还有家长用扫描软件 APP，对孩子作业进行拍照剪辑并锐化处理，然后将错题整理并打印，让孩子有空的时候再做一遍，错的题目让孩子拿去单独问老师，问好后要有订正的痕迹。及时订正错题，提高了学习效果，学习积极性也提高了，而且这种做法节约了很多整理题目的时间，这对高中生来说尤其重要。

🔘 **行动反思**

高中的家庭作业,不可能要求所有家长都从学习内容方面给予孩子指导,家长更多地应该关注学习习惯和学习态度。作为教师,可以对家长做如下引导:

1. 多过问

指导家长多问孩子。高中孩子,从早自习开始到晚自习结束,学习的任务艰巨、耗时太长,因此,有些学生在晚自习的时候,会放松自我,不善于利用时间,导致来不及思考的题目就连写带抄。教师要指导家长每天和孩子进行语言交流,关心孩子每天的学业情况,只要家长坚持经常过问,学生就会慢慢地重视自己的家庭作业,同时家长也可以及时地了解学生当天所学的知识内容,以便"心中有数",使学生逐渐养成每天按时完成功课的好习惯。看似平常的问,也可以让学生感受到家长不管怎么忙也非常在意自己的学习,重视自己,从而使学生对于自己的学习也能重视起来。

2. 多引导

很多时候学生做作业遇到困难时,不是很好地去思考问题,而是急切地去借鉴同学的答案边抄边理解还是比较好的,但有时候在不理解的情况下直接抄完却不进行深入思考。家长应该时常提醒学生,在完成作业后,好好思考一下感觉略难的题目,有时候花了很多时间思考出来的问题,会记忆深刻,这类题目也会因此牢固掌握。家长还要引导孩子多主动请教老师,通过和老师接触,听老师讲解,充分感受老师对教学、对学生的认真付出,进一步激发学习动力。

🌀 **智慧分享**

高中生作业策略

作业完成质量受多种策略共同影响。根据不同策略在完成作业过程中发挥的作用,可以分为:

（1）作业计划策略,是指对完成作业有关的行为进行总体统筹安排,包括安排作业顺序、调节进度、检验对错等,以便做作业有条不紊,快捷高效。

（2）作业思维策略,是指对作业意图和作业要求的认知操作,包括搜索、整合与运用相关事实与知识，以便做作业思路清晰，思域开阔。

（3）作业情绪策略，是指在完成家庭作业时对自身情绪的管理，包括察觉、调节、监控与维持良好的情绪状态，以便做作业情绪稳定，心态积极。

（4）作业反省策略，是指对作业相关的行为进行回顾与归纳，包括分析做题方式、思路和错题原因，以便优化做作业方式、提高作业效率。

（5）作业态度策略，是指对待作业的态度与动机水平，包括在对待与作业相关的事情时，表现出主动、积极与坚韧的态度，以便保持良好的状态，提高作业效率。

（6）作业认知策略，是指对作业能力的自我觉知，包括对作业完成速度的认识、对合理安排作业时间与拓宽解题思路方法的认识，以便提升对作业能力的认识，提高作业效率。

（7）作业抗干扰策略，是指对作业干扰因素的忍耐与排除，包括消除外界与内在干扰物对作业的影响，以便专心于作业本身，提高作业效率。

调查显示，高中生作业策略总体水平处于中等水平。其中作业抗干扰策略水平最高，作业思维策略与作业认知策略位居二三；其余四项由高到低依次是作业反省策略、作业态度策略、作业计划策略与作业情绪策略。

作业反省策略与作业态度策略得分相对较低，很大程度上是因为如今的家庭作业"量太多"、"难度过大"、"没什么趣味性"，学生需要耗费大量的时间完成作业，便很难有更多时间来进行反思。部分学生认为做作业并非是为了掌握知识，"我有时都怀疑是不是因为上级要检查作业，所以才布置那么多给我们"。这两方面相辅相成，由于动机较低，完成作业后便不会倾向于反思，由于不善于反思，对于作业后的收获以及作业的意义等方面认识不深入，进而影响作业态度与动机。

排在最后的是作业计划策略与作业情绪策略，这可能是因为对于完成作业的时间与内容，学生更多依赖外界，如老师布置或家长监督，没有积极主动地为了达到一定学习目标而制定相应的作业练习目标。当学生将作业视为一种负担，从而产生消极情绪与行动上的动力不足时，对于完成作业外的一切诸如有计划性地完成作业与制定作业目标等行为当然在大部分学生中不会出现。

调查结果在一定程度上说明，老师和家长需要引导学生认清作业的目的和意义，学生才有可能端正作业态度和动机，并积极地看待作业，保持良好的心情。

（罗山.高中生作业策略现状与辅导的系列研究[D].上海师范大学硕士学位

论文,2014：20—26)

第四节　学业焦虑

　　学业焦虑(study anxiety)是在学习成绩几乎成为衡量学生成功或失败的唯一标准的情况下所形成的一种负面情绪。学业焦虑困扰着许多学生,进入高中以后,学习负担加重,科目增加,学习的难度加大,新知识的输入速度加快,跟不上老师上课的节奏等,都是高中生学业焦虑的原因。对于教师来说,不仅要熟知这些引起学生学业焦虑的普遍原因,并在日常教育教学中给予疏导;还需要透彻了解个别学生学业焦虑的具体原因,及时与家长沟通,指导家长在家庭教育中科学对待,帮助学生缓解焦虑。

⬤ 问题聚焦

　　小李是个性格温顺、比较内向的女生,在高一刚开始的时候,学习成绩还可以,特别是英语成绩比较突出,但期中考试之后,以往英语默写毫无悬念的满分竟然有了重默;多次数学周练出现不及格。虽然她还是一如既往地做作业,认真地记笔记,但是到了要测试的时候,哪怕只是一次小小的英语默写,她都会如临大敌,手忙脚乱。这种现象持续一段时间后,小李越来越沉默了,成绩也一路下滑。

　　小李的妈妈很焦虑,多次联系老师,说孩子有时候做不出题目就哭,经常发呆,不愿意和爸爸妈妈说话,睡觉也睡不好。尤其是期中考试后,每次谈到学习就跟爸爸妈妈发火,以前家长总是会说些好好读书之类的话,现在都不敢说了,家长小心翼翼地陪着笑脸,对期中考试的成绩一点都不敢谈起,生怕小李情绪更加波动。小李的妈妈希望得到班主任的帮助。

教师思考

小李的现象在高中生里是普遍存在的。学业焦虑是一种一般性的不安、担忧和紧张感，其原因是害怕学习失败，担心不能完成学习任务，担心成绩不好，伤及自尊。教师首先要全面了解孩子的个体情况，以及家庭状况，才能指导家长对症下药。

1. 家长和孩子没有正确看待学习成绩

有些家长自己没有受过高等教育，对孩子的期望值过高，总想把自己没有实现的理想在自己的孩子身上实现，盲目树立不切实际的目标，全然不顾孩子自身的能力和水平。孩子面对所设置的学习目标，对能否达到目标没有把握，进而视目标为一种威胁而产生害怕的心理。这样容易导致孩子在考试时焦虑，明明能够考出比较好的分数，但是在考试的时候会脑子一片空白，手心冒汗，甚至出现眼睛无法聚焦等严重状况。

2. 家长和孩子没有正确对待学业焦虑

到了高中阶段，孩子面对远比初中学习任务困难得多的学业，会产生紧张不安的情绪。而家长们仍然以初中的眼光看待孩子的学习状况和成绩，孩子的学业焦虑得不到家长们的理解和支持。长此以往，正常的焦虑有可能进一步发展为畏惧心理，特别是女生，她们对学业焦虑的情况和程度明显多于男生。

3. 家长和孩子没有明确高中学业和职业导向

多数家长和孩子把考试分数看得太重，认为只要考上大学（最好是名牌大学），今后的人生道路才会一片光明。很多家长没有全面衡量孩子的综合能力和优劣势，不考虑孩子的兴趣爱好，买来大量参考书，报名各类补习班，也会给孩子造成更大的学习压力。孩子面对不理想的学习结果，会对自己过分指责，从而产生失败感、内疚感以至负罪感。

教师策略

针对案例中出现的问题，教师可以指导家长进入孩子的心灵，和孩子一起面对高中学业压力，给予孩子全方位的理解和支持。具体方法如下：

1. 引导家长多花时间和孩子沟通交流,了解他们的内心世界

小李是个性格较内向的孩子,家长更应该循循善诱地帮助孩子树立信心。在繁忙的工作之余,应该多和孩子谈谈学校里学习以外的事情,问问学校里的老师们是怎么教课的,有什么趣闻可以讲讲;同学之间交往如何,有没有交到新的朋友;还可以了解学校里举行什么样的活动,孩子积极参加了哪些活动。这些交流都有利于调节孩子学习的情绪,有助于舒缓学业压力。

2. 让家长全面了解孩子兴趣,培养更多的爱好

小李的家长平时过多关心孩子的考试成绩,而忽略了她的兴趣培养和发展。班主任老师了解到,孩子在小学的时候学习过绘画,本来画得挺好的,孩子也挺有兴趣的,高中以后,孩子因为要补习学校里考试科目,就放弃了继续学习画画。小李个人是很喜欢的,本来她就是个安静文雅的女生,绘画很适合她的个性成长。家长应该考虑孩子的实际情况,站在孩子的角度来看问题,让孩子重拾画笔,会对缓解学习焦虑,促进心理健康发展有积极作用的。

3. 家长与孩子一起分析现在,规划未来

高中阶段除了繁忙的学业之外,还有许多和未来息息相关的事情。家长应投入时间和精力,科学地指导现在的学习生活和未来工作的关系。小李是一个较内向的孩子,在学业焦虑症的折磨下已经身心疲惫,家长应及时对孩子明确表达心意:孩子的健康成长比任何高分都重要;学习成绩好并非就是出人头地,成为一个自己想成为的人,健康快乐的生活才是家长们所追求的目标。家长和小李一起规划未来,从她的天资,兴趣爱好,学习基础及社会需要等实际出发,树立切实可行的目标,达到减负增效两丰收的效果。小李首次向父母表达想要参加美术培训,今后想做一个美术老师的愿望。家长也欣然支持孩子的选择,小李也信心满满地投入到崭新的学习生活中。

行动反思

高中阶段是学业焦虑的顶峰时期,教师要多方面指导,合理科学地减轻孩子的焦虑,让孩子健康并有收获地完成高中学业后顺利走向社会生活。

1. 引导家长重视家庭氛围对孩子的影响

教师在工作过程中,应该重视孩子家庭状况分析。家庭是以血缘关系为纽带

联系起来的心理共同体，每个家庭都笼罩着一定的心理氛围。在民主和谐的文明家庭中成长起来的孩子，表现出情绪稳定、性格开朗、团结友爱，有自信心等特征。文明的家庭能给孩子以安全感，孩子置身其中感到快乐，和睦家庭满足了孩子的归属感，感到被爱和被尊重。尽管高中学业压力、升学压力都很多，有了家庭强有力的支持，适当的学业焦虑不仅能促进学业进步，提高思维能力，还能增加学习积极性和主动性，提高学生的注意力和反应速度，提高学习效率。

2. 学校通过多种途径缓解学业焦虑

学业焦虑是缺乏自信、期望过高、压力过大等身心因素导致的心理状态。如果教师对孩子的实力有客观的了解和评价，就不会给孩子施加不当的压力，不极端地对孩子期望过高，那么孩子就会减少焦虑。教师应该投入时间和精力给予科学的指导，要多与孩子交流，了解他们的心理。注意引导孩子多观察、多思考、多想象、多实践。引导孩子博学多艺，找到最合理的发展方向，可以避免孩子由于达不到盲目设定的目标而焦虑或自暴自弃。教师还可以请一些成功指导规划的专家或往届毕业生来校，为学生们开展职业讲座，激发学生学习知识、培养兴趣的主动性，为将来的工作生活打下坚实的基础。

智慧分享

高中生学业焦虑现状与疏解方法

我国的高中生处在一种特定的文化背景和氛围之中，所出现的焦虑现象主要与学业和同学之间的人际交往活动有关。学业焦虑是高中生现阶段主要的不良情绪之一。由此导致的高中生心理问题和严重的心理障碍的现象应该引起教育工作者的重视。如根据调查统计所检出的，有各式各样心理问题的高中生达22.9%。

高中生的学业焦虑来自于内外两个方面的状态焦虑与特质焦虑。内源性的焦虑与学生自身因素有关，如神经系统、认知水平、人格特质、易感性、主观效能感、自我、自尊等。外源性的焦虑与学生周围的社会环境有关，如经济发展水平、文化教育水平、家庭、学校、社会环境和文化习俗等，以及学生对这种环境的反应和调节能力等。

降低高中生学业焦虑是亟须解决的现实问题，学生、家庭、学校可以共同采取措施将学业焦虑置于适当范围之内。

1. 培养健康的人格特质

外向性高的学生体验到较少的学业焦虑。低外向性的学生可以通过积极拓展自己的人际关系,多参与集体活动,多同朋友倾诉学业所面临的困境,接纳正确的建议等方式,排遣学业焦虑。

2. 正确看待学业评价

从学生个人的角度看,正确对待来自各方对学业的评价,是减轻学业焦虑的可行途径。家长对学生的评价往往是带着一种"望子成龙"的心态,实质是长辈对学生前途的关心,而不能把它当作家长的苛责。学校成绩的排名初衷也是鼓励学生努力提升自己的成绩,给学生一个可参考的目标。如果能认识到这一点,有利于减轻学业焦虑。高中阶段会面临许许多多的学业困难,积极去面对学业困难,迎难而上。通过学生间互助学习,与老师积极沟通等方式,解决学业上的问题,正确看待高考的意义。

3. 家庭教育关注心理健康

家长的言行对学生会产生重要的影响。因此,在对孩子学业评价时,需注意使用恰当的方式,应该鼓励多于批评。家长不仅要关心孩子的学业情况,而且要关心孩子的心理健康。把孩子当成朋友,在孩子学业出现困难时给予支持。尽力营造和谐的家庭环境,帮助孩子健康成长。

4. 学校教育关注心理健康

学校公布学生成绩排名是造成学业焦虑产生的一个重要因素,所以学校应探索用其他方式代替成绩排名来激励学生学习。同时,多开展学生活动,师生积极参与,丰富高中生学习生活。开设心理健康课程,定期为需要帮助的学生提供心理辅导。

总之,一个有力的社会支持系统,能有效减少高中生的学业焦虑和心理压力。无论是来自朋友们的支持、家庭的支持,还是来自其他方面的支持,都有力地增强了高中生战胜困难的信心和能力。

(刘健. 高中生学业焦虑与心理健康的探讨——四所不同地区中学的调查分析[D]. 华东师范大学硕士学位论文,2008:57;谢明强. 高中生人格特质、结构需求与学业焦虑关系研究[D]. 福建师范大学硕士学位论文,2017:49—50)

第五节　人生观教育

　　家庭是人生的第一所学校，也是永不毕业的学校。家庭对下一代形成人生观具有决定作用。家长每时每刻都以自己渗透在日常的言谈举止中的人生观影响着子女。尽管有些家长的言谈和行动有时是无意的，但都会对子女的人生观留下或深或浅的痕迹。

　　高中是孩子树立正确人生观的关键时期，教师可以利用多种场合，运用多种途径给家长有针对性的指导，让家长在孩子人生观形成中承担主体责任，切实增强家庭教育的有效性。

问题聚焦

　　小逸是班长，一开始在班主任眼中他成绩优秀，要强，工作认真有成效。但是通过一段时间的观察，班主任发现了他的一些问题：班级工作中，他会用钱去拉拢一些同学，借别人抄作业，凡是不听他话的同学就会受到排挤和欺负。班主任找其谈心，得知小逸的父母是做生意的，父亲常常告诉他要努力拼搏，男人必须出人头地，必须成功。父母平时很忙，无暇照顾他，他每次遇到问题求助父亲时，父亲总是简单地回答说："自己想办法！只要能解决问题，方法不重要。"所以，小逸渐渐学会了用简单方式处理问题，甚至是用生意场上的方法处理班级事务，而不管这种方式是否符合学校规范。

教师思考

　　人生观既是个体进行自主选择的结果，是个人意志的体现，同时也受到外界环境的影响。人生观萌芽于青年初期的十五、六岁阶段，在青年初期的后半期即高中阶段得到快速发展。而不当的家庭教育会影响孩子正确的多元人生观的形成。

　　1. 家长自身价值观偏差影响到孩子价值观的养成

　　由于现实社会关系中的地位不同，经济利益和政治立场不同，生活经历、人生境遇、认识水平不同,家长对人生的看法也不同,其人生观领域呈现出多元多样的状态。家庭教育与中学生人生观形成之间存在的密切关系,家长价值观的偏差会对中学生人生观的培养造成不利的影响。有些家长受到拜金主义、功利主义的影响,认为财富是衡量成功标准的首要标准,误导了孩子对个人理想与社会理想、个人价值和社会价值关系的认识。案例中的小逸父母就是一个典型的以财富为衡量成功标准的父母,造成了小逸的人生观产生偏差。

2. 家长忽视孩子的价值观教育,片面强调学业成绩

有些家长对家庭教育认识程度不够,影响青少年接受良好的人生观教育。主要表现在:有些父母对孩子抱有"树大自然直"的想法,忙于工作,无暇顾及孩子的身心健康;有些父母则认为"棍棒底下出孝子",未真正认识到孩子到底需要什么,把自己的意愿强加给孩子;有些父母重物质轻精神,一味地给予子女物质满足,忽视孩子的心灵健康;有些父母对孩子娇宠放任、百依百顺,忽视对孩子的素质教育和德育的培养,从而造成孩子自私、任性、霸道、无责任心等一系列性格缺陷,甚至使其走上犯罪道路;有些家长在应试教育的大环境下,盲目追求学习成绩而忽略了对孩子的人生观教育。

3. 家长对孩子价值观的发展缺乏有效的引导策略

有些家长轻视与孩子的沟通,认为让孩子吃饱穿暖是家长的全部责任,其他则应该交给学校,从而忽视孩子人生观形成关键阶段的各种情感需求。而有些家长缺乏谈话技巧,如家长的语言幽默性、语言表达的技巧性、话题切入的新颖度等。家长与孩子谈话常常以安排命令的口吻,阻断了与孩子之间良好交流的通道。

教师策略

对于小逸所表现出的问题,老师坚持与家长沟通,并达成一致,采取如下的解决方法:

1. 加强学习,修正自身人生观,提高人生观教育策略

家庭人生观教育成功源于父母自己正确的人生观和道德规范。因此,小逸父母自身应不断加强自身修养。主要可以从以下方面入手:一是提高文化素养。多读书,丰富自己的内心世界,开拓自己的教育思路。二是注意品德修养,不断提高自身素质,对自己的行为加以自律,树立科学多元的人生观。三是多学习一些科

学的教育方法和策略。一直以来，小逸父母与他的关系实际是不平等的，父母处在权威的、主导的地位，可以凭自己的意愿和情绪对待小逸，如指责、指挥、命令、随意批评等。家长应该在此方面加强学习，改善方法，讲究策略。

2. 积极参与班内家长教育共同体

在班主任的牵头下，班内家长根据自身的教育背景和孩子平时表现出来的价值观养成问题，组成家庭人生观教育核心小组，然后建群。在群内定期把孩子人生观教育的某一个点作为切入口，每一次有一个家长作为主讲人，结合自己的家庭教育事例，谈成功之处或困惑所在，然后其他家长可以提问回答。小逸家长虽然在这方面的教育能力上有很大的欠缺，但是作为特殊安排，也要就某一个困惑他们人生观教育问题去学习并担任一期主讲。其次，对于近期在人生观教育方面需要帮助的家长，可以随时在群内抛出问题，教师家长一同参与讨论交流，群策群力。而小逸父母要在群中保持活跃的状态，积极坦率地抛出这方面的困惑，寻求帮助，并反馈教育成效和及时修正教育方法。

3. 重视多种人生观教育阵地，多维开展人生观教育

（1）营造宽松的家庭氛围，完善孩子多元科学人生观养成的第一站

首先，家长要了解并正确认识高中阶段孩子的身心发展特点，特别是了解孩子青春期的生理、心理发展特点，尊重他们的成长和发展，积极营造一个宽松温馨的家庭环境。在这样的环境建设过程中，特别要加强孩子们成长过程中的软环境建设。家庭成员之间无论辈分、年龄，互相之间平等尊重，保证沟通渠道畅通。沟通内容少智育，多德育，多关注正确人生观养成教育。在认真对待孩子的困惑时，不要以简单、轻视的态度去回应孩子的困惑。对孩子身边或社会上的不良现象多加以探讨，帮助其形成正确的认识。

（2）关注外在的行为举止，把人生观教育融入到社会生活的方方面面

人生观教育除了言教之外，更有许多无声的教育渗透在父母本身的行为处事、态度情感表现上。因此，父母要以身作则，发挥榜样示范作用。父母要求孩子做到的，自己要先做到。用自身正确向上的人生观，乐观、自信、积极健康地向孩子传递正能量。像小逸家长忙于工作，本身与孩子在一起的时间较少，仅有的相处时间也只是三言两语问问学习，而对于孩子遇到的人生困惑采用轻视、漠视的态度。因此，家长首先要让自己慢下来，腾出时间和孩子多相处，关注自己社会生活中的表现，规范自己的行为、语言，让孩子看在眼里、记在心里、表现在人生

观里。

4. 拓展教育思维，关注人生观教育策略的创新性和时效性

教育方式的灵活贴切在很大程度上影响教育成效。家长除了传统的身教言教，还可以结合时代特征和高中生的身心特征，多渠道、多媒介地开展人生观教育。如拍摄短视频"我的孩子，我想对你说"来表达自己对于人生观某些方面的态度和认识，以及对孩子的要求和希望。如通过积极参与"家风、家训、家规的传承"的校园或社区活动，来帮助孩子树立正确的人生观。又如参与"榜样父母，优秀孩子"等校园评比活动来提高家长和孩子之间人生观的契合度，有利于之后的教育沟通。

5. 结对班主任或任课教师，共同努力，促成人生观教育效果最大化

家长应该积极共建家校人生观教育生态圈模式。人生观教育如果出现家校不统一，不能互为补充，对于家长的教育来讲往往事倍功半。家庭教育具有具体、生动、现实性强的特征，但是学校在人生观教育方面有着比较系统、规范、理论性强的功能。此外与孩子亲和的教师更可以充当家长和孩子之间的润滑剂，有利于家长更好地开展教育。针对小逸的实际情况，其父母要和班主任之外的另一个任课教师建立结对关系，而在任课教师的选择上要多听取班主任建议和孩子的心声，选择一位孩子喜欢的教师，正所谓"亲其师，信其道"，才能听其言。

◉ 行动反思

当前浮躁功利的社会风气影响到了家长的期望值，家长希望子女在各个时期都能够在同龄人中保持某种优势，如良好的成绩、高额的工作收入、风光的工作职位等等，同时却忽视孩子正确人生观的培养，这些都对孩子的成长起到了逆向的作用。教师在家校联系中应在这些方面给予家长帮助和指导：

1. 协助家长发现在人生观教育上的局限和误区

家长在人生观教育上由于自身能力的局限或主观上的不重视，造成很多误区和局限。教师在与家长的实际互动中，首先要对家长就人生观教育的实际情况进行分类。

（1）由于受客观教育程度或其他因素的影响，家长在自身的言行上不利于孩子正确人生观的养成。教师应多与这些家长沟通，让他们明白：家长在日常生活

中表现出的做人善良，有同情心，为人正直，不嫌贫爱富，孩子都看在眼里，记在心里。比如，你和小孩一块去坐公交车，上来一老人，你主动给老人让座，小孩自然就会潜移默化，凡事礼让老人。家长在工作上拼搏，敬业，迎难而上，孩子自然会养成不怕困难，不轻易放弃的好品质。家长行为远比说教效果好得多。

（2）对于主观上重视孩子人生观教育，但是客观上缺乏教育策略和知识的家长，班主任可自己或请相关专家开设系列讲座，如"亲子沟通的八大法则"、"母亲课堂"、"家庭教育大讲堂"、"传承好家风的好妈好爸"，对家长进行教育和引导。

（3）对于主观上轻人生观教育只追求文化成绩的家长，通过邀请部分专家，结合相关案例来教育家长，如主题为"父亲对孩子人生观教育的意义"；也可通过邀请家长参与人生观教育相关课题，通过同伴比较、案例研究等方式反思自己在孩子人生观教育上的怠惰和忽视，了解其给孩子成长所带来的危害。

2. 建立导师制，协助家长顺利开展人生观教育

家长和任课教师结对开展人生观教育是一个有效的尝试，但是由于家长与任课教师的互动不如与班主任密切，且任课老师任教几个班级，靠家长个人的主观意愿会有一定难度。此时，班主任应就家长和孩子的呼声，在其中架起一座桥梁，为家长和学生找到一位合适的任课老师：既是孩子主观上亲近、喜欢和信任的老师，又是老师自身主观上愿意付出的一位来担任孩子的导师，和家长共同努力，倾听孩子成长中的心声、困惑和呐喊，帮助他们在青少年关键期走出迷茫，树立科学人生观。

🌀 智慧分享

创新人生观教育路径

人生观是人对人生的目的和意义等问题的根本看法，要回答人为什么而活着，人生有什么意义，人应当怎样度过自己的一生，应当成为一个什么样的人等问题，生死观、价值观、幸福观等都是其体现。人生观教育应该根据时代发展有所创新。

1. 结合学科特征，挖掘教材中的资源，适时开展人生观教育

思想政治课是中学对学生进行人生观教育的主要课程。教师可以充分利用思想政治课教材的优势，使学生初步掌握运用辩证唯物主义和历史唯物主义观点

分析问题、认识问题、解决问题的能力。语文、历史等各科教师也要根据教材特点,在向学生传授科学文化知识的同时,对广大学生进行中华民族文明史及传统美德、中国共产党领导下人民浴血奋战的斗争史、各族人民为祖国繁荣富强无私奉献的奋斗史教育。通过这些,使广大学生把实现人生价值的强烈愿望,转换成为祖国繁荣富强而学习的动力。同时,要通过正反两方面的教育,使广大学生搞清"金钱与人生价值"、"个人愿望与社会需求"、"为社会奉献与个人成才"等之间的辩证关系,帮助他们逐渐树立正确的人生观和价值观。又如英语学科教师,通过教材中渗透的中西方的人生观比较,发现交集,了解和认识全世界人民共同持有的科学人生观。

2. 充分发挥学校教育阵地,挖掘人生观教育资源

充分发挥学校教育阵地牢固,教育时效强的特点,积极组织多种有意义的活动,对学生进行"人生观"教育。学校团委、学生会要紧密结合实际,积极组织丰富多彩的社会实践活动,如"青年志愿者活动"、"为社会奉献爱心"等活动。班主任老师还可以根据学生实际,及时抓住社会上发生的问题,利用课余时间召开演讲会、主题班、团会,开展黑板报、小报辩论,带学生走入社会"看一看"等活动。通过各项活动的开展,对学生思想上存在的模糊认识进行分析,促进学生提高分辨是非的能力。同时,班主任还要针对当前高中生中"独子"多,对社会家庭缺乏责任感,一切以我为中心,不珍惜劳动成果等现状,以具体可行的措施开展珍惜劳动、艰苦创业等方面的教育,从而使其明确自己的人生价值,促使他们实现社会奉献与自我价值观念的统一。

3. 拓展教育空间,变化教育形式,多维度、多形式地开展人生观教育

在开展人生观教育上,教师可采用传统和现代相结合的方式。首先,开展学英模,学战斗英雄、科技英雄、社会英雄等社会各界为国家作出巨大奉献的人,也可通过"我身边的英雄"让学生发现身边默默无闻为社会作贡献的普通人。学校可以请英雄人物、劳动模范、科学家等到学校做报告,让学生对照英模人物无私奉献的业绩、高尚的情操,找出自己的不足,促进学生自我实现与社会奉献思想的统一。学校还可以组织学生到广大的农村、工厂、建设工地实地参观,做社会调查,让学生切身感受各行各业劳动者的奉献与敬业精神,促使学生确立正确的价值取向和人生观,树立为祖国建设而勤奋学习的信心。其次,根据高中生的身心发展特征和时代发展的特殊阶段,学校或班主任可以采用不同的教育媒介和方式,开

展人生观教育。如收看中央电视台的多套节目，如传唱充满爱国主义精神的歌曲，如开展针对特定主题的学生辩论会等。

（徐怡敏. 导师在左，合作在右——中学导师合作制[M]. 上海：华东师范大学出版社，2017：110－113）

第九章 ‖ 家庭教育中的生活指导

　　高中阶段是个体向成人发展的关键时期,既是各种积极品质发展的重要时期,也是行为问题高发期。虽然这一阶段的孩子多寄宿在学校,家长不能像义务教育阶段那样每日照顾生活起居、关注生活细节,但是寄宿不是放手不管,家长和教师应该主动交流、沟通,及时发现问题,合力开展教育。

　　寄宿的生活是相对独立自主的,高中生经常出现时间管理不理想、盲从社会舆论、沉迷网络世界、亲子间关系疏离等问题,让生活变得无序并影响到学生。教师在开展家庭教育指导时,需要引导家长重点关注这些内容。

第一节　时　间　管　理

　　时间管理的目的在于提高效率。时间管理的关键是对事件的控制,即能够在一定时间范围内把每一件事情都控制好。常常听家长向教师抱怨,说孩子都上了高中还是没有时间观念,回到家做事情拖拉磨蹭,不懂得抓紧时间,更不会规划时间;却有少数家长说自己的孩子很省心,无论是学习还是生活,孩子自己都安排得井井有条,家长基本不操心。这就是时间管理方面的差异。在时间管理方面有问题的孩子,多数是在长期无序或过度依赖家长的生活环境中长大的,教师要有针对性地指导家长,帮助孩子学会时间管理。

⬤ 问题聚焦

　　过去的一个月里,刚升入高一的小王的妈妈已经到学校来了好几次,她说作为全职母亲,她每天最主要的任务就是督促孩子学习写作业,孩子每天基本上吃完饭就开始写作业,作业全部写完得到十一点多,每天睡下都得近十二点,孩子觉得累,自己也疲惫不堪。孩子抱怨说作业太多,课业压力太大,总觉得时间不够用。小王妈妈说作业多是一个原因,但孩子每天回到家不会安排时间,有好多时间都被浪费了。小王妈妈说孩子每天回到家做事和学习都非常拖拉磨蹭。她也试过和孩子一起制定计划，但坚持不了多久孩子又恢复原状，以至于孩子没有了信心，家长也束手无策，妈妈想到向老师求教。

教师思考

如何利用时间，如何管理时间，这是一个人一生都要面临和解决的问题。每个人一天都只有 24 个小时，再怎么挤也有限，但是利用时间的效率有很大提升空间。家长在教育孩子管理时间的问题上，可能在以下几个环节出了问题：

1. 家长不善于根据孩子的性格特点和学习特点来规划时间，急于求成

不同年龄的孩子的学习有不同的特点，同一年龄的孩子在不同的阶段也有不同，上课的时间和在家自习的时间，显然是各不相同的。急性子的家长巴不得孩子制定了计划后马上就能严格执行，立刻见成效。实际上，即使计划在事前已经准备周全，但在行动时孩子却有可能因临时的原因不完全按照计划进行，做事情时不讲求质量，以完成任务为目的，根本就不考虑效果将会怎么样。孩子一旦完不成计划，家长过于着急，情绪会压抑理智，大脑因为过于急躁紧张而不能冷静地分析问题，找不到解决问题的办法，盲目施压只能使事情更糟糕。

2. 家长没有认识到有效地进行时间管理应该循序渐进

在时间管理上，家长可能忽略了两个问题。一是时间是可度量的，每个人的一小时都是 60 分钟，确定明确的远期、中期、近期目标可以让孩子更具体更准确地规划时间。二是计划目标制定的科学性影响着孩子使用时间的质量，有的家长和孩子一起制定计划时间表，排得密密麻麻的，从计划表上看，连上厕所的时间都挤不出来了。原计划用半小时背一篇英语课文，谁知用了 40 分钟还没有背完，这才发现时间不够，连忙放下英语课本，拿起数学题做了起来，还没有做几道题，发现背政治的时间又到了……总之，一天下来忙忙碌碌，计划的任务还是没有完成。

3. 家长忽略了让孩子做自己力所能及的事，没有学会舍弃

"利用好时间的最重要的原则，就是不要试图把所有的事情都做好。"做事情的标准，不是"某件事有没有意义"而是"某件事是不是最有意义"。家长没有

意识到,真正懂得利用时间的高手,一定是懂得如何舍弃的人。若能确保孩子一直都在做最重要的事情,实际上也就是确保了孩子的时间,且时间一直都在被高效地利用。如果孩子今天计划做五张试卷,语文、英语、数学、物理、化学各一张,那么,请先让孩子做自己觉得最需要提高的那门科目。另外,家长在指导孩子在有限的时间内寻找最重要的事情来做,要放弃的东西,不仅是那些看起来不太有价值的东西,还要教会孩子学会放弃那些看起来很有价值,但是超过自己能力范围的事。

教师策略

教会孩子时间管理,实际上就是教会孩子利用一些方法,帮助自己更好地完成学习任务,实现目标。时间管理方法并不是要把所有事情做完,而是更有效地运用时间。教师从以下几个方面对家长进行指导:

1. 让家长了解时间管理的观念,更科学有效地给予孩子指导和帮助

老师指导该生家长,从以下三方面树立孩子的时间观念:一是琐碎的时间要格外珍惜。虽然高中三年是一个很大的时间单位,而一小时则是一个常被忽略的时间单位。实际上如果每天能节约出一个小时,高中三年就能节约出一个半月时间,相当于半个学期,时间观念的重要性由此可见一斑。二是效率可以提高速度。在一定时间内快速完成任务不拖拉,按时完成计划达到预期目标也是时间观念的一部分。三是效能观念。效能观念不仅要衡量速度的快慢,而且要考虑其他因素,比如落实计划的效果如何,完成目标的好坏等等,也就是说仅有速度还不行,还要方向正确、结果良好、效果明显、有持续性。

2. 指导家长帮助孩子管理时间从制定目标和计划做起

家长指导孩子树立正确时间观念后,老师要帮助家长教育孩子如何具体管理时间。首先要学会安排自己的生活,其次要规划自己的学习,有效利用和支配时间,提高学习效率、取得学习成果。要让孩子明白,时间管理不是做到对时间的完全掌控,而是降低利用时间时的随意和变动性。时间管理最重要的手段是通过事先对时间进行规划作为对孩子的提醒与指引,再利用时间的可度量性指引孩子完成具体可行的任务。另外,还要让孩子学会将这些目标按照重要程度排序,最先完成最重要的目标。

3. 指导家长运用观察和记录结合的方法增强时间管理的科学性

若要提高孩子时间利用的效率，家长可以先悄无声息地帮孩子记录，连续记录一个星期，就会发现很多问题。比如，孩子会高估了自己的速度，或者低估了作业的难度，或者因为边写边玩耽误了很多时间。这个观察，也会修正家长和孩子的判断。在此基础上，家长可以提示孩子早点开始做，为难题多留出一些时间，而且关于提前多长时间，这个记录可以给出一个具体的数字。这样，孩子慢慢就能把握自己的速度了，然后家长可以把这个时间管理的方法慢慢教给孩子，让孩子自己记录，自己分析，这样就会逐渐养成高效的习惯。

4. 教会家长检查时间管理的有效性

制定计划的作用关键是执行和落实。老师指导家长要关注计划的执行情况，尤其是在计划刚开始执行的阶段。每天制定的计划，晚上都要拿出来检查落实情况，完成了的，就在前面打上钩。没有完成的，就在前面打上叉。然后统计完成了百分之多少。刚开始的时候大概能完成 60%，时间久了，基本上能维持在 80% 左右。为了更好地落实自己的计划，家长要和孩子一起反思当天的计划落实完成情况，哪些该做哪些不该做，该做的事情又有哪些做得不好，该怎样改进。这样才能督促孩子不断改进，真正做到制定好计划、执行好计划。

◉ 行动反思

教师结合上面的策略对家长进行了相应的指导，有时候并不会立竿见影。教师应该意识到这一方面正是孩子需要学习的内容，习惯的养成不是一蹴而就的，家长的文化程度和教育方式对孩子的影响是长期的，教师也应该在引导孩子学会时间管理上下功夫。要做好这一点，教师应该注意以下问题：

1. 教师应该认识到学生的学习时间和学习效率也有"马太效应"，使开展指导更具方向性。

在学习中也存在着类似于"马太效应"的现象：学习好的学生，因为看书做题很轻松，时间剩下很多，可以用来让自己取得更大的进步；而学习基础差的学生，因为看书做题都很慢效率低下，每天连作业都难以完成，根本挤不出时间来补习差的科目只能越来越落后。要解决这个问题，教师就要给予这些学生更多的关注和帮助，引导他们从学习效率上进行突破，结合不同孩子的不同特点和问题在提高学习效率的方法和策略上给予更多的督促和指导,让学生和家长认识到时间的投入固然重要,但更重要的是效率和习惯。比如做到课前预习、课后复习,温故而知新。课前预习可以更好地跟上老师的节奏以及快速理解课堂知识。课后复习,强化知识,学到的知识就很难忘记。

2. 教师应该针对不同的学生采取不同的措施,使开展指导更具分类指导性。(针对性)

要想通过时间管理提高学习效率,就要经常分析哪些是影响着学生管理时间有效性的因素,并对这些因素的变化进行调整。常见的影响学习效果的因素有:学习的动机、学习的目的、情绪、勤奋程度、专注程度、学习方法、学习基础、身体状况、教师水平、家庭影响、学习环境、集体和社会影响等。不同的孩子,或同一个孩子在不同的时期,影响其学习效果的因素往往不尽相同。善于"捕捉"影响学习的主要因素,并加以控制,就可以使学习效果不断提高,让家长增强这种认识,及时反馈和沟通,从而增强家校合作的针对性。

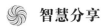 **智慧分享**

时间管理表格

有两种基本的表格可用于练习时间管理。第一种表格是应做事项表,将要做的事列成清单,然后确定适当的优先级。第二种表格是日常学习日程表,即将第一种表格中最优先考虑要做的活动,根据情况填写到适当时间区域。没有填注的时间表格是为意外的冲突或是较低优先级的活动准备的。

表9-1　应做事项表

日期_____				
活动	优先级	开始	进行中	结束

表 9－2　日常学习日程表

日期＿＿＿＿＿		
时间	活动	优先级
8:00—9:00		
9:00—10:00		
10:00—11:00		
11:00—12:00		
12:00—13:00		
13:00—14:00		
14:00—15:00		
15:00—16:00		
16:00—17:00		
17:00—18:00		
18:00—19:00		
19:00—20:00		

（〔美〕哈罗德·科兹纳.项目管理：计划、进度和控制的系统方法（第 11 版）
［M］.北京：电子工业出版社,2018：297—298）

第二节　舆 论 引 导

舆论是指社会中一部分人或集体对某种事态及其发展所持的意见。在互联
网时代,任何人都可以在网络这个开放平台发表看法。与传统媒体平台比较,网
上的各种观点和舆论鱼龙混杂,传播迅速且传播受众面广。这些特点使社会舆论
对教育造成两方面的突出影响:一是网络上有很多内容对教育的评论或评价并不
正确,由于有些家长缺乏鉴别能力,容易被这些内容牵着走;二是家长借此盲目地
指引孩子,错误地教育孩子,给学校教育带来一些阻力。因此,有效研判和引导
"舆论",营造教育正能量,是教师开展家庭教育指导的重要内容,需要引起关注。

问题聚焦

刚上高三的小江在第一次期中考试中年级名次退步了很多。班主任找小江谈话了解情况,小江说这一个月他和父亲闹翻了,自己的情绪很不好。他的父亲高三前的暑假看了网上有很多人都在说让孩子参加自主招生上重点大学会更容易,有特长的孩子通过大学的专业考试会被降分录取。整个假期,小江几乎天天被父亲逼着上各种各样的摄影培训班,还要去各地实践采风。本来小江不喜欢摄影,又是从零开始,但拗不过强势的父亲,只能硬着头皮去学习。老师找到小江父亲交流,结果非但没有让小江父亲想法改变,小江的父亲反而还提出准备给孩子请两个月的假去参加一个专门的摄影培训班。他说这个班以往几届通过大学专业考试的比例非常大,他也准备让孩子去试一试,要是通过专业考试高考能降分录取,考上大学的概率会更大。

教师思考

在平时的生活中,像小江父亲这样的家长很常见。他们在教育孩子的问题上受社会舆论的影响很大,究其原因可能有以下几点:

1. 家长过度焦虑,无处缓解,选择盲从舆论

每年关于高校毕业生就业工作的各级会议以及媒体的相关报道,给家长的第一直觉就是好工作难找已然成为必然,对孩子就业前景的担忧,迅速蔓延至对子女学业成绩(对应的优质大学)的无限渴求,并最终落到对子女学习机会(对应的优质教育资源)的疯狂追逐上。家长的"教育焦虑症"无法通过正规教育机构的引导得以解决,于是转而求助于随手可用的网络。网络上有许多观点是出于某种价值引导甚至是利益追求而提出的,缺乏充足的论据、缺乏足够的支撑,但是对于焦虑的家长来说却像救命稻草,再加上他们对孩子的人生成长规划本来就不清晰,导致他们会亦步亦趋,盲从于这些信息。

2. 受舆论影响，家长把对孩子的教育作为攀比的内容

望子成龙、盼女成凤的家长都希望孩子能够在接受正常教育的前提下，再接受一项或几项特长教育，以使孩子掌握更多的技能，去迎接未来的挑战。于是，以培养孩子某些特殊能力为目的的各种特长教育应运而生。诸如书法班、美术班、舞蹈班、音乐班等应有尽有。许多父母看到别人家的孩子上了什么兴趣班或是学了什么特长，就不甘落后，也让自己的孩子报更多的班、学更多的东西，生怕落在后面。这样不仅导致孩子没有自由时间，反而因压力太大，占用时间太多，影响了正常的学习。而且有时因没有尊重孩子身心发展规律，没有考虑孩子的个体差异，结果往往会适得其反。

3. 盲目跟风，家长没有了解孩子的具体情况和自身特点

从某种意义上说，特长就是指天赋，人的天赋各不相同。父母如果不考虑孩子的具体情况，硬性规定孩子学习某种特长，结果往往是家长强加给孩子的特长难以成为真正的特长，反而使学习特长成了孩子的沉重包袱。在发现特长方面，必要时，家长也可以借助某些心理测量来推测孩子应该学习和发展什么特长。另外，家长没有认识到，特长教育的真正目的应该是净化心灵、陶冶情操、给孩子带来快乐和自信、让其更积极地享受生活的教育，不应该太功利。

4. 家庭教育缺少对孩子的尊重

作为父母，应该走出特长教育的误区，以正确的方式方法来提高孩子各方面的素质。高中的孩子兴趣爱好基本定型，父母自作主张地替孩子选择专业、逼孩子学习各种特长，不是根据孩子的特点进行筛选，完全靠家长自己一厢情愿。当孩子产生逆反心理对学习生厌时，家长采取强迫压制的办法逼着孩子，结果往往事与愿违。这些家长看重的是分数，忽视的是孩子真正的特长和能力。在强迫孩子学习特长的时候，孩子牺牲了自己的选择，家长扼杀了孩子的学习兴趣，在家长的重压下，孩子的斗志和已有的爱好极容易丧失或者减退，最后往往适得其反。

教师策略

面对这样的家长，教师首先要认识到家长这样做背后隐含的良苦用心，肯定家长的态度。其次要指出家长这样做存在的弊端，让家长认识到自己的问题。

1. 召开班级家长会帮助家长树立正确的教育理念、人才观念

教师要引导家长尊重孩子的教育和成长规律，不能拔苗助长，强迫孩子学习不适合的东西，发展孩子不具备的特长只能让孩子苦不堪言。家长对孩子的学习和特长要客观定位。既不能因为孩子基础差、起点低而灰心放弃、不闻不问，也不能对孩子期望值过高，提出的要求超出孩子的能力所及。虽然高中阶段主要任务是学习，但真正决定孩子一生幸福的是孩子的综合素质和健全人格。家长总渴望自己的孩子十全十美，不看孩子的长处和优点，最终会使教育结果适得其反，孩子越来越逆反，越来越自卑、退缩。

2. 通过家访指导家长尊重孩子成长规律和内在感受

针对小江父亲的问题，班主任老师邀请学校教导主任、德育主任等，一起进行了一次家访。教师与家长分析了小江的学业情况、个性特长和兴趣爱好。小江以往每门课程的成绩差距不大，都属于年级中上水平。根据往年高招录取经验，小江考上一本基本没有问题。如果能稳定发挥，说不定他可以选择一些排名靠前的学校或者一些好的专业。如果孩子确实有特长，且有兴趣在忙碌的高三主动学习，并在相关领域崭露头角，降分录取有一定可能，但这是理想状况。如果孩子不感兴趣，家长强迫其学习"特长"，反而有可能影响学业成绩，比如像这次期中考试成绩下降与家长的初衷是相反的。

学校老师都建议家长，要尊重孩子的兴趣爱好，同时根据孩子的自身特点培养孩子的兴趣爱好，不要把自己的爱好、期望和未竟的梦想强加给孩子，否则会造成孩子的逆反心理和厌学情绪。

3. 坚持正确教育观和价值观，增强学校和班级教育舆论影响力

通过召开班会、家长会，或者在学生群和家长群对学生和家长进行积极的宣传引导是教师影响学生和家长的重要方法。教师的引领应该在适当的位置、适当的情况下为家长的选择把握方向，提供支持。要充分尊重家长的意见，力争结合孩子的实际情况给家长提供合理的教育导向，从辩证、客观、发展的角度去理解和把握家长对孩子的教育，指导家长正确开展家庭教育，并正确对待舆论。

● 行动反思

人的教育是一项系统的教育工程。这项教育工程包含着家庭教育、社会教

育、学校教育三大组成部分。这三者相互关联且有机地结合在一起，相互影响、相互作用、相互制约。这项教育工程离开其中哪一项都不可能，其中学校教育起主导作用，家庭教育是一切教育的起点和基础，社会教育则影响最广泛。社会舆论正在以潜移默化的力量影响公众对教育的认识，尤其是影响着家长的心态和决策。这就要求教师首先要正确看待社会舆论，有效规范自己的教育行为，同时教师还要思考怎样才能给家长更好的指导，为更科学地指导家长教育孩子做好准备。

1. 提高自身素质和教育水平，获得家长的支持和信任

学校教育、家庭教育和社会教育配合得好就会对孩子的教育形成合力。教师获得家长的理解和支持至关重要。若要获得家长的信任，教师就要及时更新教育观念，掌握更多有效的教育策略和方法，以便更好地帮助家长提高教育孩子的水平。信任的建立是一点一滴积累起来的。教师要抓好与家长的每一次见面沟通，建立良好的沟通氛围；把自己的要求明确告知家长，寻求家长理解和支持；把高中阶段孩子可能出现的问题和处理对策与家长及时沟通，拉近与家长的距离；深入了解家庭及其周围环境对孩子身心发展的影响，与家长共同商讨教育的措施，获得家长的信任。教师要多和家长交流，了解他们的思想动态，站在家长角度考虑问题，设身处地去体会家长的感受。这样家长和老师才会彼此理解、相互尊重和相互信任，才能为孩子更好地成长奠定坚实基础。

2. 正确地督促引领家长，帮助家长走出教育焦虑的误区

教师要承担起指导家庭教育的职责，最为重要的是在为家长排忧解难、指点迷津的同时，利用多种形式，积极鼓励家长以各种方式学习家庭教育的理论和方法，提高家长学习家庭教育知识的积极性，让家长学会"学习"，学会教育孩子，这是家庭教育指导的最佳境界。这也对教师提出了更高的要求，要求教师和教育管理者学会倾听、感知、接受不同方面的意见、建议，在实践中进行创造性活动，结合具体的问题积极思考，努力在教育的整个过程中体现公正、客观、正确。教师要让家长意识到生活本身是有着无数种可能的，孩子本身就有无数种天性，家长无权也不能将自己的意志强加给孩子，让他们放下心结，抛却"教育焦虑症"，让家长意识到这样做改变的不仅仅是孩子，更是自己整个家庭的命运与未来。

🌀　**智慧分享**

全面了解社会舆论，正确引导社交媒体中的教育舆论

随着传媒技术的不断发展，公民社会的渐趋形成，公民参与教育改革的热情持续增加，社会舆论对教育发展的影响正在加大。社会舆论可以成为教育改革和发展的"正能量"，为教育改革提供智力支持，引导教育发展的方向；同时，社会舆论也具有情绪化、非理性的特征，如果教育部门不能够对其进行有效引导，社会舆论也会产生强大的负面效应，耗散教育发展的能量，破坏教育教学秩序，让教育改革在无谓的争论中流产。社会舆论是多元观点组成的意见集合，因为媒体是社会舆论传播的主要渠道，所以当前人们提到的舆论主要指的是媒体舆论，通常所说的舆论引导也主要指的是对媒体舆论进行的调控与引导。改革开放以后，报纸不断探索市场化的路径，广播、电视、网络先后繁荣或崛起，我国媒体领域出现了快速裂变和重新整合的趋势，主流媒体在媒体领域的份额不断缩小。

我们可以将媒体简单地划分为主流媒体、都市媒体和社交媒体三大类。其中，社交媒体主要指网络媒体中能够进行互动的信息传播平台，如网络论坛、博客、微博、微信等。近年社交媒体爆发出惊人的传播能量，它所制造的一个又一个热门话题，不仅成为传统媒体跟进的报道目标，也是各级政府部门需要认真对待的舆情。社交媒体（social media）也称为社会化媒体、社会性媒体，它指的是能够实现公众之间交换信息、交流意见，跨时空进行社会交往的工具和平台，如博客、播客、论坛、微信等。目前我国拥有150多万个BBS，博客用户有1亿多人，其规模都居世界第一。网络既能够融合传统媒体和新兴媒体舆论，也能够及时收集普通网民的意见，因此网络舆论与公共舆论的重合度最大，网络舆情也最能够反映整个社会舆情。就教育改革和发展来说，社交媒体是舆论监督和规范改革的重要力量。

社交媒体有如下四个特征：第一，能够反映公共舆论，能够让教育部门接触到真实的舆情；第二，能够监督教育活动，为教育改革和发展提供民间智慧；第三，给舆论领袖提供了舞台，舆论领袖成为教育舆论形成的重要推手；第四，具有非理性特征，容易导致舆论审判、舆论暴力。

社会舆论具有非理性，而社交媒体中意见表达的随机性又放大了这种非理性。教育因为牵涉到千家万户，因此谁都能对教育发展发表一通高见。社交媒体中关于教育的讨论，有时语言显得过于尖酸刻薄，人们不仅通过批评教育发泄内心的苦闷和烦躁，而且也将转型期的代价转移、发泄到教育上。作为教育部门、教学单位应该要直面社交媒体发展的趋势，认真建立网络舆情的收集和分析机制，不断引导教育舆论向有利于教育改革和发展的方向转变。

（骆正林.社会舆论对教育改革和发展的支持现状[J].广州大学学报（社会科学版），2014(6)：46—52）

第三节　网络沉迷

日益普遍的网络缩小了人与人之间的距离，使信息交流越来越便利。青少年作为信息时代最为积极活跃的群体，网络正广泛渗透到他们的学习和生活的方方面面。一方面他们通过网络接触到前所未有的广阔空间，能更加有效和广泛地获取信息、学习知识、交流情感和了解社会；另一方面网络空间又以令人眩晕的色彩诱惑着涉世不深的青少年，使得部分学生迷茫、混乱、无所适从而沉迷其中。不少同学因为沉迷网游而迷失了人生的方向，学习成绩一退再退，并带来了心理和躯体疾病。避免网络游戏的危害，正确引导孩子上网，避免孩子沉迷网络已经成为学校、家庭社会、日益关注的问题。教师在开展家庭教育指导时，正确、熟练地使用网络是不能回避的问题，学校和教师应该积极应对。

问题聚焦

小张的妈妈接到了班主任的电话说小张上课老打瞌睡，学习也不如过去用心了，成绩退步很大。班主任问小张妈妈：孩子是不是每天睡觉很晚？小张妈妈说，孩子每天回到家吃完饭就一个人躲在房间，反锁房门不让家长进去，妈妈也发现每天孩子都睡得很晚，也不知道孩子在屋里干什么，每次催他让他早点睡，孩子总是嘴上答应但实际上并不听。在班主任提示小张妈妈孩子是否晚上在家玩游戏之后，小张妈妈提前回家，在房间里翻了个遍，终于在床垫下面找到了藏着的手机。妈妈又惊又怒,强忍着怒气等孩子回家后与之谈心,想和孩子达成三条协议:一、每天写完作业就睡觉;二、周末才可以玩游戏;三、房屋门不反锁,随时接受妈妈的监督。可孩子只同意以后每天早点睡觉,但不同意打开房门。第二天,小张的妈妈和爸爸同小张一起沟通解决途径,谈僵后孩子冒出一句:"玩游戏有什么不好!游戏玩得好将来也可以挣大钱,比你们上班强多了!"爸爸生气地打了孩子一巴掌,父母和孩子之间的关系陷入僵局。

教师思考

许多孩子因为沉迷网络荒废了学业,影响了正常的学习与生活,由此引发了许许多多的社会问题和家庭问题。很多家长为了避免孩子沉迷网络严禁孩子上网,绝对禁止网络侵入孩子的生活,甚至限制孩子使用手机。个中原因如下:

1. 家长对网络认识有偏见,处理方式简单化

随着时代的进步、科技的更新,网络越来越深入地渗透进我们的生活。网络时代的到来,使人们的学习、生活和工作都离不开网络,网络给我们带来的便捷、及时和高效是有目共睹的。但是很多青少年因为过度沉迷于网络,对其学业、健康和思想都造成了巨大的伤害,于是家长不分青红皂白,不分析造成这一现象的具体原因,简单采取一刀切的做法,以期从根本上解决问题。孰知只堵不疏只会让孩子背着家长采取其他方式满足上网需求。

2. 家长对孩子的缺乏关爱,不能给予孩子更多的陪伴

在现实生活中很多家长平时忙于工作,很少陪伴孩子,尤其是孩子到了青春期,家长就更少与孩子沟通了,即使沟通,与孩子谈论更多的也是成绩和学习,对于那些成绩不是很好的孩子,这个话题会让孩子反感,使孩子与家长的交流受阻,最终疏远父母。每天与孩子谈论的除了学习就是成绩,这样就无法让孩子相信父母是最坚实的依靠。家长没有提供适当的通道满足他们的需求,在孩子需要关爱的时候没给孩子足够的陪伴,在孩子感到无助时没有和孩子一起想办法解决,在孩子感到失落时没有给孩子强有力的支持,导致孩子只能去外面探索和寻找支持。

3. 家长对孩子的业余生活安排单调

有些家长只注重书本教育，没有重视孩子的业余兴趣爱好，他们没有认识到学习固然重要，却并非是孩子全部的生活，孩子不仅需要学习，也需要其他的兴趣爱好。忽视对孩子兴趣爱好的培养，最终让孩子自行找到发泄释压的渠道，也就是网络游戏中的虚拟世界。

4. 家长不了解沉迷游戏背后青少年的心理

孩子对网络游戏的热衷源于好奇心和好胜心，爱玩是孩子们的天性。家长不知道孩子在游戏中可以满足被接纳、被陪伴、被赞赏的需求，而这样的渴望无法在现实生活中实现，他们就渴望到网络游戏中实现，这样一来，他们自然会沉迷于网络世界之中。如果理解孩子的需求得到满足就会减轻对网络的依赖，父母就可以多去关注孩子没有满足的需求，从而帮助孩子用更健康、合适的方式满足需求。

教师策略

关于父母陪伴孩子戒掉网瘾的成功做法，网上有不少报道，如父亲陪读三年帮儿子戒掉网瘾并一起考入大学的杨姓父子，如陪儿子骑行八千公里减压戒网瘾的郑姓父亲，如和孩子一起玩王者荣耀的母亲等。不管具体方法如何，无不是陪伴发挥了重要作用。

对于小张的问题，老师对家长提出如下建议，希望家长循序渐进帮助孩子。

1. 前期与孩子一起上网进行引导

青春期的孩子独立活动的愿望变得越来越强烈，要求别人把他们看作是成人。如果这时家长还把他们当小孩来看待，无微不至地"关怀"，啰啰嗦嗦地"叮咛"，他就会厌烦，觉得伤害了其自尊心，产生反抗的心理。

父母与子女一起上网，是防止网络成瘾的有效方法。老师建议小张家长，在一起上网的过程中，家长可与孩子讨论网络对生活、学习有哪些功能，比如上网可以交到朋友，找到学习资源，可以看新闻、丰富自己的娱乐生活，同时也要引导孩子不能忽视其他媒介的作用。经过一段时间，家长可以从电脑的辐射有损未成年人的发育，电脑显示屏对视力有较大损害等多方面与孩子交流，还要让孩子知道若是长时间上网，会削弱其社会交往的能力，容易形成性格孤僻、内向，不愿与人交往的不良趋向,从而使孩子认识到上网的利弊。

2. 寻找孩子沉迷网络游戏的根本原因

心理学家认为孩子沉迷于网络虚拟世界,有两个原因,一是网络世界神秘新奇对孩子有吸引力,二是孩子对现实社会感到无聊,甚至失望,所以选择逃避。

在与孩子一起上网的过程中,父母了解到,小张升入高中以来,之前在学习上的优势不见了,而且成绩一直处于中等水平,无论他怎么努力好像都没有比较大的改观,这给他的心理造成很大压力。而父母平时忙于工作,很辛苦,回家后还要忙着照顾他的起居生活,他心里的各种焦虑找不到倾诉渠道,于是转而求助网络游戏寻求慰藉。

3. 引导家长限制孩子上网时间,培养孩子的自制力

家长与孩子共同拟定上网的计划,规定上网所浏览的内容等。同时,为了克服孩子的意志薄弱,自制力、鉴别力比较差的特点,可以与孩子约定上网的时间、上网的地点,比如每周有几天可以上网,每次上网多少时间等,有效引导孩子上网。

家长要严格限制孩子的上网时间,培养孩子的自制力。首先限定时间,最好和孩子讨论之后再定下时间,比如周末允许玩2个小时,家长不要干涉。同时,家长要客观认识游戏,意识到玩游戏并不全是坏处,不在孩子面前表现自己的抵触,可能的话还可以和孩子一起玩,既能把控游戏时间和质量,又能增进感情、放松心情。应该注意到这个过程不是一蹴而就的,需要慢慢磨合。

4. 引导家长培养孩子的兴趣爱好,让孩子的生活丰富多彩

在学习之余,家长要给孩子培养一种他们真正感兴趣的爱好,如阅读、绘画、读书,学习一种乐器等等,这些爱好会使孩子在空闲的时间里,自觉地去做这些令他们感兴趣的事情。另外家长还可以给孩子安排丰富多彩的娱乐活动,比如鼓励孩子周末和同学朋友去郊游去博物馆,带孩子一起去看电影看展览,长假带着孩子去旅游,平时也可以在晚上孩子写完作业之后,多和他交流谈心。

丰富的生活体验,能够转移孩子的关注点,使他们慢慢发现,原来生活不止眼前的网络,还有更丰富的娱乐。每一样好的事物,对于孩子而言都是新大陆,正确的引导可以让他们不断创造奇迹,享受其中的乐趣。家长要多鼓励孩子发现自我,寻找自己的乐趣,培养兴趣爱好,让他们沉浸在美的事物里。培养孩子丰富的兴趣爱好,让孩子感受到世界的精彩。丰富多彩的现实生活可以"增亲子之情,享

假日之乐，广健康之趣，育博雅之操"，这也是让孩子远离网络游戏，避免网络沉迷的最有效的方式。

● 行动反思

现当代社会网络技术迅猛发展，网络无法避免地进入我们生活、工作和学习中。面对各种各样的矛盾，教师必须转换思维模式，思考如何合理正确利用网络。其实网络并不可怕，教师可以从以下几个方面着手，帮助孩子摆脱网络诱惑：

1. 教师要充分理解学生，帮助学生摆脱网络游戏的诱惑

教师要重视对学生的心理分析，了解学生的心理个性，从而摸清学生沉迷于网络游戏的根本原因。在这个过程中将自己定位为学生的朋友及兄长，而不是班主任的角色，引导学生吐露自己的心声，然后再提出教师的建议。比如，有的学生沉迷于网络游戏是由于他们的学习成绩不好，找不到成就感，于是转移注意力，在网络游戏中寻找成就感。对于这样的学生，教师应关注其学习落后的原因，并助其提升学习成绩，让他们找回自信心，建立正确的成就感基点。

2. 教师要通过常规的教育教学和言传身教，帮助学生摆脱网络的诱惑

教师要借助班级和集体的力量对学生开展教育，借助同伴的影响改变网络的不良影响。如在班会课上召开"我看网络游戏的利与弊"等主题的辩论会，让学生们看清游戏的本质与弊端，使同学们认识到游戏对其伤害之重，或与同学们商定将禁止玩任何的网络游戏作为一项班规，促使学生自觉地建立思想防线。

3. 引导学生制定假期生活与学习计划，减少网络沉迷的可能性

教师要引导学生制定一个假期生活学习计划，除了每天一定量的学习任务外，还要创建多元假期休闲文化，比如师生共读一本书并坚持写读书心得，成立各种兴趣小组，开展社会实践活动、帮父母做些力所能及的家务等，都是让学生有事可做的好办法。一旦多彩的现实生活占据了学生们的假期，就会有效地减少学生沉迷网络的可能性。教师要真正解决学生迷恋网络游戏的问题，应该从研究学生的需要、满足学生的正当需要入手，既要防堵又要善于疏导，唯有如此才能达到理想的效果。

智慧分享

网瘾高危家庭的五个主要特征

有研究者对全国5 000多位学生及他们的家长进行调研,发现了网瘾中小学生的特点和他们的家庭教育特点。其中,十种学生易成为网瘾高危人群:家住城乡接合部的学生,经常到网吧上网或用手机上网的学生,把网络当玩具而不是当工具的学生,学业失败没有学习乐趣的学生,对生活不满意对未来缺乏信心的学生,休闲内容单调的学生,缺乏伙伴没有朋友的学生,与父母关系不好的学生,没有人说知心话的学生,经常感到孤独、缺乏交往技能的学生。这类学生的家庭教育,通常具有以下五个主要特征:

1. 与父母交流少,共同活动少

父母忙工作、忙生活,有时会忽略孩子的成长。在家庭中感觉被忽略的孩子,更容易网络成瘾。调查发现,网瘾学生的父母中,四成多"从不与孩子一起玩游戏",近四成"从不与孩子一起使用电脑或者上网",近三成"从不与孩子一起运动健身",近两成"从不与孩子一起谈论感兴趣的事情",比非网瘾家庭均高出10个左右百分点。

2. 越围追堵截,网瘾比例越高

上网环境不同的家庭,孩子网瘾比例有较大差异,越是家长不上网,孩子网瘾比例越高。家长的态度对孩子的网络行为也有较大影响。放任不管的家庭,孩子网络成瘾比例最高,其次是反对孩子上网的家庭。而支持孩子上网的家庭,网瘾比例仅为1.7%。可见,父母开明的态度使孩子乐意接受父母的监督指导,从而避免或减少网瘾状况发生。

3. 电脑放置在孩子房间,网瘾比例高

电脑放置的位置对孩子是否沉迷网络也有影响。电脑放在父母卧室,孩子网瘾比例为5.9%;放在客厅,孩子网瘾比例为7.3%;放在孩子卧室,孩子网瘾的比例为8.0%。可见,父母对孩子的适度监控很有必要。父母要检视家庭中电脑的放置地点,最好让孩子在家庭的公共场所上网。

4. 家庭教育方式大多放任、粗暴和溺爱

少年儿童是否沉迷网络,和家庭教育方式关系密切。粗暴教育方式的家庭,孩子网瘾比例最高;溺爱教育方式的家庭,孩子网瘾比例其次;放任教育方式的家庭,孩子网瘾比例排第三,均超过总体平均水平(6.8％)。只有采取民主型教育方式的家庭,中小学生网瘾比例低于总体水平,为4.9％。

5. 家长缺乏教育孩子的方法

七成网瘾学生的父母表示,孩子对自己平时的教育不接受,或者即使接受也没有行动;非网瘾学生父母仅有四成有如上反映。近六成网瘾学生因上网问题与父母等长辈发生过争执,较非网瘾中小学生高出40个百分点。这说明网瘾学生的父母普遍需要家庭教育方面的指导。

（孙宏艳. 教会孩子上网不上瘾[J]. 中小学信息技术教育,2014(6)：17—19)

第四节 亲 子 疏 离

进入青春期的孩子自我意识增强了,有了自己的思想和看法,开始用批判怀疑的眼光审视自我、他人及周围的世界。他们希望家长把他们当大人,给予充分的尊重,渴望独立自由,而多数家长的教育观念和教育方式却停留在孩子的少儿期,还在沿用说教、唠叨、命令、严管等教育方式,致使越来越多的家庭引发了亲子间的矛盾和冲突,越来越多的孩子叛逆,最终孩子与家长的关系越来越紧张,越来越疏远。化解这个"矛盾"是高中教师在开展家庭教育指导中的必经之路,也是凸显教师育人能力和家校合作指导的关键之一。

⚙ 问题聚焦

> 小芹的妈妈到学校向老师询问孩子在学校的情况,她说孩子回到家后成天躲在书房里不知在干什么,每天放学回家和父母的交流非常少,有时候家长说几句就顶嘴,嫌家长唠叨,有时候甚至一句话、一个寒暄也没有。沉默、冷淡的氛围弥漫在母女之间,让小芹妈妈感到浑身不自在。老师和小芹妈妈说孩子在学校和在家里的表现不一样,和老师的关系都很好,和同学关系也很融洽。小芹妈妈非常困惑,不明白孩子为什么会这样,她表示很担心和无奈。

教师思考

不少父母很是困惑：进入青春期后孩子就开始变得越来越不听话，越来越有主意，与父母的关系也越来越疏远了。他们没有意识到孩子青春期身体的发育和心理的变化会带来孩子行为的变化。

1. 家长说教与唠叨过多，引起孩子的反抗和反感

孩子进入青春期，可家长总觉得孩子还小，依旧会在很多问题上给孩子灌输大道理。家长说教的态度居高临下，是命令而不是商量，甚至是以否定孩子为前提的。但实际上许多孩子很反感父母说教时的态度。家长常把唠叨视为对孩子的关爱，却没有意识到语言的效力是有限的，身体语言与爱的行为同样重要。青春期的孩子反感家长的原因之一就是他感受不到父母的爱，因为这种爱被没完没了的唠叨、指责、说教给隔断了。

2. 家长对孩子管制过多，孩子觉得得不到家长的信任

孩子进入青春期，家长在有些事情上还是不愿放手，认为孩子社会经验不足还需要家长严厉和严格的管制，怕孩子做不好自己的事，所以时时替孩子做事，事事替孩子做主。家长没有给孩子充分的尊重、民主、平等和信任，没有给孩子自由的成长空间，剥夺孩子自主选择的权利。殊不知这样的管制，反而让孩子在家长的管制中感到压迫和不自由。为了抵制家长的意见和建议，对家长的教育置之不理，为了摆脱家长的控制，挣脱束缚，寻求自我空间，甚至与家长对抗。

教师策略

面对有亲子关系问题的家长，教师可以采取以下几个方法面对：

1. 引导家长正确乐观看待亲子冲突

青少年正处于心理的过渡期，其独立意识和自我意识日益增强，迫切希望摆脱成人（尤其是父母）的监护。他们反对父母把自己当小孩，而以成人自居。为了表现自己的成长与独立，他们也就对任何事物都倾向于批判的态度。

面对冲突，家长不要太过着急和焦虑，不要把青春期的亲子冲突当成一件很严重的事情，孩子的叛逆是孩子成长发育的标志，家长要允许合理的亲子冲突的

存在。家长要有自信，相信自己能够处理好跟孩子的冲突，如果父母自身有很多的消极情感，也会感染孩子的情绪，进而引发更多的亲子冲突，自己做一点小的改变，给孩子多一些信任和自由的空间，当孩子度过了这个特殊时期，冲突自然会过去的。家长还应该看到，如果家长对孩子管制太多，既剥夺孩子成长思考的权利，更是剥夺孩子履行责任的权利。家长与孩子之间的冲突，孩子的应对态度如果是不加思考地一味顺从，这样的孩子就不会真正地长大，对事情缺乏自己的思考和判断，而那些经常逆反的孩子，在有些时候是为了自身成长的需要，用叛逆、对立来表示抗议和挣脱。

2. 指导家长反思自身不恰当的行为

当一个家庭的亲子关系出现问题时，很多家长把责任归结为孩子的叛逆。这是源自进入青春期的孩子一系列的表现，给家长带来的困惑，从而引发了家长焦虑、失望和无奈的情绪。最后家长对此下了一个定义："叛逆期"，潜意识地又下了另一个判断："孩子的这些表现是不合理的。"

而很多时候，亲子关系问题不仅仅是孩子青春期叛逆的原因，也有家长自身的原因。一些家长由于工作压力大或者跟爱人发生矛盾等原因，情绪不好，当孩子出现一点小问题时，就将自己的负面情绪发泄到孩子身上。如网络上经常报道的家长暴力致子女受伤或致死的案例，多是家长将对生活的不满发泄在"罪不至死"的孩子身上而引发的悲剧。

3. 提示家长尊重和理解孩子的自主性

亲子疏离其实就是亲子冲突的消极表现。亲子冲突的主要原因是孩子的自主性需求提高了，要解决亲子冲突就需要对症下药，即尊重和理解孩子的自主性。家长应该意识到青春期的孩子已经不是原来那个小孩子了，他们不会再完全按照家长的要求去做，所以重复和唠叨是没有用的。家长需要用对待成人的方式去对待他们，允许他们在行为上跟家长的要求有所背离，允许他们有自己独立的思想，尊重他们的隐私，充分给他们自己做决定的机会。

4. 帮助家长与孩子有效沟通，营造好的家庭氛围

青春期的家长确实不容易做，家长要舍得花时间了解孩子，主动学习并掌握一定的沟通技巧，与孩子不断进行互动，了解孩子的心理。沟通的过程中应注意以下几点：首先要摆正心态，不要抱有"孩子必须遵从父母"这种想法，并且保证自己此时处于一个平缓的状态，营造一个和平而又温馨的氛围为接下来的交流奠定

一个良好的基础；其次，家长在与孩子交谈的过程中，语气要平缓而温和，有时孩子会不愿与你进行深刻的沟通，那么这个时候家长要循序渐进，可以先从孩子感兴趣的入手，慢慢谈。跟孩子沟通的时候要保持平等的地位，避免用命令式口吻，多用商量的语气，家长应该认识到，在家庭中，亲子关系是互为教育者和受教育者的关系，家长和孩子是在平等、和谐、融洽的家庭氛围中，相互约束、共同改变，一起进步的。

◉ 行动反思

亲子疏离不是青春期特有现象，只是这一时期发生的频率和强度会高于其他年龄段。在这个时期，家长会看到孩子出现很多不能理解的言行，而从青春期孩子的角度来看，这一切只不过是他们在探索生命的可能性。如果父母也能有这样一种心态来面对孩子的新变化，那么家长和孩子之间的一切问题都将迎刃而解。

1. 青春期心理健康教育要跟上孩子身心发展需要

教师应该知道青春期教育不是有问题孩子的心理治疗，而是青春期孩子的必修课。每个青春期的孩子都有他自己的迷茫，每个青春期孩子的家长也都有自己的苦恼。在这个过程当中，不管是好的还是不好的，不管当下是否有苦恼，如果能够接受青春期教育并对青春期的特殊性有正确的认知，知道这一切是孩子成长的一个必经的阶段，抱着更加轻松的心态来面对，就能够对孩子的成长、父母的成长，都起到一个很好的助推作用。

2. 教师要为青春期孩子创造成长空间

青春期教育，教师要做的事情不应该是站在自己的角度，用自己过往探索得来的经验来代替孩子的探索，而是要利用自己的人生经验，来帮助孩子规避掉危及到他们生命安全的因素，以便他们在尽可能安全的环境下探索自己人生当中更多的可能性。这对孩子学会用自己的眼睛看世界，对孩子健康成长是非常必要的。

青春期的孩子虽然不是成熟的，但要把他们当作成熟的人去对待。作为老师，首先要做的就是保持自己的成年人状态，尊重孩子的独立。允许孩子提出自己的要求，鼓励他们有更美好的愿望和追求，努力为孩子创造宽松、积极的成长环境，让他为自己的愿望付出百分百的努力，即使教师认为不合理，也要激励孩子坚持自己的选择，鼓励他们去尝试。

🌀 智慧分享

高中生家长的焦虑：为什么你总是和孩子难以沟通？

有二十年从教经验的教育专家沈梅女士认为造成家长与孩子沟通障碍的原因有以下几方面：

1. 双方都以自我为中心，各说各话，无法激发交流的兴趣

没有共同的爱好和兴趣，想要找到话题还真难。所以，高中生回家后主动与父母交流的很少，有些孩子甚至十多天不与父母说一句话，他并不是和父母有矛盾，而是不知道该说什么。父母有时候会主动跟孩子说话，但无非是想了解孩子在学校表现得怎么样，最近学习成绩好不好，能不能跟上之类的。虽说这也是关心，但日复一日总是这一个话题，孩子听个开头就烦了。

在我们的调查中，问及孩子"最想和父母沟通的内容"，93％的受访者的答案都与"关注自我"有关。其中，"个人爱好"的比例最高，达到21％。孩子希望跟父母聊聊喜欢的体娱明星，或者历史奇闻、健康保健之类的知识。此外，才是"未来人生规划"（16％）、"学习、高考"（13％）等话题。

但在现实中，大部分高中生说父母跟他们谈得最多的是与学习和学校相关的事情，少部分父母会和孩子谈论"未来职业规划"，只有极少数父母会跟孩子谈论电影明星等与学习完全无关的内容。

从调查中得知，父母最爱谈学习，这让高中生最反感。可是很多父母没有意识到这一点，反而不断询问孩子学习上的事情，给他们增加了心理压力。而当孩子不想沟通时，大多数家长束手无策。

2. 家长的唠叨和拿孩子与他人相比较的做法，激发了高中生的逆反心理

孩子上高中后，很多家长陷入两难境地：看着孩子的状态不好，不说吧，他不用心；说吧，他嫌你唠叨。家庭矛盾由此产生，甚至双方长期冷战。高中生烦的是家长唠叨，缺的是与家长的正常沟通。而很多家长认为，跟孩子沟通就是督促他学习。

很多学生反映，其实不用爸妈说，自己也知道要好好学习。进入高中了，谁都知道高考的重要性，怎么会不好好学习呢？但是家长不停地唠叨，反而把原本想

好好学的心情给打乱了,反倒想造反发泄一下。

中国人在潜意识中喜欢攀比,比工作,比待遇,比容貌,还喜欢比孩子。比孩子时,他们又总是看到别家孩子的优点,自己孩子的缺点。如果让列举自己孩子的缺点,家长会一口气说出一大堆;如果要列举孩子的优点,家长就为难了。父母评价孩子的话,经常是"你很笨"或者"你不行",言辞中透露出对孩子的深深失望。

家长的初衷是希望以此激励孩子上进,但这样的比较往往适得其反,它给孩子的暗示:你没希望了,连父母都不信任你。孩子得不到自我满足感和成就感,不愿意和家长交流,家长也就无法对孩子进行正确的引导。

3. 父母全方位的监控,迫使孩子远离父母

许多家长对孩子不放心,认为孩子小,自己有义务对孩子进行监护。当孩子不愿意和他们交流时,他们就开始充当"007",翻查书包、偷看日记、追查电话、拆阅信件等,被孩子发现了,还理直气壮地认为自己是为了孩子好,怕他一步走错,步步错。但让高中生最苦恼的,恰恰就是爸妈对他全方位的监控。一名高中生气愤地说:"每个人的内心都有一个隐秘的世界,未得到邀请,别人是无权进入的,这是最起码的尊重,但是我的父母连这点都做不到。"孩子反感父母的这些举动,当然就不愿意和父母交流,时间长了,彼此的隔阂会越来越深。

其实,孩子进入青春期后,会强烈感觉到自己的独立性,想保有自己的隐私。而家长由于平时与孩子沟通少,不了解孩子,只是站在自己的立场上,简单地考虑问题,探询孩子的隐私,而没有想过孩子的感受。

4. 家庭结构也影响父母与孩子的沟通

不同家庭的孩子在与父母的沟通状态上,是存在明显差异的。

在调查中,当问及"你与父母交流的满意度如何"时,核心家庭的孩子认为"很满意"的比例最高,达 18.5%,单亲家庭和再婚家庭孩子则为 13.5%和 15.4%;而回答"很不满意"的,核心家庭的孩子仅为 4.1%,再婚家庭和单亲家庭的孩子则分别高达 23.1%和 8.1%。

父母婚姻关系的变化,正在越来越明显地影响着孩子。核心家庭的孩子与父母的沟通问题可能仅仅是不合拍而已,而单亲和再婚家庭的孩子则更多地面临着无人沟通或厌恶沟通的状况。

(刘该行. 高中生为什么和父母难以沟通[J]. 妇女生活(现代家长),2011(3):4—6)

第五节　家　校　沟　通

家校沟通，是学校工作的重要组成部分，教育不仅是学校、教师的事，孩子的健康成长同样需要家长的努力。家校沟通，可以让家长更多地了解孩子在校的学习生活，也可以让教师更全面地了解孩子在家里的情况，更好地形成家、校教育的合力，使教育更具有针对性和连贯性，更好地促进孩子成长。

问题聚焦

> 　　新接班的班主任黄老师发现，每次开家长会都有一些家长缺席不参加，还有一些家长让孩子的奶奶来开家长会。有的家长来了也不愿意与老师过多交流。有些家长认为学习是孩子自己的事，自己天天上班忙得没有时间教育孩子，也不会教育孩子。有的家长不会与老师沟通，不知道该与老师说什么。还有家长不愿找老师沟通，一是畏惧与老师沟通，二是不愿将孩子在家的问题反映给老师，怕老师对孩子有看法；三是不信任学校或老师能解决问题。

教师思考

教师应该了解，家长与老师沟通出现障碍，一般是在以下方面出了问题：

1. 家长没有认识到教育需要家校合作

孩子学习情况是大多数父母非常关心的问题。当孩子学习成绩下降的时候，是家长特别着急的时候。家长大都会想种种办法，或自己辅导，或找老师咨询，寻找提高孩子学习成绩的方法。但有的家长却认为当孩子在学习上遇到困难时，老师会给孩子帮助，老师会想办法，孩子在学校的学习是学校和老师的事，家长无需知道，即使家长知道也没有好的办法。显然这些家长没有意识到家庭是孩子的第一个课堂，父母是孩子的第一任老师。家长对孩子的培养不仅是积极的学业态度，还要与学校配合减轻孩子过重的学业负担，指导孩子学会自主。教师则通过科学的教育理念、合适的教育方式对学生的学习品质、学习态度产生影响,并通过多种方式促进学生人格发展。

2. 家长和教师交流不畅影响沟通意愿和效果

因为家长的职业不同、层次不同,教育孩子的观念也不同,要让他们都能与学校教育的理念与步伐"步调一致",不是一件容易的事。而且,家长和教师彼此对教育的理解不同、对孩子的认知更不同,在解决具体问题上存在差异是不可避免的。双方都会出现过于自信,习惯于站在自己的立场挑对方的"毛病"。在教育孩子的问题上家长和教师都有苦衷,都认为自己的观点正确。

事实上,在对孩子的教育中,老师和家长是平等的教育者,建立积极的合作关系,首要的人为因素是相互尊重,尤其是教师尊重家长的需求、想法和经验。只有教师改变对家长的单向支配的关系,实现彼此相倚,平等协作的情境,才有可能建立协作配合关系,实现学校与家庭的合作共赢。

教师策略

家长与教师一样都是孩子健康成长的引路人,同样肩负着教育好孩子的重任。学生在校接受教师的教育,在家接受家长的教育。教师与家长加强联系,共同的目的就是让孩子的健康健全成长。

1. "尊重"是教师与家长沟通的前提

在老师与家长的关系上,不可否认的是老师常常把握着互动的方向与主动权,家长则处于被动、从属的地位,而且老师与家长之间的互动常常是学生出现偶发性事件时才要求家长介入学校教育,停留在暂时的、随意的层面,难免造成家长在自身的角色认同、对孩子的评价和教育方式上的偏颇。

教师要以真诚与平等的态度对待学生家长,取得他们的信任,争取他们最好的配合,共同探讨对孩子的最佳教育方法。在与家长交流的过程中,教师绝对不能因为自己是专业的教育工作者,就以为只有自己才懂教育,只有自己才对如何教育学生有发言权。

教师首先要善于换位思考,尊重家长。从家长的需要出发提出积极的建议,传递给家长的是接纳和关怀,不去批判和指责,也不排斥对方的感受。尊重家长,教师还要注意,无论家长的职位高低、家庭条件优劣,都需一视同仁,同时更需要承认对方是一个独特的个体，每个人都有与别人不同的地方，都有自己对孩子教育的独特见解和处理方式，没必要一定按照老师的要求和既定的模式予以限制或纠正。

2. 创设多种途径和方法与家长沟通

（1）建立家校联络的学生和家长信息表，更全面地了解学生和其家庭。信息要全面，包括家庭住址、电话、父母的基本信息（包括工作单位、受教育情况、职务），是否与父母同住，是否单亲家庭等；孩子的基本信息包括兴趣爱好特长等。教师要经常翻阅，做到准确掌握，心中有数。

（2）运用现代通信手段与家长进行联络，如电话、微信、QQ等。老师与家长沟通时，不仅仅是孩子出了问题时才与家长沟通，当孩子有进步或者某一方面做得好需要家长了解知晓时，也可以与家长沟通。在沟通时老师要注意语言，了解家长和孩子的情况，做到因人而异，多与家长说共同语言，注意词语和语调；充分发挥语言的艺术魅力。

（3）走进学生家庭，适时进行家庭访问，或者邀请家长到学校，当面交流孩子的问题。还可以精心组织好每一次家长会，让家长了解学校和老师，了解孩子在校的生活和学习。无论何种方式，教师在与家长沟通时，都要格外慎重。无论是交换意见，还是反映问题，一定要用词得当，和家长共同商量，注意态度诚恳，切忌强硬；家访时还要注意，老师不仅要了解孩子的情况，也要和家长汇报交流学校及班级管理情况。教师自己本人的情况，教育理念等也可以和家长沟通，这样才能创设平等和谐的氛围，起到更好的效果。

3. 帮助家长树立家庭教育信心，共同探讨教育方法

教师要传递给家长教育好孩子的信心。信心是成功的一个不可或缺的条件，尤其是对学习基础比较差、表现不够好的学生的家长，这一点更加显得重要。当孩子在学习上遇到困难时，教师应该提醒家长：有经验的老师会给孩子帮助。做家长的要对老师有足够的信任，注意把孩子的学习问题及时反映给老师，并诚恳地期待得到老师的帮助。

同时，家长也要对教育好自己的孩子有信心，不能放弃对孩子的教育。尤其是对后进生的家长，更要体谅他们的难处。孩子学习越差，家长与教师一样，对他的教育付出的就越多；孩子成绩落后，做家长的比谁都痛苦。对于这些家长，教师更应该给予安慰，并尽可能肯定孩子的优点，哪怕这优点只是一刹那或极不明显

的,也可以重新激发起家长对教育孩子的信心。

教师应该让家长意识到问题,真诚地帮助家长改变错误的教育观念、教育思想、教育态度和教育方法,不能在教育孩子的问题上大包大揽,不能违反孩子身心特点溺爱孩子、打骂孩子、放任孩子,帮助家长提高教育孩子的水平。

● 行动反思

建立良好的家校沟通,教师在以下几个方面需要注意:

1. 沟通前充分准备,教师要把握好与家长的第一次见面

教师与家长的第一次见面,家长的心情大都是一样的,想借此机会尽可能了解自己孩子的老师,以便确信自己的孩子是否能更好地学习和生活。而老师则希望通过第一次见面,从家长那里更多地了解孩子在家里的一面。老师要提前备课,充分了解学生,包括学习成绩、性格特点、优点和缺点以及你为这个孩子做了哪些工作等,最好拟一个简单的提纲,这样在与家长交流时,就能让他们感受到老师对他的孩子的重视以及班主任工作的细致和认真负责。这样从情感上就更容易沟通,也更容易得到家长的理解、支持与配合。教师还要善于了解家长的个性和喜好,要做到"知己知彼",在平时的观察和交往中做个有心人,针对不同类型的家长,采取不同的沟通方式。

2. 多分享正面信息,教师要注意对家长进行专业指导

与家长交流时,教师要引导家长的情绪,改变家长的教育观念。教师在平日多加留意,注意和每位家长分享孩子的各种正面信息,比如孩子取得的进步、发生在孩子身上的趣事、孩子的兴趣和喜好等,让家长能时常感受到老师对孩子爱和关注,从而更乐意与教师交流,形成对学校充满信任和理解的良好心理。

教师对家长的指导要有针对性、要专业、要科学实用。在解答家长的疑惑、给家长建议时,一定要有针对性,条理清晰、言简意赅,最重要的是要有建设性、要科学实用。要针对学生的实际情况如成绩、个性等,不能模糊不清、泛泛而谈,让家长不着边际,导致不能解决实际问题。

3. 修正方法检验效果,教师要注意沟通后的反馈追踪

在与家长沟通后,老师与家长最关心的就是针对孩子实施的帮教方案是否奏效。因此,沟通后教师要多关注孩子,从细微之处观察孩子的进步和变化,并将孩

子近期的表现，通过电话、微信、电子邮件、家访等形式向家长进行定期沟通，同时向家长询问孩子在家的变化，以检验教育的效果。教师与家长双方都应及时肯定孩子取得的进步，对仍然存在的问题应寻找进一步的解决策略。

 **智慧分享**

如何促进家校和谐合作

教育学生，家庭和学校合力才能发挥教育应有的作用，真正良好的学校教育，也一定会高度重视家庭教育和学校教育携手合作。苏联教育家苏霍姆林斯基曾说："教育的效果取决于学校家庭的一致性，如果没有这种一致性，学校的教学、教育就会像纸做的房子一样倒塌下来。"

如今，教师与家长合作现状究竟如何？在一次实践活动中，上海有学生对五区六校做了一项调研，主题就是教师与家长合作。他们在家长问卷中设计了一道开放性题："当我突然接到老师的电话时，用一个词来表示我的心情，是（）。"括号里可选择填高兴、紧张不安、惊讶意外、平静、激动。回卷整理结果为：高兴为12.27%，惊讶意外为8.30%，平静为15.16%，激动为5.05%，而紧张不安竟高达59.21%。这一数据，反映家校合作不尽如人意。很多老师只在学生出现问题时才与家长沟通，寻求合作。这种为解"燃眉之急"的合作，效果并不乐观。要改变这一现状，促使家校教育的和谐整合，班主任是关键。如何与家长打下良好的沟通基础，班主任可以从如下几点开展工作：

1. 主动出击，拉近距离

家校合作要在了解的基础上才能进行。每接任一个新的班级，笔者都会对学生进行一次电话普访。这种"未见其人先闻其声"的方法，其目的不单单是了解学生，更是让家长领会到班主任对该子女的重视，拉近家长与班主任的距离，让家长消除对班主任的畏惧。主动地跟家长沟通，能让家长感受到你真诚的关爱，强烈的责任感，为家校合作打下良好的基础。

2. 仔细观察，了解家长

班主任面对的是个性各异的学生，而家长的文化背景，性格特征更是千差万别。不同的家长，应该用不同的方法，方能取得最佳的效果。怎样去寻求一个适合的沟通方式？除查阅学生的学籍档案等简单的传统方法外，还可以通过学生的周记、作文以及召开主题班会等方式了解家长,如周记可选择主题"我家主子"或"我的一家",主题班会则可选择"七嘴八舌说我家"、"家长里短"等,这样就可以全面地了解学生的成长环境,也可以对家长有一个较明晰的了解,为以后的沟通寻求最佳的方式方法。

3. 创造条件,真诚相待

班主任要了解家长,同样,班主任也要创造条件,让家长了解自己,才能在最大程度上争取家长支持与配合,实现家校合作的和谐统一。接任新的班级,班主任可以以同事的身份,把带班理念、班级目标、管理方式等以书信的形式告知家长。平时与家长通电话,尽量以朋友的身份,用商榷的口吻,与家长共同探讨孩子的教育问题。班主任在对待学生家长问题上,要有为家长服务的意识,电话可以24小时为家长开通。与家长会面,要做到以礼相待,绝不怠慢,不能一副居高临下的样子。只有真诚才能换来真诚,才能换来信任。

（胡小定. 如何促进家校和谐合作［EB］. https：//mp. weixin. qq. com/s/7ij_Bk-cU_rkzEBb_fQHIg）

第十章 ‖ 家庭教育中的青春期指导

高中生大多数处于青春期这个人生重要的过渡时期。青春期既是生长发育的高峰期,也是心理发展的重大转折期。学生的身体迅速发育而心理发展相对缓慢,强烈要求独立,但心理上仍然保持依赖性,在这种相互矛盾的心理状态中挣扎,难免会出现很多的需要疏解的问题。

教师在开展家庭教育指导时,除了学习成绩外,还应该提醒家长关注孩子的人格养成、情绪管理和人际交往,尤其是在出现异性交往过密问题时,需要家校联动,特别教师能够给予科学引导,帮助他们顺利度过这段特殊时期,为其日后顺利步入社会奠定基础。

第一节 人 格 养 成

高中阶段是世界观、价值观和人生观的发展、变化和定型的重要阶段,在影响高中生人格形成的诸多因素中,家庭教育非常重要。英国著名教育家夏洛特·梅森说,父母"周围就是供孩子发展思想的环境,孩子从中得到持久的思想",虽然社会、学校都会对高中生人格形成中产生作用,但是,"教育现象的相互联系在我们今天变得更加复杂了"(苏霍姆林斯基),学校教育、社会教育的作用都可以追溯到家庭。因此,在家庭教育指导中,教师应敏感地认识到高中生在人格形成中存在的偏差,指导家长与学校一起对学生进行教育。

● 问题聚焦

小 A 同学是一个曾被心理老师认定的"用一个外壳和伪装面对所有人"的孩子,心理检测显示消极指数过高、拒绝外界的一切帮助;无法融入班级,学习上也缺乏动力,成绩落后。

小 A 成长经历比较特殊:父母生了四个女儿,他从小就被寄养在农村,由阿姨养大,一直到六岁被接回上海读小学。该生曾在某私立初中寄宿,成长过程中缺失了很多与父母共同生活的经历。父母教育方式蛮横无理,姐姐的性格强势霸道。当老师出于家长知情权的要求向其父母透露其存在心理问题的事实时,其父竟还想出手责打他;当他考试成绩差、难以适应高中生活时,其父母依然采取训斥的教育方法,几个姐姐也轮番对其进行说教甚至指责。在特殊的家庭生活经历和外界环境等因素的影响下,小 A 逐渐形成了抑郁、悲观、冷漠、自我封闭的人格特征,甚至出现不吃饭、以手捶墙等自伤行为。

教师思考

像小 A 这样的问题学生在高中阶段时有所见,在高考的升学压力下,此类学生在过往的家庭生活中长期积累的问题往往更容易爆发。很多心理以及行为的问题"冰冻三尺非一日之寒",教师往往仅就其学校表现、学习成绩等教师可见、可控层面的问题进行沟通教育,而忽略其家庭层面特殊的、根深蒂固的原因。

1. 放任型的家庭教育

自我封闭、孤僻冷漠、拒绝沟通的人格特质的形成,往往来自于父母对孩子缺乏关注、放任自流的家庭教育态度。特别对于年幼的孩子来说,父母对其各类需求一再漠视,甚至不能保持在其身边的长期存在,孩子就比较容易形成"没人在乎我"的认知。小 A 家中子女众多,父母为了工作,无法专注于孩子的抚养教育,特别在孩子人格形成的初期,父母的角色缺位。这样的孩子特别容易感到孤独,面对成长中的各种需求和问题,可能产生的一个认知导向就是"我得自己应付":如果孩子本人能解决问题,会形成"我不需要别人"的习惯思维;如不能解决问题,就会助长"孤立无援"的绝望情绪。长此以往,面对更为复杂的人际关系、更为显著的学习压力和变化更多的环境时,更容易采取回避、"防守"的态度,从而更难融入班集体,更难与老师同学取得可信赖的关系,更难获得合理面对学习生活中遇到的各种问题的经验。

2. 不合理的亲子沟通

很多家庭的亲子沟通时间有限,而且沟通话题单一。随着孩子年龄的增长,学业压力的增大,亲子沟通的意愿也在与日俱减,不合理的亲子沟通比较常见。

大多数存在问题的亲子沟通过程中,父母对孩子的行为、心理、性格乃至人格层面存在的问题所采取的态度，往往是"不关心"、"不接受"，问题萌芽时不知晓、不干预，问题显露时不分析、不解决。小 A 父亲在高中班主任行告知家长义务、就其心理问题与之沟通的时候仍然对儿子以暴力相威胁。在老师多次接触、沟通和帮助之后，小 A 同学虽已愿意与老师进行有限的交流，学习动力也有所提升，但在考试成绩上尚无显著的反映，这时父亲采取的沟通方法仍然是训斥，任意威胁、打骂、惩罚，看似对儿子有很高的期望，实则非常自私，并不把儿子的问题当作问题，也不把儿子的需求当作需求，没有把儿子当作独立的人。

3. 家庭教育指导的缺失

都说做父母是唯一不用"持证上岗"的职业，在如何进行有效亲子沟通的方面，很多父母都没有经过系统的思考和学习。在小 A 的例子中，由于幼儿期和初中阶段与父母分开，将亲子沟通的时机限制于非常有限的层面。在学习方法、生活经验、观念认识、情绪和心理等各方面急需家长关注和指导时，小 A 却没有提问和讨论的对象，更缺乏过去十几年与父母沟通交流的经验和模式作为参考基础，父母对他来说好比陌生人。

4. 功利化教育理念的影响

在高考升学的大背景下，家长对于"分数"、"名次"乃至"热门专业"和"名校"等的"刚性需求"是不容忽视的问题原因之一。姐姐们在小 A 成绩不好时的轮番指责也可以看出这种不良传统观念的广泛影响，传统观念长期统治着这个家庭中孩子的成长过程。在这样的社会环境和家庭教育理念的影响下，像小 A 这样即使自己都意识到心理问题已上升为人格偏差的学生，也难以获得为自己"呼救"的话语权：因为在有些父母看来，孩子的这些问题可能是成绩不佳的借口，也可能是"长了这么大还不懂事"的"矫情"，在有些老师看来，只要分数能提高，"其他都不是问题"；而一旦分数提不高，就往往是"都高中了，人格和观念都定型了，没办法的"。

教师策略

对大多数教师和家长来说，比之小 A 的例子，可能会产生"我遇到的情况并没有那么严重"的感觉，但极端化的个例背后有长期被家长和老师们忽略的普遍原因。

作为问题人格影响的相关人和教育的实施者，家长和教师要始终将学生本人放在核心位置。优先考虑学生本人的问题和需求,首先获得与学生本人进行沟通的可能,通过细致观察、周到关怀和客观分析,继而深入了解其家庭教育的影响作用,从而采取更为客观合理的态度与其家庭进行接触,建立更全面的沟通渠道。

1. 细致观察,及时发现问题

在小 A 的例子中,高中班主任从入学军训时的一句话敏锐地意识到小 A 的特殊性,针对其"永远不会想家"的表述,把问题原因导向小 A 家庭亲子沟通状况层面,提升了发现问题的效率,为准确找到问题根源打下了基础。

高中阶段父母与孩子交流的整体频次减少,故更需在日常生活中观察孩子言行的细节。凭借家长的丰富阅历,可更为敏感地发现孩子可能存在的问题,及时寻求老师或专业人士的帮助,可将人格问题及早控制在初期阶段。

2. 了解人格形成历程,为建立沟通收集资料

班主任对于小 A"老师你不要再管了,别的任课老师都怕和我说话"的回避态度,从始至终没有放弃,即使在因家长的不理智行为使得之前与学生的沟通努力几乎白费时,仍然坚持与家长联系,反馈孩子在学校生活学习的情况,并积极说服家长,解释合理通畅的亲子沟通的重要意义,帮助其家庭改变长期以来的教育方法和交流措辞。

作为家长,利用比高中老师更丰富的孩子成长第一手资料,可以为孩子建立"人格发展档案",归纳孩子成长经历中的重大事件及影响,记录高中阶段孩子遇到的学习生活方面的各类问题,像对待工作任务一样客观地看待孩子的境遇,尽量多角度地收集与孩子沟通的资料。

3. 隔绝负面影响,营造良性沟通环境

作为教育者,学校、年级部及班主任个人都可以通过主题班会、家长沙龙和读书会等形式将人格问题相关知识向家长普及。利用教育心理学教材和临床案例做理论充实,并以此为基础,开展以"人格形成"为主题的家校联席读书会,在介绍《积极心理学》、《心理咨询与治疗的理论及实践》等论著的基础上,从理论层面集合家长,共同学习,帮助家校双方加深对特殊人格表现的认识,为实践操作分析孩子遇到的问题并提出有针对性的对策做好理论准备。

作为家长,摆正观念,配合学校和老师的行动建议,直面孩子的人格问题。比如,积极参加家长、学生联席主题教育课;通过给孩子写信、给孩子写每日心情纸条等灵活的形式进行沟通。小 A 的班主任借用学校布置的摘抄作业,在本子上给

他写信；每天在台历背面用各种颜色的笔给他写话，说上课内容、校园景色，说自己喜欢的日本作家……通过一系列有针对性的措施，在学校生活中将其与冷漠疏离，营造沟通的良好环境。家长也可借用此类方法，在日常生活中倾听和关注孩子的心理诉求，从而达到深入沟通的目的。

4. 多点着手，坚持维护沟通渠道

寒冬深夜，父母找不到孩子的时候，班主任在校门外的角落里劝他回家；困扰迷惑，坚持写信沟通；成绩进步，就"投其所好"，送书奖励；每周都会在校园的走廊里深入地交流一下；和他的室友做工作，带他去接触更多的人；和父母定期沟通，教会家长和孩子沟通的艺术；和几个姐姐建立微信讨论组，时常跟她们讲讲怎么和弟弟说话……在班主任老师几乎穷尽所有沟通手段的努力之下，小 A 渐渐开始笑了，渐渐有了朋友，会和室友打闹，找到了生活的意义，成绩上也逐渐上升。

因为人格是长期形成的结果，高中学生呈现的人格问题，几乎都存在根深蒂固的原因，且往往被学生的个人自尊与偏差行为、扭曲不当的家庭教育理念和措施、学习生活中的长期挫折和师长对学生问题的长期忽视等影响因素重重掩盖，不易探知，更不易纠正。不管是老师还是家长，首先要有相当的心理准备，应该认识到这是"持久战"、"攻坚战"，唯一能"以不变应万变"的，就是一颗"以人为本"的爱之心，把未成年的孩子也当作有高层次需求的"完全的人"，需要坚持不懈的责任与沉着冷静、随机应变的智慧。

◉ 行动反思

高中阶段学生表现出来的种种心理、情绪问题，往往一经发现就比较严重，或已成为其人格构成中的一部分而很难在短时间内得到改善。针对以上情况，教师要帮助家长和学生两方面分析问题成因，及时建议指导，建立沟通渠道。特别就人格形成的问题而言，用教师的科学态度为家长做好榜样能够更为显著地推动亲子沟通的效率，从而更妥善地解决出现在孩子身上的问题。

1. 正视问题，真诚为本

正视孩子存在的问题，并采取积极态度进行分析解决是非常重要的前提之一。在与孩子交流的过程中，实事求是的态度更能帮助其本人正视问题，就事论事，不贴标签，不拒绝质疑，更不畏惧询问，因为不管是回避退缩还是激烈否认，都可能是受伤心灵的求助呼喊,此时不论家长还是学生,用"让我们来看看是怎么回事"的客观态度而非情绪化的批评指责或者冷淡漠视不闻不问,就能首先创造继续沟通的契机,让学生意识到即使认为自己是个不受欢迎、不值得欢迎的人,也有权得到外界的关注。

2. 及时沟通,陪伴为先

陪伴的到位、合理与否,在家庭教育和学校教育的领域中,都是很重要却往往被忽视的方法之一。教师的坚持,家长的理解,都是对话的基础。比如小 A 同学的问题人格很大程度上来自于成长过程中父母陪伴、家人正面情绪反馈的缺失。通过书信、纸条、赠书等形式,通过百余封信、十几本书、每天一张字条谈感受聊见闻的日积月累,才能使小 A 敞开一点心扉。所以,用沟通的态度去陪伴,持之以恒,坚持不懈,是可以"金石为开"的。

3. 积极寻找理论支撑及专业人士的帮助

小 A 的班主任老师利用业余时间探访了大学辅修心理学时遇到的教授,交流以取得更为专业的建议。再加上老师不断阅读各种心理学专著寻找相似案例和分析解决的方法,获得了足够的理论支撑,才大胆用书信沟通打开局面,理论为老师坚持自己的沟通方案打下了基础。在与小 A 父母和几个姐姐沟通的过程中,老师也分享了自己的理论学习过程,用更为合理、先进的理念进行"启蒙"、"科普",让小 A 回到家中,依旧能保持与父母姊妹较为良性的沟通模式。

4. 设身处地,在实践中不断修正

亲子沟通、家校沟通从来不可能一帆风顺、立竿见影,这时候设身处地的同理心和积极调整沟通语言就非常重要。每一个老师、家长在与每一个孩子相处的过程中,永远都能记得自己也曾是孩子,也曾经受伤,也是这样长大的,就能更顺利地走进孩子的内心。当小 A 的心理问题被告知家长而得不到理解、成绩没有起色而被父亲和姐姐训斥因而开始用手捶墙自伤泄愤的时候,班主任老师用手挡在墙上,即使被砸流血仍然向他坦陈,继续鼓励。

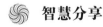 **智慧分享**

中学生人格偏离与父母养育方式

学术界将父母养育方式分为情感温暖型、拒绝型、过度保护型和偏爱型。情感温暖型父母用语言和姿态表示对子女的喜欢，经常赞扬子女，能够谅解子女的过错，尊重子女的意见，参与子女活动并为其成功而骄傲。拒绝型父母对子女事事期望过高，过分限制子女和对可能发生的问题过分焦虑等。偏爱型父母对子女过分溺爱、迁就和偏袒。国内外诸多研究表明，子女的人格特征与父母的养育方式密切相关，不良的父母养育方式会造成子女人格偏离，是导致人格障碍、神经症、吸毒等行为问题的危险因素。

为了探讨青少年人格偏离和青年人格障碍的患病率及其相关因素的关系，我们对中学生进行了人格偏离和人格障碍的系列研究。

对中学生的调查是在北京市两所重点中学和两所非重点中学进行的。按照流行病学研究的方法，采用自评问卷、"人格诊断问卷"（PDQ-R）、"父母养育方式问卷"（EMBU）调查了 1 148 名初一和高一学生，结果发现 14.3％的学生疑有人格偏离，3.7％的学生有人格偏离。资料分析显示，人格偏离与父母的拒绝和过度保护呈正相关，与父母的情感温暖呈负相关，父母养育方式、教育程度、学校类型等因素是人格偏离发生的可疑危险因素。在 3 年后对同一批中学生以同样方法进行了追踪随访，结果发现他们的人格偏离明显减少，初中和高中异常的学生转变为正常的比例分别为 81.3％和 44.2％，而正常学生转变为异常的比例仅分别为 7.4％和 2.6％。可见，随着年龄的增长，不良的人格倾向大部分会得以改善，这说明对青少年人格偏离进行干预可见成效。

父母的不良养育方式是人格障碍的危险因素，比如对子女的过分惩罚、羞辱、刻薄和吝啬，易使子女产生自卑感、无助感和不安全感，害怕失败和挫折，有较强的逆反心理，对周围环境容易产生敌对情绪，易记仇报复，使之成为人格障碍高危人群。此外，家庭经济收入过低和独生子女亦是人格障碍的危险因素。

总之，在我国独生子女的特定社会环境中，青少年的人格偏离现状值得引起家庭、学校和社会高度重视。对于青少年人格障碍的预防，首先要提倡正确的父母养育方式，还应创造和睦温馨的家庭环境，培养独生子女的独立性，矫正不良的行为习惯，这样才能促进孩子的人格健康发育。

（黄悦勤，云淑梅，石立红，张桂芝，许又新. 中学生人格偏离与父母养育方式及相关因素的研究[J]. 中国心理卫生杂志，2000（2）：84—87）

第二节　情　绪　管　理

情绪无好坏之分,一般只划分为积极情绪和消极情绪。但是由情绪引发的行为及其后果则有好坏之分,因此,情绪需要"管理"。情绪管理并不是消灭情绪,而是疏导情绪,并使情绪引发的行为朝着合理、合规、合法的方向发展。

因为人格发展逐渐成熟,对于外界社会的感知和认识也更为具体和多元,高中生会对更多社会文化、群体及个体心理体验等层面的刺激和影响作出情绪回应,高中生的情绪体验具有相对延续性,情绪体验过程延长,情绪相对控制能力提高,但引发情绪问题的原因更为复杂,情绪体验也更为丰富,个性化、特异化的情绪问题在高中阶段较为常见。

高中老师需要认识到情绪管理的作用,并在家庭教育指导中指导家长一起帮助高中生学会情绪管理。

🔘 问题聚焦

即将升入高三,小B却依然沉迷于游戏,在家时借口"查资料"用电脑打游戏,就算是上厕所也手机、平板不离身;在学校时找各种机会用教室电脑搜游戏资讯,甚至利用机房电脑上网打游戏,被批评教育仍不改正,后因累计违纪多次被处分。父亲为了管控儿子的游戏行为,一开始是拔掉电脑的电源和网线,后来发展到在儿子的房间里安装摄像头,对准电脑和书桌,监控儿子在家的一举一动。母亲难以接受儿子被处分的事实,总是没说几句就流泪。在老师、父母与学生本人同在的交谈场合,往往是父亲责骂,母亲流泪,儿子一言不发,谈话无法继续进行。在家庭内部的交流场合,则是儿子"一点就爆",父子剧烈争吵,母亲一旁流泪;甚至儿子宣称要离家出走,或者像幼儿一般撒泼打滚,拒绝心平气和地沟通。

教师思考

在上述的例子中，小 B 谈话时候的沉默不语，往往是突然情绪失控的前兆，或是一再掩藏真实情绪的结果，兼具高中生情绪表现中内隐文饰和两极波动的特点。与此同时，小 B 父母的情绪表现也兼具这两种极端化的特点。孩子的问题表现和父母的言行表达互为因果，情绪管理的缺失有很多原因，比如：

1. 家长对自己的情绪状态及负面情绪宣泄可能造成的后果缺乏认识

小 B 同学的母亲常在言语中表现的情绪是失望、无奈乃至放弃，在行动中表现的情绪是泄气、悲伤和逃避，而她在与孩子和老师的交流中时常有这些负面情绪的表达，几乎成为无意识的反应，且不能意识到这类言行对沟通交流的顺畅、问题的分析解决可能存在负面影响。小 B 同学的父亲在说出"我怎么会有这么个儿子"时显然也有强烈的否定情绪，即使是旁观者也能听出其中的懊悔并不单纯针对当前发生的问题，而容易让人联想到"错误"指向了孩子的"存在"本身，这对于当事的孩子来说，很容易让他感到沮丧、不被认可甚至愤怒等，小 B 不时的"爆发"和"耍无赖"也是对抗性的具体反映。

2. 家长对已有的负面情绪状态不能及时进行分析、疏导和调整

"人生不如意事十之八九"，作为家长也不可能永保情绪的正面积极，更何况是情绪管理能力更为缺乏的高中学生。在小 B 同学的例子中，父母在谈话中经常重复表达负面情绪，除了无意识的情绪宣泄之外，也不能排除其一再强化"我已经想尽办法了，问题不在我身上"等推卸责任的潜意识的可能。小 B 同学游戏成瘾、学习积极性缺乏等问题首先是实实在在地存在着的，孩子本人责无旁贷，但此类问题与其生活的环境、与周围人的关系等多个方面都有牵涉。无论家长还是学生，都会因为情绪的蒙蔽而忽视对问题的客观、深入、全面的原因分析，久而久之，家庭内部不能建立起"对事不对人"的理性问题解决模式，也就不能"就事论事"地应对孩子高中生活中的各种问题。然而升学的压力、价值实现的需求摆在眼前，新的挑战接踵而至，情绪管理缺乏的"破窗"只会让更多"风雨"灌进屋子里来。

教师策略

在家庭教育领域,孩子的情绪与家长的情绪是紧密相关的,而高中阶段学生情绪问题的诱因有很大一部分与其学习生活状态有关。因此,从教师的视角来看,当需要就情绪管理问题向家长和学生提出建议时,首先应让双方对高中生活的特殊性、高中学生特殊的价值关切和高层次需要取得认识上的同步,不要无视问题,也不要过分夸大高中学生可能遇到的共性问题。

1. 不必处处"三思而后行",但须时时反思情绪状态

在孩子遭遇情绪问题时,家长也应从客观角度先分析问题,毕竟在识别负面情绪方面,富有人生阅历的家长比起孩子更有经验。首先采取审视的态度,分析问题原因,不要贸然以"参与者"的角色在交流时带上主观情绪,而要以"我更有经验,我能帮助他处理好问题"的"指导者"姿态去明晰事态,认识当前的情绪状态,为进一步沟通铺设良好的情绪台阶。即使不能在一开始就做好情绪管理,也不能随意批评或者罔顾事实下定论。只要能及时摆正态度,回头着重于问题分析,放下家长的"架子"与孩子商量甚至向孩子道歉,就能让孩子体察到家长客观理性的态度,拉近与孩子的心理距离,在平和的情绪氛围中更容易把问题谈清楚。

2. 开诚布公,平等对话是第一原则

教师也应认识到,有时家长在情绪的表达上反而处于劣势,当孩子面对家长的询问或者催促,有时会因为愧疚、焦虑、害怕,长期形成的逃避心理采取蛮横的对抗态度不与家长沟通,特别是在游戏成瘾等复杂问题情境下,最先情绪爆发来个"下马威"的可能是孩子。

因此,就事论事,就言行、情绪本身的合理性进行面对面开诚布公的讨论,让父母和孩子都先"置身事外",以获得地位相当的"旁观者清"的视角,梳理问题发生的时间和背景、当前所处的阶段、可能造成的影响等,结合了解孩子学校情况的教师力量,用"商量"代替"评价",用"不带感情色彩"的分析性语言代替"苦口婆心"或"痛心疾首",是完善亲子沟通、家校沟通,从而解决问题的第一原则。

3. 加强家校沟通协调机制及学校的情绪管理教育

当家庭内部的亲子沟通已经受到情绪不当宣泄的损害时,借助学校和老师的力量,对于高中阶段的"小大人"遇到的复杂问题来说,可能更易获得公正、全面的

分析和解决。特别是寄宿制高中的学生，与家长的日常沟通量已然是少的，其中再掺杂情绪因素，会更拖慢问题解决的进度。小 B 同学的例子中，尽管几次谈话进行得并不顺利，但至少是在教师第三方角色在场的情况下发生的：父亲的责骂没有上升到更严重的层面，教师也提议父亲放下顾虑去了解一下孩子玩的游戏是怎样的，从而了解其"成瘾阈值"处在哪个范畴——如果有比游戏更能吸引孩子兴趣的事让他投入其中，转移对游戏的注意，也不失为一个缓解当前"感到对做任何其他事都没什么兴趣"的消极状况的方法；针对母亲不断哭诉的情况，教师也要求其坚持住家长的立场，用表述客观事实而非"企图用眼泪感化"的方法来重塑母亲话语的威信，改变其"逃避和无奈的背后是溺爱"的家庭教育现状。

4. 积极寻求专业指导

就小 B 的例子而言，在几次协商之后，老师和学校层面建议父母带着小 B 一起咨询专家，让父母和孩子都获得更为专业的理论认识和方法指导。为了重塑家庭内部的信任关系，小 B 房里的摄像头被拆掉了，小 B 本人也就节假日在家中的学习、休闲等的事项安排与父母商量了一个比较详细的计划表；尽管他本人其实对自己还不是很放心，将手机、平板等便携工具存放在班主任处请其代为监管，但至少在减少过度游戏的层面上，各方都做出了一定努力。

由此可见，在学校、老师的建议不能起效，家长的经验和对策也不能加大影响的情况下，寻求专业帮助能尽快管控失控的情绪或家庭负面情绪环境。班主任甚至可以通过介绍专业书籍、举办专业知识读书会的形式加强学生和家长的理论学习，为情绪管理的日常化、专业化打好基础。

◉ 行动反思

1. 将情绪管理教育置于课程的高度

对于高中学生，除了时下流行的生涯发展、专业选择等的学业指导之外，还可以进行情绪管理教育，提升高中生在人格塑造、人际交往、价值目标设定等"做人"领域的认识水平，从源头上"授人以渔"，培养高中生自我的情绪管理能力，以期减轻家庭教育中情绪管理的投入，使"情绪损失"得到更优先渠道的控制。

教育高中生，遇到情绪问题，首先需要加强客观认识，不要回避问题。个体的情绪调节是进行情绪管理、改善情绪体验、解决情绪问题的第一步。对于人格、三观、性格等各方面都处于由变化趋于稳定阶段的高中生来说,通过合理的情绪宣泄、积极的自我暗示、多方向的情绪迁移和及时的自我激励进行个人情绪调节,能够在情绪刺激和困惑袭来时首先获得较为稳定客观的自我审视视角。

2. 多种途径引导学生和家长正确管理情绪

学校可以根据高中不同年级的不同特点,分别召开针对学生的年级大会,从成绩等学生关切的具体问题切入,邀请相关专家为同学们讲解通过情绪管理理顺日常学习生活中的情绪问题的小技巧;年级部和班主任群可以通过主题班会的形式,让学生们归纳整理情绪问题;通过年级层面的问卷调查、学生和教师的访谈等形式,了解当前普遍的情绪状态,结合不同阶段的学习活动(如重大考试、文化节庆等),为学生和老师科普情绪管理的一般策略。针对家长的情绪问题管理需求,可以利用家委会商讨相关议题,特别是重大考试前后的"易感期",结合家长集体智慧,为孩子们和家长群体支支招;也可以利用家长、学生的联席班会课,围绕情绪相关话题,一起讨论对策,搭设现场交流平台。在每班的家长微信群中,班主任也可以推送情绪管理相关的公众号文章;在周末作业的布置中,也可利用作业单介绍一些情绪管理小知识或情绪分析小案例,让家长和孩子共同阅读参考。

智慧分享

抓住"能力"维度,加强中学生情绪管理策略的培养

1. 认知调控能力

认知调控能力指当个人出现不适度、不恰当的情绪反应时,理智地分析和评价所处的情境,分析形势,理清思路,冷静地做出应对的能力。中学生的各个应激处理能力还不够成熟,面对这种事件,往往会做出错误的判断,从而产生消极的情绪体验。美国著名心理学家 ELIS 提出情绪的"ABC 理论",指出不合理的信念来源于人们对事件的错误认知,正是这些不合理的信念才使人们产生情绪困扰。针对各种出现的事件刺激,认知调控能力主要分析刺激的性质和强度,冷静分析问题所在,及时管理不良情绪。

2. 情绪宣泄能力

情绪宣泄能力是指中学生在处于比较激烈的情绪状态时,以社会所允许的方

式直接或者间接地表达其情绪体验的能力。长期的情绪压抑不利于中学生的身心健康，当产生不良情绪时，可以找家人或朋友倾诉，在一个放松的场景里将自己的消极情绪表述出来，通过他人的安慰开导，舒缓情绪。中学生也可以通过痛哭来疏泄情绪，痛哭使悲痛情绪畅快淋漓地宣泄出来，同时流出的眼泪把情绪紧张或悲伤时体内产生的有害物质排出体外，可释放压抑。情绪宣泄能力主要是中学生将情绪发泄出来，保持良好的情绪状态。

3. 对象转移能力

对象转移能力指在处于情绪困境时，暂时将问题放下，从事所喜爱的活动以转变情绪体验性质的能力。消极的情绪体验如焦虑、抑郁等若不能及时调节，长久的消极情绪体验将严重影响中学生的身心健康，例如长期的焦虑紧张会导致中学生学习能力下降、学习效率降低，甚至导致中学生适应不良，无法进行正常的人际交往等。转移对产生不良情绪事件的注意，参加平时所喜爱的活动，在这些活动过程中放松心情，调整好心态，再来解决之前的问题。注意力的转移能够降低消极情绪体验的强度，从而很好地帮助中学生进行自我情绪管理。

4. 寻求外界帮助的能力

寻求外界帮助的能力指当中学生体验到不适度或者不恰当的情绪时，主动向亲人、朋友，或者是班主任、心理医生等社会支持系统成员寻求帮助的能力。中学生的情绪管理能力还处于不断发展的阶段，对于一些知觉体验到的情绪还不能很好地进行管理。当出现负面情绪时，中学生可以积极寻求他人的帮助，主动向家人、朋友或者老师倾诉，坦然接受他们的帮助。良好的亲子关系、同伴关系和师生关系，都将促进中学生情绪管理能力的发展。

（王敏. 中学生情绪管理探析［J］. 科教文汇，2011（12）：200—201）

第三节　人际交往

良好的人际关系对正处在青春期的高中生来说十分重要，人际关系的质量深刻影响着他们的社会技能、学业成就、心理健康和自我意识。然而，在移动互联网时代，智能手机已经迅速普及并深深融入我们的生活，高中生已经主动或被动地卷入智能手机所建构的数字化网络世界中，对人际交往产生了很大影响。在这样的时代背景下,教师在家庭教育指导中要特制提醒家长关注高中生的人际交往问题,必须关照到现实生活和网络世界这两个人际交往的场所的共生性和互相影响。

问题聚焦

王某进入高中以来,一直陷入人际交往的困惑中。她成绩一般,性格较为内向,在同学面前不苟言笑,上课也从不主动举手回答问题,老师提问时她总是低头回答,声音含糊,脸涨得绯红。下课除了上厕所外总是静静地坐在自己的座位上发呆,老师叫她去和同学玩,她会勉强笑一下,仍坐着不动。王某的父母文化程度不高,在工厂工作,周末王某使用手机和平板的时间较长,家长督促和劝阻常常无效。其父母因为常常要黑白班轮休,所以陪孩子学习的时间不固定且较少,回家后也较少与孩子交流。因为王某父母不想孩子以后在工厂里卖苦力,所以对孩子的学习成绩期望值很高。但除了对她学习要求严格外,在别的方面,王某可以说是衣来伸手,饭来张口,无忧无虑。

教师思考

调查显示,22.45%的高中生在人际交往中存在问题,这些问题主要表现在与同学、老师、家庭成员之间的关系相处不融洽或合作困难。造成这一现状的原因主要有三个方面:

1. 家长的认知误区

高中阶段,孩子的自我意识得到进一步的发展,更加关注自我在群体中的形象,同时对家庭呈现出一种既想摆脱以追求独立,内心深处又充满依恋,从精神和物质上都不能完全离开父母的状态。这时家长应该全面客观地认识孩子,不仅需要认识到孩子渴望独立的一面,给予其相应的空间,而且要认识到孩子对家庭的依赖,给予孩子适当的关注和引导,不可完全放任不管,以营造自由和谐的亲子关系。此外,要对独生子女的常见问题具有客观认识。现在的高中生多为独生子女(即便是二孩家庭,由于两个孩子之间的年龄差距较大,孩子之间基本不存在交流），家庭的溺爱教育助长了孩子不肯谦让、不受委屈、争强好胜、不愿分享和分担的心理特征，这类学生生活在同一集体中难免会发生个性冲突。

2. 家长的态度误区

家庭教育中家长把主观意志强加给孩子，头痛医头，脚痛医脚，不讲究方式方法，这严重影响到孩子的心理生活。如只关注孩子的成绩而忽视孩子在其他方面的能力，会给孩子带来极大的压力，尤其是学习能力较弱的孩子，同时，也让孩子对亲子关系产生畏惧和隔膜。此外，唯成绩论的态度会忽略孩子生活自理能力差的缺点，会导致孩子在集体生活中无法胜任自己在班级和寝室的值日以及内务工作。有些家长一直用自己固有的价值观去评判孩子，对时代的变化视而不见，或视手机为洪水猛兽，或对手机带来的人际交往中的负面影响视而不见，较为单一刻板。

3. 干预能力不足

很多家长在生活上长期保持一手包办的方式，刚进入校园的高中生，还延续初中生的心态，凡事父母包办，只要把精力花在文化课学习上就好。这种长期采用一手包办的方式，使孩子缺乏独立自主的生活能力，这种情况也导致孩子在人际交往中产生诸多问题，尤其是寄宿制学校的学生。此外，许多高中生沉迷于社交网络，从虚幻的网络世界中寻找存在感和关注度，满足自身的情感需求，或是单纯享受网络世界带来的感官刺激，取代现实生活中人际交往带来的快乐。在手机问题上，较多家长不能积极有效地引导和控制，干预能力较弱，对孩子的问题行为放任自流。

教师策略

1. 通过家校合力，走出认知误区

亲子交往是高中生人际交往的一个重要环节，良好的亲子关系需要学生与家长双方共同努力，良好的人际关系是良好亲子关系的折射，是家庭教育结果的直接反应。家长在人际交往中的观念、作风、技巧对高中生人际交往能力的提升有着潜移默化的影响。因此，教师应与家长时常互访，让家长意识到家庭教育对高中生影响时间长、内容广、影响深的特点，使家庭教育与学校教育形成合力，提升人际交往辅导的有效性。教师也要积极邀请家长参加学校开设的名家讲座，读书会，经验交流会等,为家长提供学习教育学、心理学等相关知识的机会,也可以学习其他家长的成功教育经验,通过提升家长在人际交往方面的理念和技能来影响学生。

2. 加强对孩子人际交往能力的重视

教师可以邀请家长走进学校,通过校访日的活动,帮助家长了解当代高中生的生活,切身感受孩子在学校的人际交往情况,从而引发家长对孩子人际交往能力的重视。此外,还可以邀请家长参加学校的校园心理剧,以人际交往中的常见问题为创作主题,通过校园心理剧再现校园生活中的人际交往情景,通过观摩校园心理剧的方式,促使家长态度的改变。组织家长群学习网络常识,在群中分享相关的网络宣传片,让家长在家就可以学习交流,客观认识网络平台的两面性,对孩子在使用手机的过程中产生的问题可以有针对性地进行指导。

3. 鼓励孩子在实践中提升交往能力

学校开展的知识讲座、心理咨询与辅导、网上论坛、校园戏剧节、暑期社会实践等丰富多彩的活动,有助于学生在活动中提升人际交往的能力。教师可以在每次活动中,邀请家长参与进来,让学生和家长一起明确人际交往的目的、原则,并学习人际交往技巧,引导家长意识到一手包办的生活习惯的危险性。此外,家长、孩子和学校可以通过协商的方式制定上学期间手机的使用频率和时间,明确相关的奖惩制度,辅助家长合理控制子女手机的使用时间。

◉ 行动反思

1. 多种方式开展家校活动

在家长会或讲座过后可以通过微信群组讨论、电子问卷调查、个别沟通交流、学生回访等方式,关注学校活动在家长身上的有效性。同时,跟踪记录某个学生的人际关系情况,来观察家庭教育在学生人际关系技能提升上的有效性。

2. 关注学生人际交往意识

跟踪记录人际问题较严重的学生情况,每周与家长进行分享交流,每两周和班级成员进行交流。通过在班级进行矛盾案例分析竞赛,通过学生对案例的分析,了解学生在寝室人际交往方面的提升与不足。

3. 关注学校教育的有效性

通过家长问卷调查、寝室问卷调查,理解学生对寝室生活的满意度以及寝室人际关系中最常见的矛盾。同时，通过问卷调查的方式了解学生对人际关系指导的选修课、名家讲座、心理咨询与指导、校园戏剧节等教育形式的满意程度，根据学生的反馈信息适时调整和更新教育形式。

🌀 **智慧分享**

高中生人际关系的主要对象及问题

高中生几乎处于成人状态，其主要的人际关系对象是父母、老师、同学。

亲子关系问题：时下许多家庭中父母因为生计而外出打工，便将孩子托给爷爷奶奶来照顾，长期不能与父母团聚，不能形成感情上的交流，出现了感情上的缺失，日积月累之下，使得家庭亲情日渐淡漠。而爷爷奶奶因年岁已大，只能顾其生活，而不能顾其精神。在情感缺失之上，又因精神上的疏离，使得孩子更加孤僻。再则家庭种种的不和谐，皆会给孩子造成伤害，以至于孩子对父母产生了憎恨的心理。

师生关系问题：近年来发生了不少学生伤害老师的案件，其主要问题便在于老师和学生之间没有形成理解和信任。学生都是喜欢老师表扬和信任的，可是由于老师的认知偏差给学生造成了心理上的压力。在不公平的对待中，教师喜欢以学习成绩来看人，这样便使得学生形成了一种逆反心理，成绩差的越来越差，甚至老师和学生发生冲突，最终导致不良关系的爆发。

同学关系问题：俗话说，"在家靠父母，在外靠朋友"。可见朋友的重要性，我们朋友最开始便是在学校中开始交往并认知的。可是在日常生活中，摩擦难免发生，学生却不懂得如何处理，又因其种种的不和谐心理，以至于矛盾尖锐，而拳脚相向。再则由于此时已趋向成人化，已不像初中避讳男女问题，有可能渐渐对异性产生好感，而情感的不明确性，所带来的早恋问题更会影响其心理。

（张武军.高中生常见人际交往问题及对策[J].基础教育,2012(4)：160)

第四节 异 性 交 往

高中生的异性交往是性意识发展到一定阶段的必然表现。步入青春期后，他们的第二性征开始出现，心理也随之发生了微妙变化，他们开始对异性产生好奇心和探索欲,进而产生了强烈的交往欲望。正如歌德所言"哪个少女不怀春,哪个少男不钟情",青少年对浪漫情感的憧憬是理所当然的事,成人本不必为此过于担忧。但是,由于青少年的心理发展还没有完全成熟,他们对异性交往的认知和准备不足,使得他们的交往通常具有盲目性和不稳定性。一旦正常的异性交往发展成异性交往过密,这时如果没有正确的引导,可能会误入歧途,不仅影响学习,甚至还会引发一系列的后续问题,使之在懵懵懂懂间自毁前程,给自己和亲人带来无法抚平的伤害。

　　教师要在日常的学习和生活中对高中生的异性交往进行正确引导,并在家庭教育指导中向家长传授科学的知识和处理方法。发现异性交往过密问题,要指导家长避免简单粗暴,科学教育,妥善处理。

◉ 问题聚焦

　　　　高二第二学期刚开学,班主任陈老师就听到有同学反映 A 同学和 B 同学走得很近。女孩子 A 性格活泼,多才多艺,比较在意自己的外表,会刻意打扮自己。据陈老师观察,A 同学在本学期与 B 同学报了同一门选修课,同时,B 同学在中午买的水常常出现在 A 同学桌子上。晚自修的时候,陈老师注意到 A 同学在低头写东西,当陈老师进入教室后,A 同学会警觉地收起来。据其他同学反映,晚自修后 B 同学偶尔会送 A 同学回寝室,还被同学撞见过牵着手在小卖部买东西。月考结束后,A 同学的成绩没有什么变化,但是 B 同学的成绩却滑坡得很厉害,并偶尔在上课时呈现出神情恍惚的样子。陈老师借此找 B 同学谈话,了解他成绩下滑的原因,B 同学坦诚地告诉陈老师,在寒假期间,与 A 同学一直在微信上聊天,他们逐渐发现两个人的处境十分相似,便有了越来越多的共同语言。B 同学已经逐渐喜欢上了 A 同学,并向 A 同学表白了心意。

▨ 教师思考

很多与异性交往过密的高中生并不是真的憧憬爱情,而是借异性的关怀来填补家庭关怀的缺失，满足自己渴望被重视、被关爱的心理需求。但是很多家长在家庭教育中，并没有意识到情感教育的重要性，也没有意识到孩子对家庭温暖的需求。以为高中生已经进入了独立自主的阶段，不需要家长在生活和情感方面的额外关注，只需要在学习上多关注就好，逐渐导致了孩子的情感世界长期得不到满足，不得不寻求外界的情感慰藉。在如何指导处于青春期的孩子处理异性交往的问题上，家长可能存在如下几个问题：

1. 缺少相关的心理学知识，缺乏对处于青春期阶段的孩子的重视

很多家长对孩子青春期阶段所呈现的生理与心理特征没有足够的了解和认识，对孩子在异性交往中存在的潜在问题没有预见性，对已经暴露出来的问题缺乏关注和思考。常常以自身的经历来指导和评价孩子在异性交往中的行为，反而起到负面作用。

2. 缺乏正确的教育方式，以简单粗暴的方法恶化问题

很多家长视男女生过密交往如洪水猛兽，采取严防死守的方式，以极端的态度应对高中生的过密交往问题。过分干涉、过度保护、拒绝否认和严厉惩罚等教养方式只会让处于渴望独立阶段的孩子产生逃离家庭的渴望，而使问题恶化。因此，父母应采取正确的教养方式，加强与子女沟通，给予子女家庭温暖和关怀，重视情感温暖、理解和关爱等教养方式在子女身心成长中的作用，满足子女在心理和情感上的需求，增加家庭吸引力，消除子女向外寻求感情寄托的失助心理。

3. 缺乏与老师的沟通，瞒而不报，错失家校合作的契机

很多家长将教师视作孩子的对立面，在发现孩子存在男女生交往问题之后，为了保护孩子的形象瞒而不报，让教师失去了及时介入教育的机会。同时，很多高中生精神世界空虚，渴望从虚拟世界中找到情感的依托，因此他们与异性的亲密交往往往依赖于社交网络——微信、QQ、微博、陌陌、探探、抱抱等手机 APP。当教师发现问题，并提醒家长在电子产品的使用上加以限制时，很多家长并不配合，导致学生在课后手机不离手，沉溺于虚拟交往中无法自拔。

教师策略

1. 进行有效的家庭沟通

苏霍姆林斯基说过："若只有学校而没有家庭，或是只有家庭而没有学校，都

不能单独地承担起塑造人的细微、复杂的任务。"家庭是教育的起源地,父母是孩子永远的老师,父母的观念和行为对孩子有着重要影响,因此,父母与子女之间的有效沟通对高中生正确的异性交往十分关键。当"青春期遇到更年期",家庭中的有效交流显得尤为重要,父母应该利用好在家的有限时间,陪伴孩子,走进孩子,和孩子交流情感,探讨人生。了解孩子的高中生活,如学习状况、心理健康状况,尊重和理解孩子的感受,帮助孩子分析问题。当孩子面对异性交往过密的问题时,父母要尊重和倾听,有理有据地进行分析,而不是一味地反对,粗暴制止,把自己推向孩子的对立面,失去孩子的信任。

2. 营造民主的家庭环境

案例中两个孩子的家庭在教育方面有类似之处。父母对孩子的要求都非常高,对他们的成绩很不满意,经常因学习的事情大骂孩子。事实上,父母对子女的过分干涉、过度保护、严厉惩罚等都会加剧男女生交往过密的程度,因为这样的教养方式让子女缺乏安全感,感到孤独失落,容易产生叛逆心理,从而加剧异性交往过密的行为。所以营造和谐幸福的家庭环境,对子女进行适度的关爱和指导,对高中生正确处理异性关系至关重要。

3. 弥补学校青春期教育的不足

在基础教育中,有效的青春期性教育长期缺失,这导致处于青春期的高中生对异性的强烈好奇心得不到正确的引导。因此,家长应该充分认识到青春期性教育对高中生心理健康发展的重要作用,在生活中发挥自己的主动性,弥补学校教育与社会教育的缺失。家长可以通过微信公众号、专业书籍、网易公开课、相关的电影等资源,引导孩子正视青春期的生理和心理变化,共同商讨如何面对青春期可能会产生的问题。

◉ 行动反思

1. 发挥家校合作的合力

教师应加强与家长的联系,通过讲座、宣传册、家长会、微视频、校园戏剧节等方式,提升家长的教育理念和观念,使之对孩子进行正确的青春期教育。许多家长也没有接受过性健康教育,若要发挥家庭教育的作用,首先要让家长接受性健康教育,让家长认识到高中阶段异性之间朦胧的爱意,是性生理导致的一种正常的生理和心理现象，指导家长营造有利于高中生性心理健康发展的家庭环境。

2. 给予学生更多的温暖和关怀

研究发现，很多高中生异性交往过密的原因是渴望从异性那里得到家庭中缺失的温暖和关怀。特别班级中父母学历较低且工作不稳定的学生，较容易陷入情感依赖。他们的父母忙于工作、与子女的相处时间比较少，孩子在成长过程中得不到父母的情感支持，缺少家庭的关注和呵护，渴望从异性那里寻求慰藉。针对这种家庭的孩子，班主任老师应予以更多的关注和关怀，弥补家庭的情感缺失，引导其树立正确的恋爱观，预防其因情感缺失而产生男女生过密交往。

3. 鼓励孩子走出情感旋涡

丰富的课外活动既可以加强班级凝聚力，有助于班风建设，还可以为高中生提供释放青春激情的渠道，避免因空虚无聊陷入感情漩涡。适当的集体活动无论是对学生身心健康的发展，还是对学生学业的提升，都会发挥显著的作用。教师可以在活动中引导课余生活空虚的学生积极参与，充实其时间的同时丰富其精神世界，发掘自身的潜力和价值，找到归属感和满足感，进而帮助其形成正确的人生观、价值观。

🌀 智慧分享

中学生早恋的应对策略

1. 正确引导

首先，要引导家长、教师正确对待早恋现象。如果发现自己的学生或孩子有早恋倾向，应该因势利导，晓之以理，动之以情，把问题的严重性和利害关系告诉他们，而不是以打骂、通报批评等极端的方式来压制。其次，要引导学生正确认识早恋。苏霍姆林斯基说过，"真正的教育只有当学生有自我教育的要求时方可能实现"。因此，教师和家长不仅要让学生正确认识恋爱，而且还要让他们分清什么是友情，什么是爱情，引导他们化激情为动力，为美好的爱情打下坚实的基础。再次，要做好中学生的心理辅导工作。应根据各个学校的具体条件开设心理辅导课，注重方法，针对不同学生的性格、气质以及早恋的原因进行疏导，使学生走出早恋误区。同时也要按照学生的个性心理特点，加强心理和行为训练，提高中学生的自我控制能力，提倡不看不适宜的报刊杂志、影视节目，不上不健康的网站，把全部精力投入到学习中。

2. 积极避免

首先,要避免中学生情感危机的产生。教师应调查学生的家庭情况,及早发现学生的情感危机,弥补情感缺失。大部分因情感缺失所造成的早恋主要是由于社交圈比较狭窄,交往对象、交往渠道单一,因此应积极引导中学生扩大自己的社交圈,降低早恋行为的发生概率。同时,学校要注重校园文化建设,营造积极进取的校园氛围,举行并组织学生参加多种多样的知识讲座和体育活动,培养中学生的多种兴趣,陶冶学生的情趣,使其把注意力集中在学习和发展上来。

其次,要避免错误处理早恋方式的产生。对于早恋,鞭挞和惩罚会使学生心理受挫,容易走向极端。因此,家长和老师要重视这一问题,一旦发生也不应对孩子实施过度的惩罚,而是要采取正确的态度与方式,做到五个不要:不要情况不明,不要挑明关系,不要直陈利弊,不要威胁禁止,不要冷嘲热讽。家长和老师对待早恋行为应在不失去控制的前提下采取故意忽略的态度,让其有自我反省的时间,更好地处理感情问题。应尽量避免恋爱双方的过多接触,使其逐渐淡化自己的情感,避免恋爱双方朝着浓缩的方向发展。

3. 加强教育

首先,重视对中学生进行青春期教育,尤其是性教育。针对目前我国青少年性发育提早,开展青春期心理教育活动宜早不宜迟。老师应教育学生正确了解男女生殖系统各器官的构造和生理功能,了解性生理发育的规律和正常现象,破除少男少女对性的神秘感,在对待青春期的一些问题时加强自我教育与自我约束,强化自我意识,提高自我控制能力。

其次,根据中学生头脑兴奋性强、记忆力好、容易接受新鲜事物、精力充沛等特点,进行校规校纪教育和法制观念教育。对已经发生的早恋现象应采取疏导原则,巧妙地为恋爱双方的疏远创造契机,使其感情淡化。

再次,重视对中学生进行榜样教育。中学生应以优秀人物为自己学习的榜样,树立远大的个人志向,并以此志向为人生目标不懈奋斗,用伟大的目标和远大的理想挤出杂念,从而远离并不现实的爱情。

最后,教授中学生掌握健康文明的异性交往方式。中学生在和异性进行交往过程中,应从心理上消除对异性的神秘感,心胸坦诚、自然大方;在交往时谈话的内容要积极健康向上,应该以议论学习方面的内容为主;男女双方相互交往时应注意时间、地点与方式，避免不必要的猜忌和误会；与异性交往的尺度上要始终保持在友谊的范围内，原则问题坚决不动摇。

（韩宝磊，倪娜. 中学生早恋的心理特征与应对策略[J]. 山东省团校学报，2009（2）：31—33）

第十一章 ‖ 家庭教育中的生涯指导

高中阶段是学生身心发展的重要阶段,也是选择未来职业方向的关键时机。目前一些学校将工作重点过多放在学生学业提升方面,生涯指导工作相对薄弱,资源也相对匮乏。家长对学生成长的方方面面产生着潜移默化的作用,包括生涯发展。我们经常看到孩子们会选择与父母职业不同的专业,以求有不同的发展路径。从某种意义上说,家庭是每个人职业的起点,也是职业体验的原生态环境,但是通常情况下,家长并未认识到他们在生涯教育中的作用,对生涯指导未予以足够重视。

本章主要介绍家长在学生生涯指导中的定位与作用,学校指导家长开展生涯教育的途径,家长对学生选科的指导以及家长职业资源拓展。

第一节　家长在生涯指导中的定位与作用

近年来,家校沟通越来越紧密,家长参与学校事务越来越多。在一个家庭中,家长是一个孩子的家长,但在一个学校中,家长可以是一群孩子的家长,是同学们共同的家长。每位家长的职业可能是单一的,可是全班、全校家长的职业却是多元的。在学生生涯指导中,发挥家长群体的作用是理想选择。

发挥家长群体的作用需要先建立各级家委会,在此基础上,班主任征求家委会成员的建议,通过家长代表发动更多的家长或校外"家长"资源,指导学生的职业生涯规划。

⬤ 问题聚焦

学生进入高中阶段后,经过了一段新鲜期,学习动力慢慢不足,斗志也不再昂扬。学生们在熟悉的环境中互相影响,这导致班级学习氛围出现了问题。班主任找学生谈话,发现他们缺乏对未来职业生涯的规划,很多同学只是把学习当作一件任务,说家长认为只要他们将时间都花在学习上就行。许多家长给学生制定的目标是考入名校，他们认为只有这样才能在毕业后找到比较好的工作。如果学生的考试成绩不够理想，家长可以帮忙张罗、安排工作，或者根据形势决定是否继续深造读研。在这种情况下，主导学生生涯规划的是家长而不是学生，学生显然对未来缺乏自己的思考。高中毕业后，他们考入大学，但大学毕业之后，他们有明确的择业方向吗？学生可能会很茫然。这种情况往往导致学生因为理想抱负模糊，学习动力欠缺。

教师思考

如何进行生涯规划，这是每个学生势必要面对的问题。即使高中阶段逃避了，大学毕业之后仍需要正面应对。进入特定大学及专业后，择业方向相对狭窄和固定，如果到大学毕业后再思考职业规划，可能为时已晚。目前，家长在指导学生生涯规划方面普遍存在以下几个问题：

1. 家长缺乏指导生涯规划的意识或没有能力进行生涯规划指导

由于现代社会的竞争压力，不少学生面临毕业就失业的危机。家长对孩子择业抱有过强的功利心和实用性取向。孩子是否适合所选择的职业，是否能够在岗位上创造价值，是否能在工作中享受获得成就的快乐感，家长对这些问题的思考比较少。家长替代孩子选择职业的现象越来越严重。还有家长把孩子的职业选择作为自己人生规划的一部分，不尊重学生个体的选择，不愿去指导孩子进行个性化的生涯规划。他们多半认为孩子不够成熟，思想幼稚，不能够承担起对自己未来人生规划的责任，因此，家长直接包揽孩子的生涯规划并将其作为自己的责任，学生自然无法接受生涯规划的教育和指导。

家长文化水平参差不齐，能力各不相同。有的家长视野比较开阔，能够结合自己的工作经历和所见所闻，对孩子的未来进行潜移默化的规划指导。但大部分家长存在能力不足的情况，所以学生之间的生涯规划意识也存在不均衡的现象。另外，家长的职业方向是单一而集中的，在指导学生多元思考方面存在局限性。大部分家长并非从事生涯规划教育的工作，在指导过程中缺乏专业性。从学生的角度来看，因为学生对家长的职业习以为常，也存在部分学生对长辈的职业不感兴趣的情况，或因为缺乏比较而产生错误的情绪偏见和片面认知。综上所述，家长在对学生个体进行生涯规划方面缺乏有针对性的指导,存在能力不足的问题。

2. 家长对生涯规划缺乏正确认识与角色定位

首先,有些家长对孩子生涯规划指导本身是不够重视的。家长在学生课外时间与之交流生涯规划,往往是随机点到,缺乏深入的探讨。家长普遍认为职业选择是读完大学之后的事。大部分家长觉得在高中阶段进行生涯规划教育为时过早。学校如果开设此类课程,家长又往往会认为教育时效性不强,脱离社会实际。许多家长的认识停留在过去过时的职业规划教育上,缺乏深入了解的愿望。长此以往,家长自身无法进行有目的且有效的生涯规划指导,家长对学校工作也不够支持,不够配合。

其次,还有些家长存在越俎代庖的想法,高估自己的影响力,不清楚自己在孩子生涯规划中的角色定位,甚至认为自己是孩子生涯发展的决策者,造成生涯指导的定位趋同等问题。

教师策略

1. 通过年级家长会让家长形成生涯规划教育的意识

学生的年龄和阅历决定了他们对社会的认知比较少,对未来职业发展的认识比较模糊。而高中阶段正是学生为未来的人生奠基和选择的阶段。这对学生未来的发展是非常有必要的。校方应抱着对家长和学生负责任的态度,让家长形成前置职业思考的意识。

学校学生发展中心负责人和生涯辅导老师可以通过年级家长会,从宏观上教育家长,让他们意识到学生当前学习动力不足的问题也与他们缺乏生涯规划的想法密不可分。

校方可先进行面上的广泛教育,可以通过家长会的形式宣传生涯规划教育的重要性,这对校内外的教育都有实际的意义。

2. 通过班级家委会和家长志愿者让家长端正生涯规划教育的态度

经过了学校广泛的教育,大部分家长已经初步形成了生涯规划教育的意识,但因为这是一对多的大范围教育,仍不能保证其效果。学校还可以进行小范围的班级家委会和家长志愿者活动,更进一步提升家长对生涯规划教育的意识。活动的组织者包括学校层面的学生发展中心负责人、生涯辅导老师和班级层面的班主任,从学校到班级两个层次,集中部分家长进行重点宣传和难点突破。

除此之外,校方还可以通过问卷调查了解家长代表对生涯规划的个性化认识,其中可以包括他们对学校工作的理解,个体所能够提供的帮助,他们在配合学校工作时可能会遇到的困难等。

通过以上两个步骤,实现了从广泛教育到深入聚焦顺序提升家长的生涯规划教育意识和态度的目的。

◉ 行动反思

教师在与家长沟通过程中需要强调生涯规划教育对学生的未来发展和当下的学业水平定位都有积极的作用。

以上策略均是比较理想的状态,具体实践中还会碰到了各种各样的问题。学校平台是家长提升教育能力的一个重要渠道,学校对此责无旁贷。但家长的教育能力参差不齐,这需要辩证看待。家长教育的能力大小除了受到自身素质、职业情况等已经固定的因素影响,更与家长从学校这个平台习得的水平有关。学校固然可以通过教育和培训提升家长指导生涯规划教育的能力,然而校方也绝不能将生涯规划教育的重任全部压在家长身上。我们认为,家长在生涯指导方面主要承担的责任包括：引导孩子对生涯发展的思考,学习了解生涯指导知识；配合学校生涯教育课程和活动,积极与孩子交流；针对孩子的个人兴趣、爱好、性格及客观因素,帮助孩子制定发展计划、作出正确选择。

因此,在学生生涯规划教育方面,教师和家长应该各司其职,共同配合,力求达到最佳效果。校方除了做好对家长的教育培训之外,还应针对学生个体进行个性、成绩、兴趣、特长等多方面的细致分析,为家长提供更加详实可靠的资料。

🌀 智慧分享

家校合作策划职业生涯教育活动探索

奉贤中学 2018 届高二(12)班策划了家校合作职业教育活动,以下是活动准备工作的文字资料。校方对家长教育是基于学生和家长的实际情况的。学校向家长征求意见,为策划后续活动做准备。

调 查 问 卷

您好！尊敬的家长：

高中一年的学习生活匆匆而过,我们,高二(12)班的每一个孩子,离高考又近了一步,这也意味着我们更需要对学习与未来发展方向有一个明确清晰的认识。所以本学期,我们拟在班会课(周五下午第三节课)开展"家长如是说"活动,希望能通过您对自己职业的讲述,对学习意义的理解,为同学们指点迷津。

相信你的参与能够给身处繁重学习压力之中的我们以希望和动力,能够为身在象牙塔中的我们拓宽视野,能够给心灵尚且不成熟的我们一些启示。

为了让我们更好地了解您所从事的领域及是否参加班会的意愿,我们设计了如下调查问卷,请您回答以下问题:

1. 您的姓名_____,您孩子的姓名_____

2. 你是否愿意分享您的职业经验?

　　A. 愿意　　　　　　　B. 不愿意

3. 您的职业领域是_____

4. 您认为从事您的职业需要具备哪些能力?

_____

_____

某中学高二某班班委

2016 年 9 月 14 日

学 子 有 邀

你好！尊敬的家长：

一年的学习生活匆匆而过,我们,高二(12)班的孩子,离高考又近了一步,这也意味着我们更需要对学习与未来发展方向有一个明确清晰的认识。

所以本学期，我们拟在班会课（周五下午第三节课）开展"家长如是说"活动，希望能通过您对自己职业的讲述，对学习意义的理解，为同学们指点迷津。

我们诚挚地邀请您莅临高二（12）班参与班会课活动，并为我们介绍您在工作岗位上的宝贵经验，分享您在人生经历中的点滴感悟，交流您对学习意义的个人体会。

相信您的参与能够给身处繁重学习压力之中的我们以希望和动力，能够为身在象牙塔中的我们拓宽视野，能够给心灵尚且不成熟的我们一些启示。感谢您的参与！

某中学高二某班班委

2016 年 9 月 14 日

邀 请 函

亲爱的家长：

您好！

9 月 17 日我们发放了调查问卷，征得了您的首肯，我们诚邀您参加于下周五（9 月 30 日）下午 14：30 在高二（12）班教室举行的"家长如是说"班会课。

这一次班会课的主题是"自驱力，引领我们前进"。希望您能结合职业经验与中学生的学习，用五分钟的时间谈谈自驱力的重要性，以及在实际学习中的运用。

您的分享将会是一盏明灯，驱散我们前路的迷茫。

非常感谢您的参与！

某中学高二某班班委

2016 年 9 月 23 日

第二节　指导家长开展生涯教育的途径

生涯教育的普及带来了学校教育和家庭教育内容的变化。在这个多方参与的系统下,学校作为教育教学的主要执行者,是其运行的核心,起协调组织作用;家长作为青少年的主要养育者,对其职业理想、生涯规划取向的形成影响巨大;社会作为青少年生存的地方,是其必须融入的大背景。种种因素决定了生涯教育是一个多方参与的复杂系统。

如今,高中学校都已经开始了生涯教育探索,开设了生涯课堂、职业体验、咨询服务等形式多样的生涯教育,也正在有意识地开展生涯教育家校合作,努力将家长纳入指导学生生涯发展的重要主体。然而,由于各所学校自身条件限制、组织协调能力、师资力量培养、校内外资源的参差等,导致很多学校的生涯教育工作流于形式,家长基本游离在外。对于多数学生和家长来说,仅仅依托学校生涯辅导教师开设生涯课堂和讲座,尚不能满足广大学生与家长的需求。

一、学校和教师的定位

1. 学校是学生生涯教育的协调组织者

在生涯教育领域,学校毋庸置疑是知识的传授者,对象包括学生和广大家长,也是具体到单个学生个性化需求的指导者,生涯发展信息的提供者,更是整个学校生涯教育体系的协调者和组织者。只有学校将自己置身于一个协调者、服务者的角色时,才有可能真正将生涯教育这庞大的内容体系化。生涯教育需要学校、家庭和社会的共同参与,尤其在个性化辅导和实践体验活动方面,需要学校有效统合各方资源,包括对家长资源的统合,对社会资源的统合。在这个过程中,学校始终与家长既是指导与被指导关系,也是合作关系。

2. 教师自己需要提升生涯教育的指导能力

首先,生涯知识涉及诸多领域,包括心理学、社会学、经济学等,具有较强专业性。生涯辅导教师专业化是生涯教育有效实施的重要保障。

其次,广大教师自身应该形成正确认识职业教育和学业之间关系的意识。教师想要说服家长认同职业教育与学业水平之间的关联,首先教师自身需要确立这样一种意识。教师应该正确认识到职业规划对学生学业成绩和未来发展的重要作用。教师不仅仅是一份工作，更是学生人生道路上的引路人。如果教师能够将育人看作使命和职责，就能够深入理解职业规划和学生发展之间的密切关联。只有教师自身形成了这种意识，才能够有助于培养家长的职业规划意识。

二、开展生涯教育家长指导的途径

（一）建设学生生涯教育课程家校合作体系，引导家长积极参与

1. 要对家长详解生涯发展辅导的思路和方法

越来越多家长愿意主动参与到孩子的生涯指导，但在生涯指导发展的基础知识方面，大部分家长并不具备。学校应为家长提供指导和培训，内容包括三方面：家长在家庭教育中的指导的思路和方法、与高中年龄孩子的有效沟通方法、职业规划与发展策略等，形式可采取传统的讲座式，也可以利用无线通讯技术、互联网和多媒体技术、书籍推荐等为家庭提供生涯规划学习资源。

2. 根据新高考政策展开调研，协助家长指导选科

新高考促进了生涯教育的发展，将人生发展的十字路口提早到了青少年阶段。

进入高中，学生们首先要面对的第一个生涯选择便是选科，它预示着学习的方向开始向专业化迈进，并对进入大学的专业学习提前做好了铺垫，近到影响高考专业填报，远到主宰未来职业方向。在选科的过程中，大部分学生及家长均会受到多重影响而面对选择的境遇，如学生的个性特征、兴趣爱好、优势能力、社会背景等等。学校生涯教育需要帮家长厘清个中关系，做出理智选择。指导家长选科具体做法将在本章第三节作进一步阐述。

3. 要整合学校生涯辅导实践活动，指导家长拓展职业资源

现在很多学校的生涯实践活动主要还是由学校承担，由于学校间资源不均衡的问题，许多实践活动组织过程分散、资源不均衡、缺乏专业标准，很难发挥出应有的教育意义。而家长本身作为各行各业的在职人员，虽有自身所处行业的丰富认知，却也不知如何发挥作用，因此学校还需承担起挖掘家长职业资源、拓展资源优势的责任。指导家长拓展职业资源具体做法将在本章第四节作进一步阐述。

4. 开发生涯发展平台,提供生涯发展数据支持

开发生涯发展平台,提供生涯发展数据支持,比如奉贤中学借助某生涯指导机构建设生涯发展平台对家长进行了指导。该机构开设一个指导老师、家长、学生皆可登陆并共同建设的平台。指导老师会定期录入学生的成绩、心理测试等数据,家长可以在平台上留言,即时与学生和指导老师沟通。这样一个平台使三方紧密联系在一起,也提升了机构对家长生涯规划教育能力指导的有效性。

在平台信息的填写过程中,学生会对自己的生涯发展倾向形成越来越清晰的认识,也迫使家长掌握一定的职业规划教育能力,因为家长也需要在这个平台上对学生的性格测试、学业成绩、个人兴趣综述等方面了解和评价分析。家长的评价与平日里和孩子在家庭中的日常交流有很大差异,平台上的评价更侧重的是对生涯规划本身,通过网络和文字进行交流也是一种全新的形式,能够给孩子带来不一样的感受。这样的指导不再是条条框框的理论教育,而是指导家长结合学生个体独一无二的情况进行认知和规划。家长在实践过程中遇到问题也能够及时与专业机构指导老师沟通,解决问题。以任务解决为目的的行动指导更有可操作性和实践性。

5. 个性化咨询,提供针对性指导

学校除了开展面对全体的生涯教育,在能力许可范围内,还应将目光转向生涯教育"一对一"咨询中。生涯教育中的个案辅导是生涯教育的重要补充手段,从课堂上"大规模集中"生涯教育发展到"一对一、个性化"生涯个案辅导,已经成为生涯教育的大趋势之一。社会分工越来越细化,知识及经济发展对专业化人才提出了针对性越来越强的要求,根据每位学生拥有的不同能力,对学生进行个性化、有针对性的专业生涯指导是符合整个社会发展的趋势和需要的。采用个性化的一对一亲子辅导或小团体活动模式,能有效结合学生自身特点有针对性地进行指导。

目前,由于师资力量、资源限制等原因,大部分学校的个性化辅导主要呈现以下三种模式:一、由学校或社会机构的专业生涯规划师对学生及家长进行服务,超越很多学校的承受能力,只能小范围开展。二、导师制,将大多数教师纳入生涯导师行列,起到一定的引导作用,但这无疑增加了一线教师的工作负担,而且科任老师对生涯知识也不一定了解,不存在普遍意义。三、第三种方式是目前最经济高效的:采用专业教师、科任教师和家长相结合的方式。其中专业教师承担生涯规划课程教学、对科任教师与家长的培训和指导、部分学生的一对一指导，家长作为孩子发展的主要引导者，直接指导孩子。

（二）教师生涯指导力培养

学校通过多种途径加强学校专职生涯辅导教师的专业培训，加快包括班主任及全体科任教师的生涯规划方面的普及性培训，提高生涯规划教育的意识和能力，并组建以心理咨询专任教师为核心的学生生涯发展指导团队。聘请校外专业人士、优秀校友、部分优秀家长作为生涯规划导师，搜集成功案例，开展个别辅导。

在具体操作方面，教师也应该全程参与学校对家长的培训，具体了解家长所受到了生涯规划能力培训的具体过程和成效。还需要通过校方与机构主动建立联系，学习在生涯规划教育方面对学生和家长的沟通方法、指导策略等，尽可能为家长和学生提供较为专业的帮助，并在活动组织的过程中有的放矢，提升活动的有效性和多样性。

第三节　指导家长帮助孩子选科

新高考要求学生学会自我选择，他们在选择高校和专业的时候需要对"我是谁"、"我的能力与兴趣是什么"以及"我未来想要从事什么职业"等问题有一个清晰且明确的认识，并在高中阶段将这一认识转变为自己选择走班选科的依据。对新高考将学生的生涯规划前置这一问题，教师要尽力指导家长在选科时就从职业发展的角度对学生发挥指导作用。而在这个过程中，学校依然要承担起家长的"参谋"，指导家长和孩子在选科方面达成科学合理共识。

⚫ 问题聚焦

在旧高考背景下，高三填志愿是决定未来职业的关键时期。学生在专业选择上存在着盲目性，表现在以下几方面：一是父母亲戚帮忙选；二是学生什么也不懂，随便胡乱选；三是听说这是热门专业,出来好找工作;四是这个专业似乎学起来比较轻松;五是被学校调剂安排的;六是学生想上的专业父母不同意,就随便选了个专业,等等。学生对于就读的专业很不了解,大多都是被动选择,也根本不考虑自己对这个专业是否感兴趣、为什么要选这个专业、这个专业能学到什么、将来是做什么的、工资待遇、工作环境及发展前景如何,等等。

新高考背景下,家长和学生面对选择什么科目时常常会询问老师的意见,感到非常茫然。高二高三将面临着加三科目的等级考,所选科目不仅成绩将会计入高考总分,也影响着学生最后的录取情况,也影响着学生能否进入理想的专业,所以学生需要在高中入学后就思考生涯规划的问题,学校和家长对学生进行生涯规划教育的时间也需要提前,紧迫性和重要性明显增加。

教师思考

1. 新高考的意义与生涯规划之间的关系

3+3是指三大主科加三小科,其中三小科是从物、化、生、政、史、地这六门科目中选择出三科学习。选择三小科之前,其实学生和家长需要做的准备工作有很多。原来只有高考结束报考时才会关注到孩子将来所需要学的专业和学校问题,现在的改革其实是把选专业提前,孩子和家长要先知道自己未来大概想要从事什么样的工作,大概想要就读一个什么样的专业,从而进行三小科的选择。

实在迷茫的学生和家长也可以完全凭借学生对于六门科目的喜好程度和学习能力进行选择,等到最终报考的时候按照这三小科所能报考的学校和专业进行报考也是可以的,只是这样会有一些弊端,比如可能没有办法报考自己想学的专业,没有办法去到理想的学校。所以在选择这六门科目之前一定要做足功课,选择出与目标,专业相关度最高的科目。

2. 新高考对学生、学校、家长提出的要求

新高考对家长进行选科指导和生涯规划指导提出了新的挑战。学生、学校、家长三方面的生涯规划工作需要大大提前。

由于新高考政策出台不久,家长对选择科目与大学专业之间的关联性认识不

足。新高考相较于旧高考更关注两者之间的关联。家长如果不了解这方面的政策，后知后觉，会非常被动。这不仅会导致学生在选择科目时非常盲目，也会导致学生对选择结果不够坚定。

即使家长对选择科目和大学选择、专业选择之间的关联有所了解，部分家长可能还是无法摆脱包办式的思维。如果选择大学或专业是家长主导想法，那么学生始终无法获得选择的自由，甚至被动接受。所以家长应在尊重学生意愿的情况下通过深入交流引领孩子认知生涯发展目标。如果学生考虑不周，会出现选择后调换科目的个别现象，这将严重打乱学习节奏，影响学习心态和学业成绩。

所以，当前的形势要求校方在学生入学之际就进行系统性的生涯规划的教育指导。校方不仅从意识层面上进行重要性的教育，更需要与校外专业机构进行紧密联系和合作，把握时代脉搏，掌握最新高考动态，及早形成一套完整的教育指导体系。同时，需要家长和学生配合，尽早重视生涯规划，根据自己的个性特长选择相关的专业和科目，未雨绸缪。

教师策略

通过对新高考改革的分析，我们可以发现，学生在自主选择科目的时候，常常需要将生涯自我认知转化为学科优势、专业方向。从这一层面来看，新高考将传统的职业生涯规划前置了，学生需要先规划自己的职业生涯，然后在走班制下选择符合自己实际情况的学科、专业等。

1. 学校应第一时间研究高考新政

"职业锚"是由美国著名的职业指导专家埃德加施恩教授提出的。他认为，职业生涯发展实际上是一个持续不断的探索过程，在这一过程中，每个人都在根据自己的天资、能力、动机、需要、态度和价值观等慢慢地形成较为明晰的与职业有关的自我概念。随着一个人对自己越来越了解，这个人就会越来越明显地形成一个占主要地位的职业锚。

生涯规划教育的目的是帮助学生了解自己，认识自己，为自己做出更加全面的分析，从而为选择科目奠定基础。选择科目其实是学生发现自己的一个过程，为学生选择大学专业和选择未来的职业作铺垫。

这些方面的专业知识可以由学校筛选引进校外的社会资源，在特定的时间节点开展讲座,给家长和学生灌输生涯规划的前沿理论和方法。

2. 让家长了解自身引导对学生选择科目的作用

在当前的社会大背景下,很多家长具有一定的功利心,追逐潮流,或依据个人经验,帮助学生未来的职业做出种种设想,还有些家庭则对子女的升学与择业问题盲目乐观,盲目地支持学生,或者认为自己是无能为力的。

高中生心理发展和个性发展处于非常关键的时期,存在自我认识不清,过分理想化的情况。教师应帮助家长了解自身指导对学生的辅助作用。校方需要安排关于学生身心发展和认知能力发展的讲座,让家长了解学生在这个阶段做出选择可能存在的思维偏差和局限性。

3. 让家长了解学生的个性和学业优劣势情况

在选择科目时往往会出现学生和家长的分歧,分歧的根源在于家长和学生对未来规划方向的不一致。教师应帮助家长深入了解学生能力、特长爱好。

教师要帮助家长搜集学生目前学习情况的信息,通过学习成绩、教师反馈、心理测试了解不同学生的不同思维特点。根据学生个性化的特点,选择有潜力学好,并与未来职业发展一致的科目。

教育指导必须以学生需求为起点。如果家长没有全面考虑学生的认知、个性特征,也是不负责任的表现。这需要一线教师和班主任与家长进行点对点沟通,因为最深入了解学生学习情况和个性特点的除了家长,还有每天都在与他们紧密联系的教师们。

⬤ 行动反思

1. 学校应第一时间研究高考新政

新政出台不久,教师应该意识到家长对选科的情况普遍不够了解。对于选择科目和报考学校之间的关联,家长还需要学习大量相关文件,了解不同学校,不同专业要求的科目。学校应该第一时间组织相关人员开展研究,并将研究结果及时传递给家长和学生。如果家长没有掌握全面信息,选科的指导也就只是空中楼阁了。选择科目不仅仅和高中三年整体学习策略密切相关,而且直接关涉到未来的生涯规划。所以,学校除了关注学生学科学习的优势和劣势,更应该考虑社会大环境,以期学生在高考中取得更佳的成绩,进入自己理想的大学和专业。

2. 引导家长处理好孩子兴趣与家长期待的关系

孩子的个人兴趣有时与家长的期待存在一定差异。孩子的个人兴趣往往与个人成长的经历和急剧变化的社会环境密切相关，同伴影响也是一个重要因素。但高中阶段的青少年对于社会的认知往往是理想化的，家长的期待也往往是根据自己已有的认知和家庭具体实际情况作出的。一定程度上，这种期待可能比较贴近社会实际。两者出现差异时一味偏向任何一方都不是好事，而应该在家长、学生、学校等多方交流中找到平衡点。所有教育者都应认识到，在孩子的人生规划道路上，家长和学校永远是引导者而非决策者。

从学生角度来说，校方应该帮助孩子更好地认识自我，比较清醒地看待未来，建立现在与未来、现实与梦想的联系，引导学生认识自己，比如开展"绘制成长历程图"、"自我评价思维导图"、"寻找心中的兴趣"等活动；引导学生认识社会，比如"生涯教育研学体验"、"我做一天当家人"、"采访身边的成功人士"等活动。教师也应让学生更加全面地了解职业选择的多样性和复杂性。学生个体的发展纵然要以个人兴趣为职业发展方向，但学生是家庭中的主要成员，也需要在某些方面从家庭整体考虑。

从家长角度来说，教师应让家长更加全面地了解学生的选择。教师应建议家长了解孩子职业意识的形成，尊重孩子的意愿，在交流中把孩子的理想作为起点，从孩子朦胧的想法中剖析其职业理想形成的原因，看到他对未来的期待和需求。以此为基础，通过客观理性地分析，来引导孩子重新审视自己的理想，并作出调整。

3. 家校合力为学生未来发展导航

在学校和家庭教育相配合的基础上，通过各类显性、隐性课程及家庭亲子交流，一方面，让高中生得到一些与其关注职业接触的机会，获得对相关工作的直观感受；另一方面，在此基础上，给予高中生恰当的解析和说明，让他们详尽了解如工作内容、能力要求、发展机会、职业收益、生活状态等相关的信息，能够对自己的职业适应性、优势、劣势及发展可能性作出合理评估。这样，高中生才有可能摆脱主观臆断，作出理性定位。

我国高中生普遍缺少社会实践，人生阅历较浅。多数人并未充分理解职业这一社会概念，其职业理想决策有时被一些非理性因素和片面信息所影响，选择难免存在偏差、空洞和理想化倾向。因此，对高中生的生涯发展辅导需要从为他们创造机会、帮助他们充分认识、了解社会职业现实为起点来进行。

✿ 智慧分享

新高考综合改革方案跟以往高考最大的不同就是取消文理,除了语文、数学、英语三门科目以外,其他3门高中学业水平考试科目由考生自由选择,即在物理、化学、生物、政治、历史、地理科目中自主选择。"六选三"科目纳入高考成绩,这意味着,将有20种不同的组合供学生选择。

根据班内的具体情况,不少学生有学习医学的想法,有一位同学因为身体不好,自己也想学医。在这种实际考虑下,结合调查问卷,发现班级中有学生家长是从事医学工作的,还能够邀请到一位前辈。所以某中学高一某班就开展了此次班会课。作为本区某医院医生实习的负责人,她对医学毕业生的学历,入职情况,学习经历都有比较深入的了解。这位家长作为一名资深外科医生,对行业知识也是了若指掌。她介绍了不同医学院校的特点,学医必须要具备的专业素养,在高中必修的科目等。这样具体且有针对性的指导让学生获益良多。

某中学 2018 届某班

第四节　指导家长拓展职业资源

然而家长个体职业方向是相对单一,存在局限性,所以教师主动发动家长群体、指导其进行职业资源拓展有其必要性。引导家长职业资源拓展的意义在于:一方面拓展了职业探索的广度,以家长的力量带动学生对社会各个领域的辐射了解,给学生提供更多体验职业、了解职业的机会;另一方面,拓展了职业探索的深度,丰富了职业体验的形式,除了课堂中的讲述交流和学校里的主题讲座教育以外,还可以让学生深入社会和企业进行观察了解、实践操作、调查研究,通过拓展资源,加深体验,让学生形成对职业世界更加立体丰富的认识。

家长群体的职业是多元的,可与学生分享交流的内容和形式也是多种多样的。家长的职业经历和讲述风格各有各的特点,也能展现不同职业必备的专业素养和核心能力。因此,教师可充分整合家长资源,指导家长挖掘自身职业资源,使之成为生涯规划教育的平台之一。

问题聚焦

> 某高中学生患上了较为严重的免疫性疾病，在看病过程中，由于来回奔波各处的医院，她对医生这一行业产生了崇敬之情，但她内心有不少的纠结和矛盾，她想做一名医生，又考虑身体情况不佳，可能无力承受医生高强度的工作压力，另一方面，她也担心她的身体状况会影响到高考报考医学院。面对这样的情况，班主任主动告诉她，同班同学的母亲恰好是区内知名医院的外科医生，她可以向对方了解具体的情况。在班会课上，班主任邀请了该学生的母亲向学生们介绍了她几十年的职业规划和发展、个人生活情况，让同学们对"外科医生"形成了更加完整全面的了解。
>
> 同时，班主任也注意到：作为一名外科医生，这位学生家长对医院的其他科室缺乏深入了解。医院由不同的部门组成，如果能够邀请负责管理医生规范化培训的其他医生也来分享，那么学生将能了解更多信息，其中包括医院对医学院学生的学业水平要求，医生的职业发展前景等。不同年龄段的医生因为环境的改变，经历也有所不同，这位学生家长也可以挑选刚刚毕业入职的医生作为职业资源拓展向学生讲述自己高考、读大学、就业的经历。在这样的过程中，实现家长从各个角度进行职业资源拓展，丰富学生对医生这一职业进行深入的了解。

教师思考

1. 家长没有充分调动职业拓展资源

因为自身人际圈子和工作方面存在局限性，并不是所有家长都手握丰富资源。但在力所能及的方面，家长应该充分调动身边的资源，丰富学生对该职业的立体认知。个体毕竟是一个单独的案例，如果在一个行业中呈现不同的案例，更加具有代表性，能让学生看到共性和个性。

2. 家长没有针对学生实际需要整合应用职业拓展资源

家长调动职业拓展资源的主体对象是学生,如果家长不考虑学生的实际情况,即使资源再精彩,学生能够收获的内容也是非常有限的。活动可能只是学业课余的调剂品,并不能发挥真正的实际价值。一旦学生觉得资源本身与自己职业规划时需要的信息不相吻合,学生就会缺乏兴趣,感受不到家长的良苦用心,无法获益。

3. 家长缺乏呈现职业拓展资源的方法

大部分家长觉得讲述行业内的情况对学生来说很新鲜,学生会比较感兴趣,但呈现方式也是非常重要的。当教师邀请家长进行职业教育时,他们内心是又激动又忐忑的,激动在于希望能够与同学分享,希望能够起到积极的作用,忐忑在于内容太多而不知道如何在有限时间内准确表达,达到应有的效果。

教师策略

1. 教师应鼓励家长积极调动拓展资源

家委会成员是支持班级工作的主力,班主任可以先与家委会取得联系,听取他们的建议,初步筛选愿意并能够参与支持活动的家长成员名单。资源不局限于父母,也可以辐射到其他亲属或者父母的朋友同事等,将教学资源拓展得更加开阔。

当然,前提是班主任需要做好工作的动员,分析班级当前的学生情况和此项工作重要的实际意义,激发家长的内在驱动力。

教师也应召开家长会,给家长提供互动的平台,使他们在互相交流碰撞后产生更多思维火花,互相激发和促进。

2. 教师应指导家长根据学生实际需要整合拓展资源

家长切忌不了解学生学情而漫谈。如果想要让指导更有针对性,需要班主任和家长提前做好功课,了解学生内心所想,纠正他们已有的误解,了解他们的生活学习状况。这是整合资源的前提。

了解学生的实际情况可以采取问卷调查的形式,提前设计问题,了解学生对部分职业的兴趣度,在规划时遇到的问题,对部分职业有哪些不了解且影响他们决策的问题。班主任或学生代表进行问卷的整理,找出最关键的几个问题作为活动的突破口。

3. 教师应指导家长呈现职业拓展资源的方法

学生的时间是非常有限的,家长呈现资源时需要在有限的时间内发挥最大的效率。这需要讲究方法和效率,做到激发学生的兴趣,启发学生思考。有了方法的指引,家长便能够有目的地调动拓展资源,有方向地筛选整合资源,有序地呈现资源。

活动形式可以多样化,除了家长讲授外,还可以进行家长与学生的互动交流,互动可以是现场生成反馈,也可以是由学生在课前提出家长事先有所准备的"问题导向式"互动,这种形式不仅可以调动学生积极性也提高了课堂效率。活动还可以采用点对点的沟通,让交流更加深入和具体,体现更强的实践性。

🎯 行动反思

1. 教师应为家长拓展资源开辟更多的时间和空间

热心的家长不少,他们可能有多方向的资源拓展,但如何将之合理整合成一次又一次集中且有意义的活动,光靠一腔热情是不够的,还需要将资源进行梳理和整合,达到系统化、系列化。形式多样化了,家长所能调动的资源也能更加丰富。

即使学校可能已经有丰富多样的生涯指导课,但家长的指导还可以延续到课后的时间和空间中。社会实践就是很好的形式,例如引导孩子通过互联网去查找相关的情况,阅读各行各业成功人士传记都是可行的。

高中三年期间,因为学业繁重,家长很少给学生机会让他们进入社会,体验生活。学校调动家长的资源,适当开设此类课程,鼓励学生参与此类活动,能够拉近学生与社会的距离。比如在工厂车间做一天义工,在明确要求后开展工作,最后进行总结提炼,激发学生更强的学习动力。

2. 教师应站在学生需求之上更全面地把握学生

大部分学生自身对生涯规划本来只是一知半解,思考的问题也不够深入。大部分学生对于职业生涯的规划是缺乏了解的,被学习所困的他们头脑中也并没有多少关于这方面的想法。班主任应激发其思考,了解学生需求。教师本身需要阅读生涯规划相关的书籍,了解更多专业知识,从而找到学生的关键问题,形成高屋建瓴的认知。

3. 教师应帮助家长了解活动组织形式

教师可以建议家长阅读如何组织课堂,组织活动的相关书籍,如班会课或主题教育课的教案或案例,帮助家长了解活动的组织环节和形式。使其在分享时更高效。

如班会课的形式就是学生自定主题,家长参与主题发言环节。这样的活动形式,课堂关键主题已经阐明,家长需结合既定主题,考虑学生的接受度,了解班级学生的情况,进行有针对性的发言。家长需讲述职业故事中打动人心的片段,或关注故事关键点中的细节,加强感染力。当然班会课的主要策划者是学生,给家长的时间是比较有限的,需要家长有效利用时间。

主题教育课则是由家长主讲生涯故事,学生聆听为主。在这种情况下,教师或者负责学生需要与家长事先沟通,设定几个主要环节,从看视频介绍,听家长讲述到总结发言,留念合影等等环节,都需要家长发挥更大的主动性,事先也需要做好更多的工作。

家长志愿者除了在生涯规划方面给予学生切实有效指导,可以帮助他们走进社会,了解社会,多帮他们分析自己、了解社会、明确目标,使他们树立信心,勇于抉择。

🌀 智慧分享

某班级针对学生学习动力不足的问题,开展了以"人生有梦各自精彩"为主题的教育课。班主任请来了两位嘉宾,一位是学生家长,一位是家长的前辈同行。学生听说后,在课前提出了包括职业内驱力,职业思考,职业规划,健康问题这四方面的问题。嘉宾是一位令人感动的医生,二十年如一日坚持义诊,累计受益居民达两万余人次。当学生家长谈起自己在孩子尚小时外出进修,只得将孩子放在寄宿制小学时,眼泪潸然而下。母女亲情,为工作的付出都令在场的人为之动容。学生也在互动中道出了自己内心的想法,比如对于职业是否会感到麻木,是什么支撑着自己长时间的付出?这些问题的解答让学生感受到了比职业内容更深层的东西——职业价值观。职业不仅仅是一份工作,职业更是自我价值的实现,是帮助他人的一种手段。

某中学 2018 届某班

✳ **问题与思考**

1. 如何将家长资源课程化，使之保留并持续使用下去？

2. 请以"职业与家庭"为主题，策划一份家庭职业生涯教育指导方案。

3. 您认为家长在学生职业生涯中的指导作用有多大？具体可以开展哪些活动扩大其意义？

4. 请您介绍 2—3 个家长参与职业指导成功的案例。

附录一

奉贤区相关文件

关于进一步加强奉贤区学校家庭教育工作的实施意见

奉教〔2017〕62 号

各中小学、幼儿园、中职校：

家庭教育是国民教育的重要组成部分，是学校教育和社会教育的基础，在未成年人成长过程中具有特别重要的作用。为贯彻落实《关于进一步加强家庭教育工作的实施意见》（沪教委德〔2017〕7 号）、《奉贤区创新推进学校德育工作三年行动计划》等文件精神，推进家庭教育工作创新发展，切实提高家庭教育整体水平，现结合奉贤实际，就进一步加强中小幼家庭教育工作提出如下实施意见。

一、指导思想

深入贯彻落实习近平总书记关于"注重家庭、注重家教、注重家风"等系列重要讲话精神，坚持以立德树人为根本，以问题需求为导向，以文明修身为载体，以培育和践行社会主义核心价值观、加强未成年人思想道德教育为核心，积极探索新形势下家庭教育工作的新规律、新机制、新对策。充分发挥学校在家庭教育中的主渠道作用，强化家长家庭教育主体责任，提高家长家庭教育水平，推动家庭教育和学校教育、社会教育的有效衔接，构建全面、健康、和谐的"三位一体"教育网络，促进广大未成年人健康成长和全面发展。

二、总体目标

加快家庭教育工作常态化、专业化、网络化、社会化建设，提升家庭教育科学研究和指导服务水平，不断建立健全适应社会发展、满足家长和未成年人需求的家庭教育指导服务体系。

——进一步完善家庭教育的政策保障和社会支持机制，形成政府主导、部门协作、学校组织、家长参与、社会支持的家庭教育工作格局，将培育和践行社会主义核心价值观融入家庭教育全过程。

——进一步构建区校双向联动、线上线下相结合的家庭教育指导服务网络。建立家长学校，健全家长委员会，定期组织开展家校合作活动。大力拓展新媒体服务阵地，优化"贤城父母"微信公众号等家庭教育指导服务优质资源推送平台。

——进一步提高家庭教育指导专业化水平。建立"奉贤区家庭教育骨干教师"培训机制，提升学校家庭教育指导队伍的专业化水平。主动发挥区家庭教育研究与指导服务中心作用，引入专业化的指导服务力量，增强对教师和家长指导服务的科学性和实效性。

——进一步健全科学的家庭教育工作制度和考核评估机制。到 2020 年，区家庭教育示范校比率达到 20%。

三、主要任务

（一）统筹协调，加强家庭教育工作的顶层设计

1. 准确把握家庭教育的核心内容。将社会主义核心价值观融入到课题研究、指导服务、亲子活动等各个环节，形成以家庭道德教育为核心的内容体系和服务体系，引导家庭成员树立和坚持正确的家庭观、国家观和民族观。

2. 建立健全家庭教育的工作机制。协同区妇联、区文明办及区未保办等社会各界，制定工作计划，统筹协调。充分发挥区家庭教育研究与指导服务中心在推进区域家庭教育中的研究指导与服务功能，初步形成行政、业务协同，区级、校级联动，学校、家庭、社会互动的组织架构，努力构建政府主导、部门协作、学校组织、家长参与、社会支持的家庭教育工作格局。

（二）科学引导，强化家庭教育的主体责任

1. 提高家长责任意识，履行法定义务。父母是孩子的第一任老师，教育孩子是父母或其他监护人的法定职责。学校要加大普及《义务教育法》、《未成年人保护法》等宣传教育力度，不断增强家长的责任意识，提高家长履行教育监护职责的

自觉性,加强对孩子社会公德、家庭美德、行为习惯、身心健康以及法律法规的教育,促进孩子全面发展、个性发展、终身发展。

2. 提升家庭文明程度,营造良好环境。家庭环境和家长的道德文化素质直接影响着孩子的成长。学校要引导家长全面学习家庭教育知识,系统掌握家庭教育科学理念和方法,遵循孩子成长规律,以自身良好的品德修养、行为习惯影响孩子,努力建立民主平等和睦的家庭关系;要以区家庭教育示范校评估为契机,积极开展"智慧家长评选"、"家校合作优秀案例评选"等活动,不断扩大活动的覆盖面和影响力,打造一批使家长、孩子切实受益的品牌活动,引导广大家庭以德治家、以学兴家、文明立家、忠厚传家,努力为孩子健康成长营造良好的家庭环境。

(三) 创新载体,构建家庭教育指导的服务体系

1. 强化学校主阵地功能。学校要充分发挥孩子与家长之间的桥梁纽带作用,建立健全家庭教育指导工作机制,建成以校长(园长)、德育主任、年级组长、班主任等为主体,专家学者和优秀家长共同参与,专兼职相结合的家庭教育指导骨干力量。通过家长委员会、家长学校、家长会、家访、家长开放日、家长接待日、学校网站、微信等沟通渠道,交流分享家庭教育的经验、教训,共同商讨解决家庭教育中遇到的困难和问题,指导家长科学理性地开展家庭教育。

2. 推进家庭教育指导机构建设。加强区家庭教育研究与指导服务中心建设,整合各方资源,为学校、教师开展家庭教育指导提供切实的支持和帮助。进一步巩固加强家长学校建设,做到有师资队伍、有教学计划、有指导教材或大纲、有活动开展、有成效评估,确保每年开展家庭教育指导和实践活动不少于6次。同时加快建设网上家长学校,依托"贤城父母"微信和"家长慕课"手机客户端等新媒体服务平台,探索建立远程家庭教育服务网络,为家长提供便捷、个性化的指导服务。

3. 发挥家长委员会作用。学校要以"一校一章程"为抓手,建立学校、年级、班级三级家长委员会网络,把家长委员会纳入学校日常管理,制订工作章程,完善例会制度,保障家长对学校工作的知情权、参与权、建议权和监督权。

学校要为家长委员会的建立与运转提供必要条件和有力保障,确保家长委员会产生程序规范、组织架构合理,是权责相当、相对自治的组织,能依法、规范、有序、有效地对学校、教师的教育教学、管理活动实施监督,提出意见和建议。

发挥区级家长委员会作用,协调市、区的家庭教育讲师团,邀请讲师到学校为

教师、家长授课、咨询等。同时，充分整合各种教育资源，积极组织开展形式多样、内容丰富、效果明显的家庭教育指导服务和实践活动。

（四）协同推进，形成家庭教育的社会支持网络

1. 完善社区协同机制。要把家庭教育工作纳入学校主要工作日程，充分发挥家长学校的阵地作用，积极开展各种家教活动，不断丰富活动的形式，充实活动的内涵，确保孩子和家长每年至少接受 6 次规范的家庭教育指导服务活动。学校要加强与各镇（街道、社区、开发区）家长学校或家庭教育指导服务站点的密切联系，有条件的学校可派教师到社区挂职，为家长提供公益性家庭教育指导服务。

2. 统筹各类社会资源。依托区家庭教育研究与指导服务中心、社区家长学校等服务阵地，为不同年龄段孩子及其家庭提供家庭教育指导服务。会同区妇联和区未保办等相关部门做好特殊困境儿童群体家庭教育的支持服务工作，关心流动儿童、留守儿童、残疾儿童和贫困儿童。

3. 营造良好舆论氛围。充分利用广播、报刊等传统媒体以及微博、微信等新媒体优势，开设具有社会影响力的专题、专栏、专刊等，广泛宣传家庭教育科学理念和知识，宣传优秀家庭教育案例，弘扬和传承好家风、好家训、好家教，引导全社会重视和支持家庭教育，为家庭教育营造良好的社会环境和舆论氛围。

四、保障措施

（一）加强组织领导

学校要因地制宜制定切实可行的家庭教育工作规划和实施计划，将做好家庭教育指导服务作为学校的重要任务，办好家长学校。推荐教师参加市、区家庭教育指导培训，重视家庭教育工作的考核，积极构建学校、家庭、社会协调互动的教育网络，形成推进家庭教育的合力。

（二）加强队伍建设

编撰既有理论支撑又有实训内容、符合家庭教育指导工作特点和要求的"奉贤区家庭教育指导教师读本"，建立"区家庭教育骨干教师"培训机制，加大家庭教

育指导者专业化培养力度。学校要成立由专家、德育干部、班主任、家长代表等组成的家庭教育指导研修组织,定期开展分学段、分年级、分层次的家庭教育指导研修活动,切实推进家庭教育指导者研训常态化。

（三）加强科学研究

充分发挥奉贤区教育学院教育发展研究中心相关科研、德研、评估等专业部门的作用,建立家庭教育研究课题群,多角度全方位地了解孩子和家长的实际需要和存在问题。通过研究不断提高家长学校办学质量,有针对性地开展家庭教育知识讲座和培训,引导家长树立科学的家庭教育观念,提升科学育儿能力。各学校三年内至少有一项与家庭教育相关的区级以上课题,引领学校家庭教育工作的开展。

（四）加强经费投入

加大对家庭教育工作的投入,充分保障家庭教育活动、家庭教育指导以及家庭教育指导师培训等专门经费,保障家庭教育工作的开展。广泛动员社会力量,多渠道拓展资金来源,丰富教育设施和活动资源,形成做好家庭教育工作合力。

（五）加强评价激励

充分培育、挖掘和提炼先进典型经验,开展家庭教育示范校、优秀家庭教育指导者、优秀家庭教育管理者、优秀家长等评选活动,充分发挥示范引领和辐射带动作用,不断提升区域学校家庭教育工作的整体水平。

上海市奉贤区教育局

2017 年 5 月 2 日

关于进一步加强中小学幼儿园家长委员会建设的实施意见

奉教德〔2018〕2 号

各中小学、中职校、幼儿园:

为贯彻落实教育部《中小学德育工作指南》(教基〔2017〕8 号)、《教育部关于建立中小学幼儿园家长委员会的指导意见》（教基一〔2012〕2 号）和《上海市教委等关于进一步加强家庭教育工作的实施意见》（沪教委德〔2017〕7 号）精神，推进现代学校制度建设和学校（幼儿园）家长委员会建设，完善家校共育机制，切实营造良好的育人环境，现就进一步加强和完善奉贤区中小学幼儿园家长委员会（以下简称家长委员会）建设，提出如下实施意见。

一、进一步认识家长委员会的重要意义

党的十九大对优先发展教育事业作出了重要战略部署，进一步明确了学校、家庭和社会共同育人的新要求。广大中小学生（幼儿）健康成长是学校教育和家庭教育的共同目标。家长委员会建设，对于发挥家长作用，促进家校合作，优化育人环境，建设现代学校制度，具有重要意义。奉贤区中小幼学校要从办好人民满意教育的高度，充分认识建立家长委员会的重要意义，把家长委员会作为建设依法办学、自主管理、民主监督、社会参与的现代学校制度的重要内容，作为发挥家长在教育改革发展中积极作用的有效途径，作为构建学校、家庭、社会密切配合的育人体系的重大举措，以更大的热情、更有效的措施，创造更好的条件，大力推进家长委员会建设工作，让家长真正成为促进奉贤教育改革发展的重要力量。

二、进一步规范家长委员会的建设

奉贤区中小幼应根据学校自身特点、规模大小等实际情况，设置学校家长委员会，名称定为"××××中小学（幼儿园）家长委员会"，并健全"学校、年级、班级"三级家长委员会组织架构。

（一）家长委员会的性质

家长委员会是由本校学生家长代表组成，代表全体家长参与学校民主决策、民主管理、民主监督和咨询，支持学校做好教育工作的群众性自治组织，是学校联系广大学生家长的桥梁和纽带。家长委员会与学校教育机构相对独立、相互制约、相互促进，其成员由家长民主选举产生。

（二）家长委员会委员的人数和任职条件

班级家长委员会委员按照不低于班级人数 20％的比例推举产生；年级、学校家长委员会委员，根据学校规模，合理确定相应比例的委员人数，委员的总人数为单数。各级家长委员会设主任委员 1 名，副主任委员 2—3 名，委员若干名。委员要具备广泛的代表性，要兼顾不同行业。

各级家长委员会委员应具备下列条件：

1. 具有正确的家庭教育理念，热心学校教育工作，富有志愿服务精神。

2. 具有一定的组织管理和协调能力，善于听取各方面意见，责任心强，办事公道，能赢得广大家长的信赖。

3. 身心健康，有时间和精力参与家长委员会工作。

（三）家长委员会委员的产生

1. 班级家长委员会委员在自荐和推荐的基础上，由全班家长投票选举产生。

2. 年级家长委员会委员分别由各班级家长委员会民主推荐产生。原则上，每班至少有 1 名班级家长委员会委员作为年级家长委员会的委员。

3. 学校家长委员会委员分别由各年级家长委员会民主推荐产生。年级家长委员会主任委员应为学校家长委员会成员。有条件的学校要积极推进学校家长委员会的直选工作。

（四）家长委员会委员的变更

1. 任何组织或者个人不得违反家长委员会委员产生办法和程序，私自指定、委派或撤换家长委员会委员或主任委员。

2. 家长委员会委员受原选举人群的监督。原选举人群有权罢免自己选出的代表。罢免时须经原选举人群全体代表半数以上通过。未履行委员职责或违反家长委员会相关规定者，可依据情况由家长委员会按其原产生办法和程序进行撤换。

3. 家长委员会委员、主任委员每届任期一年，可连选、连任。当届任期满前的三个月内，家长委员会应及时组织选举下届委员、主任委员。

4. 对家长委员会委员、主任委员的产生或变更人员及其有关情况，家长委员会应在产生或变更后，在学校公示三日。

5. 家长委员会委员因学生转学等其他原因不能履行相应义务时，即不再具备其所任家长委员会委员资格，空缺委员按照规范程序进行补选。

三、进一步明确家长委员会的权利义务

（一）家长委员会的权利

1. 知情权。即知悉、获取学校相关信息的权利。通过定期听取学校工作报告，了解学校教育教学工作计划、学校资源配置情况、教育督导评估结果等。

2. 参与权。即参与学校重大事项管理和决策的权利。审议学校发展规划，就学校年度工作计划、重要管理制度、食堂经费开支、学生校服等方面的情况提出意见建议。

3. 建议权。即向学校办学提出建议的权利。以书面方式与校长、年级主任、班主任，就学校管理工作、教师师德师风情况等问题提出建议意见或进行质询。

4. 监督权。即监督学校及校长、教师教育工作开展情况的权利。对学校依法办学、教育行风和师德师风建设等进行监督，帮助学校改进工作。

5. 评价权。即对学校、校长、教师考核评价的权利。根据相关考评办法，参与教育行政部门或由教育行政部门委托的评价机构对学校、校长和教师进行考核评价。

（二）家长委员会的义务

1. 维护学校和谐发展的义务。协助学校调解家长、学生与学校之间的争议和矛盾；与学校、教师一起肯定和表扬学生的进步，解决和化解学生遇到的困难和烦恼；协助学校定期组织家长代表大会、家长会、家长接待日等活动。

2. 沟通协调和信息传递的义务。向家长通报学校近期的重要工作和准备采取的重要举措，听取并转达家长对学校工作的意见和建议；向学校及时反映家长和学生的意愿，听取并转达学校对家长的希望和要求，促进学校和家庭的相互理解支持。

3. 整合资源支持学校的义务。发挥家长的专业优势和资源优势，为学校教育

教学活动提供支持;为学生开展校外社会实践活动提供教育资源和志愿服务;及时向学校提出工作意见和建议,与学校共同深入推进素质教育。

4. 优化教育发展环境的义务。主动与社区、媒体、青少年教育组织等保持横向联系,为学生的健康成长创造良好的校园、家庭及社会环境。

5. 开展家长教育工作的义务。拟定家长学校工作方案,做好家长学校工作;发挥家长自我教育的优势,开办家庭教育论坛、教育沙龙等活动,积极收集、交流、宣传正确的教育理念和科学的教育方法。

四、进一步强化家长委员会的机制建设

(一) 制定工作章程

为保障家长委员会工作有序、有效开展,各校要制定自己的家长委员会组织章程,章程应当包括以下内容:1. 名称;2. 宗旨;3. 家长的权利与义务;4. 家长委员会的权利与义务;5. 家长委员会的选举与任期;6. 会议制度;7. 其他需要规定的内容。

各级家长委员会应在家长委员会章程基础上,进一步完善家长委员会日常工作制度、会议制度、议事规则、调研与沟通制度、学习培训制度、家委会行为规则、志愿服务制度、考核评价制度、档案管理制度等,促进家长委员会规范有效运作。

(二) 明确办公制度

推行和实施家委会办公制,要做到三有:有相对固定的办公场所,有基本的办公设施和设备,有办公的记录。明确办公的主要任务:校园巡视,观察师生教育教学行为,接待家长来电来访,找师生谈心,处理一般的突发性事件等。

(三) 建立例会制度

学校家长委员会全体委员会每学年召开例会两次以上。制定和落实好家委会组织的年度工作计划和实施要点,并通过会议加强对计划实施的总结和反思,确保各项工作有序开展。年级家长委员会全体委员会和班级家长委员会全体委

员会根据需要适时召开。会议议定内容应及时公开发布。

五、进一步发挥家长委员会的协力作用

（一）参与学校管理

对学校教育教学和管理工作予以支持，积极配合。对学校工作计划和重要决策，特别是事关学生和家长切身利益的事项，提出意见和建议。对学校开展的教育教学活动进行监督，帮助学校改进工作。

（二）参与教育教学工作

积极参与学校开展的各项教育教学活动，发挥家长自我教育的优势，交流宣传正确的教育理念和科学的教育方法，支持学校开展各类主题活动、社会实践活动，配合学校对学生进行行为规范、法制安全和心理健康等德育教育，并对学校的教育教学工作进行监督。

（三）维护良好的家校关系

发挥家长的资源优势，为学生开展校外活动提供教育资源和志愿服务。及时向家长通报学校近期的重要工作和准备采取的重要举措，听取并转达家长对学校工作的意见和建议。向学校及时反映家长的意愿，听取并转达学校对家长的希望和要求，促进学校、家庭的和谐关系，争取家长的理解和支持，使家校沟通更流畅。

六、进一步完善家长委员会的工作保障

（一）加大宣传力度

区教育局以及有关职能部门在推进家委会建设中要充分发挥主导作用，履行指导服务职责，整合教育宣传资源，加强对家委会建设的指导服务，积极利用教育内部刊物、教育信息网络等媒体，宣传家委会先进事迹，推介家委会工作经验，构建校内外合作育人共同体。

（二）加强专业培训

奉贤区教育学院要把家长委员会的有关工作内容和要求纳入教师日常培训体系,定期开展专业培训,提高教师家庭教育指导能力。家庭教育研究与指导服务中心要深入调查研究、及时总结推广家委会组建、完善、发展工作的好经验、好做法,发挥市区两级专家巡讲团、志愿者服务团的专业优势,多途径提供专业指导服务,促进学校家长委员会的健康发展。

（三）坚持评价导向

建立健全家委会建设评价体系,将学校家长委员会建设情况纳入到学校综合办学水平的督导评估和家庭教育示范达标验收体系,并作为未成年人思想道德建设测评依据和年度绩效考评依据。

（四）加强表彰激励

每三年一度开展各层面（镇级—学校—年级—班级）的优秀家委会评选,评选出优秀。出台评选方案,明确评选标准,严格评选程序,评选出优秀家委会组织,形成家委会示范群体,定期召开表彰大会,放大示范效应。

上海市奉贤区教育局

奉贤区家庭教育研究与指导服务中心

2018 年 2 月

关于加强奉贤区学校班级微信（QQ）群管理工作的意见

为了促进学校、家庭和社会"三位一体"合力育人,共建文明有序网络群体空间,共创文明和谐校园,根据国家法律法规及相关网络信息管理规定,按照上海市教委德育处相关要求,经过认真研究,现就加强学校班级微信（QQ）群管理工作提出如下意见：

1. 入群人员有要求。入群人员一律为本班班主任、任课教师及学生家长（或其他法定监护人一名）,其他班级的家长等无关人员不得进入。

2. 群主必须班主任。根据"谁建群谁负责"、"谁管理谁负责"的规定，班主任要切实担任起群管理的责任。

3. 群内成员实名制。群命名格式：学校＋年级＋班级；群成员命名格式：教师——学科＋教师姓名，家长——学生姓名＋监护人称谓。

4. 无关信息不进群。班级微信（QQ）群用于家校联系，及时发布学校或班级通知、家校活动信息，不发布与家校联系无关的信息或言论，不组织家长征订教辅资料、电子产品等有价物品，不集赞、不拉票、不做任何广告。

5. 引导传递正能量。教师要文明用语，提倡用"您"等礼貌用语与家长沟通。不经考证的信息或负面新闻不转发。当家长在群内出现负面情绪时，教师要及时通过电话或当面沟通的方式耐心做好解释工作。

6. 尊重学生隐私权。不通报点名、批评学生和家长，不公布学业成绩或学生排名等。不得发布学生的负面信息。不讨论个别学生的学业和行规等问题。

7. 信息表述要清晰。无论是发布信息还是回复信息，都要表述清晰。班主任要关注全体学生家长，以"公平公正"的态度阐述观点，及时回复信息。作业布置以及需要学生、家长完成的有关事项，不得只通过微信（QQ）群安排。

8. 交流讨论定时间。晚上 10 点后不在群里发消息，个别重要事情直接电话联系个别家长。

9. 共性问题齐献策。面对班级学生、家委会或学生的普遍问题，教师可以在班内群中与大家交流。不聊家长里短的话题，不聊个别学生。

10. 巧用私聊解困惑。教师不在群组内以任何借口或话题与家长发生争执，个别学生间的争执引发的问题必须单独私下沟通，协商解决。

奉贤区教育局

奉贤区教育学院

奉贤区家庭教育研究与指导服务中心

奉贤区妇女儿童工作指导中心

2018 年 2 月 28 日

附录二

相关文件链接

中共中央国务院关于全面深化新时代教师队伍建设改革的意见 	中共上海市委上海市人民政府关于全面深化新时代教师队伍建设改革的实施意见
习近平在 2015 年春节团拜会上的讲话（2015 年 2 月 17 日） 	习近平：在会见第一届全国文明家庭代表时的讲话（2016 年 12 月 12 日）
习近平在北京市海淀区民族小学主持召开座谈会时的讲话——从小积极培育和践行社会主义核心价值观（2014 年 5 月 31 日） 	习近平：青年要自觉践行社会主义核心价值观—— 在北京大学师生座谈会上的讲话（2014 年 5 月 4 日）
教育部司法部全国普法办关于印发《青少年法治教育大纲》的通知 	国务院办公厅关于转发教育部中小学公共安全教育指导纲要的通知

（续表）

国务院办公厅转发教育部等部门关于进一步加强学校体育工作若干意见的通知	教育部关于印发《中小学生守则（2015年修订）》的通知
教育部关于加强中小学网络道德教育抵制网络不良信息的通知	教育部等5部门关于加强义务教育阶段农村留守儿童关爱和教育工作的意见
教育部公安部共青团中央全国妇联关于做好预防少年儿童遭受性侵工作的意见	最高人民法院最高人民检察院公安部民政部印发《关于依法处理监护人侵害未成年人权益行为若干问题的意见》的通知
关于加强心理健康服务的指导意见	中共中央办公厅国务院办公厅印发《关于实施中华优秀传统文化传承发展工程的意见》

全国妇联教育部中央文明办民政部卫生部国家人口计生委中国关工委关于印发《全国家庭教育指导大纲》的通知	教育部关于建立中小学幼儿园家长委员会的指导意见
全国妇联教育部中央文明办关于进一步加强家长学校工作的指导意见	教育部关于培育和践行社会主义核心价值观进一步加强中小学德育工作的意见
教育部关于印发《中小学德育工作指南》的通知	教育部共青团中央全国少工委关于加强中小学劳动教育的意见
教育部关于印发《中小学文明礼仪教育指导纲要》的通知	教育部关于印发《中小学心理健康教育指导纲要（2012年修订）》的通知
中华人民共和国精神卫生法	中华人民共和国母婴保健法

（续表）

中华人民共和国妇女权益保障法	中华人民共和国反家庭暴力法
联合国:儿童权利公约	联合国:儿童生存、保护和发展世界宣言
中共中央国务院关于进一步加强和改进未成年人思想道德建设的若干意见	中共中央国务院印发《国家中长期教育改革和发展规划纲要（2010—2020 年）》
中国儿童发展纲要（2011—2020 年）	中共中央国务院关于加强青少年体育增强青少年体质的意见
中华人民共和国未成年人保护法	中华人民共和国预防未成年人犯罪法

（续表）

中华人民共和国民法总则	中华人民共和国婚姻法（修正）
中华人民共和国教育法	中华人民共和国义务教育法

跋

——写在《家庭教育指导教师教程》出版之时

张竹林

当时光的年轮跨入 2019 年，我和我的同事们迎来了一个丰硕的专业建设成果，由我们团队策划和编写的《家庭教育指导教师教程》学前教育版、义务教育版和高中教育版完整地呈现在读者面前了。透过淡淡的书香，我们的思绪也禁不住穿越了时空，回眸编写这套教程的过往时光。

这套教程是奉贤区教育学院向上海市教育委员会申报的德育专项支持项目，同时被奉贤区教育局列为支持学校自主发展的"星光灿烂"项目。在上海市教委、奉贤区教育局和方方面面大力支持下，这套教程由我担任主编，历时三个年头，可以算得上是上海市第一套公开出版的区本家庭教育指导教师教程。其中开篇之作《又一种教育智慧：家庭教育指导教师教程（义务教育版）》，2018年 6 月正式出版，奉贤区教育局在全区家庭教育推进大会上举行了隆重而简朴的首发式，深受一线教师和广大家长的欢迎。不仅如此，在 2018 年长三角家庭教育高峰论坛上这本书也获得了好评，样书一抢而空的场景深深地感染和激励着我们，其影响已经深入到全国同行。此情此景，作为主编、一线教育工作者，心中自然有着难掩的喜悦，与同事们的辛苦劳动结出了硕果，那种收获和成就无法用语言来形容；但同时，一种惶恐和不安却不时涌上心头，如同一个小学生在考试结果前的诚惶诚恐。我脑海中浮现了源自《春秋·左丘明》中的一句话，"一命而偻，再命而伛，三命而俯"。的确，拿到样书后，我经常会独自一人扪心自问：在浩瀚的教育星空中，我们能够走得多远？能够走得多久？能够走得多实？

想想，本项目的争取和这套教程的编写，实属偶然中的必然。说偶然，是我在2016年负责筹建奉贤区家庭教育研究与指导服务中心，组织开展对教师的培训时发现：尽管当下市面上关于家庭教育指导的书籍林林总总，但四处找不到一本专门针对教师家教指导力的培训教材。与学院蒋东标院长、徐莉浩书记和同事交流中，大家不约而同地讲起，能否自己动手编写一套区本教程。这是最初的创意来源。说是必然，那是我们多年来从事教师教育实践与思考积累的重要突破口。作为区域教育发展战略引擎的教育学院，其重要的工作职责就是服务区域教育改革发展，着力提升区域教师专业素养。长期以来的一线工作经历，使我们对于区域教育有着十分直观的体验和认识，既为教育事业的快速发展和创新发展而感动，但同时，也深深地意识到在推进教育综合改革、迈向教育现代化的进程中，遇到了许多的困难和深层次矛盾。在我看来，这其中最为突出的就是全社会对教育的多元化的水涨船高的需求，让本应该是"慢"成长的基础教育不得不被挟持上"快"发展的轨道。但问题是经常遇到"腿长手短"、"准备不足"的矛盾；特别是，面对新形势新要求，教师队伍建设遇到了前所未有的挑战。

教师教育和教师能力建设是区域教育学院最基础的本职工作。如何加强教师能力建设？教师能力包括了方方面面，行业内也研究了很多年，但到底还有哪些需要重点建设……诸如此类的问题，不时会引起我们的反思，从一定程度上讲，这既是责任心使然，也是一种天生的"不安分"，似乎对现实有某种"突破"的念头在不时支配自己。

围绕教师能力建设这个命题，细细思量，新中国成立特别是改革开放以来，我国现行的基础教育体制和环境，基本上是以县（市、区）为单元开展教师在职教育，这其中最具代表性的机构就是教师进修学校或者教育学院，也有的地方是教研室和教师专业发展中心，名称不一但基本路径和方式相当，其中以教研室为代表的教师教育教学能力研究和指导建设基本上是"主流"，延续至今。这其中有其"教学是中心任务"的必然性，但不能不说，事实上仍然存在的"考分至上"的理念和行为让教师课堂教学能力建设自动地生成为首要任务，甚至在一些极端地区成为"唯一"。简言之，关注教师的教学能力、育人能力，关注教师自身，关注社会等综合要素体系中，我们很长时间只是关注了教师的教学能力，尽管一定程度上也关注了育人能力，但后者关注得远远不够，或者讲起来重要，但一到实践中却是次要的。随着教育事业和时代的发展，日积月累，各种新问题和旧矛盾也就产生和凸显了。

在实践中就经常出现了这样一个场景，我们教学研究得十分精细精致，新理念、新概念、新方法不断涌现，有时还十分"热闹"，但我们并没有太多的兴奋感；相反各类新问题层出不穷，表现在现实中，社会对教育的满意度似乎没有随发展而提高，教育反而成为了全社会最易点燃的"着火"点和关注点。从每年的"两会"上答记者问和各种信息发布中就可知一二。是我们做得不多，做得不深，做得不专，还是什么……细细思量，都不是，甚至可以肯定地回答，无论是顶层设计，还是区域实践，还是研训员和教师，都很尽心尽力，也做得很实。我们似乎问心无悔，那么症结在哪里？自然不是一两句话能够解释清楚的，但抽丝剥茧，仍然能够找到一二。这其中一个重要的因素就是我们一直是在固有的观念框架下思考问题和寻找问题的答案，有一种"原地打转"的感觉；其实跳出"自我"，用"第三只眼"观察，很大程度上我们还是只在方法技术层面上，而没有真正回归到教书育人本身，而且在现实的功利导向下，这样一个无法量化也无法"即时兑现"的内容更多的也只是提提口号，落实到行动和实际中的难度太大，最直接的表现就是广大教师的家校合作育人能力，也称家教指导力的缺失。长期以来，我们对这个问题有一定的认识但远远不够，一度存在"是德育工作者的事"，"是班主任的事"，"与普通的任课老师没有太大的关系"等认识误区。况且很多老师本身还没有家庭教育经验，能够在教育教学上胜任就已经很不错了，对于本身就有繁重任务的老师们至少不要提出太多的新素质要求。就这样，家教指导力建设就没有发挥应有的作用和功能。

事实上，教育的改革和发展进入今天，以笔者之见，不再是一个只需"刀刃向内"的单向度发展模式了，而是必须要面向开放的社会去思考和改革。这其中一个最直接的命题就是家校合作育人已经到了十分紧迫的阶段。如何做好家校合作育人这篇大文章是决定教育改革能否成功地走过下半场的关键所在。也正是经历了几年的实践，当然还有一群志同道合的同事们的热情支撑，我们就这样以一种"无知者无畏"的态度走入了一个探索的领域。从 2017 年 5 月参加中国教育学会家庭教育昆山高峰会议开始，我们就开始了教师家教指导力区本化教程研制，这个过程充满了故事也充满了艰辛，但最终坚持下来了。2018 年 6 月，义务教育版正式面世了,新书首发时,从读者和广大教师的期待和阅读的神情中,我们感受到了专业创新的价值,也感受到辛苦是值得的。特别是,上海市教委德育处和学生德育中心的领导在收到样书后的第三天,就批准了支持开展学前教育版、高中教育版的编写项目,我们再一次感受到"信任和责任"。从 2018 年 7 月开始,我们就正式启动了学前教育版和高中教育版的写作,其间,编写组还针对义务教育版教程的使用情况,分片开展调研座谈,收集有关意见和建议,为学前教育版和高中教育版更加精准提供依据。

"千淘万漉虽辛苦,吹尽狂沙始到金。"教育发展到质量时代,形成一本有价值、具有原创精神的教程不是一件易事,而是一件长期的事。尽管其中会有探索,有坚持,有舍弃,但我们深信,经典必将长远传承,并历久弥新。广大教师的需要,教育事业的需要始终是我们为之努力的目标方向,广大读者、教师和家长的支持是激励我们不断前行的动力源泉。特别让我感动的是,当我们怀着忐忑不安的心情向年过九旬的人民教育家、"改革先锋"于漪老师请教,并希望她能够为本书题字时,她十分真诚地说:"只要对教育事业发展有利,对青年教师成长有益,我都支持,不要客气。"这让我们深切感受到人民教育家的大情怀,也让我们倍感珍惜这份信任。

书稿交付之时,正值中共中央召开庆祝改革开放 40 周年大会,伟大的改革开放事业推动了教育事业的发展,我们也是在改革开放的大格局和大环境中成长和发展的,也许我们所做的工作相对于改革开放和教育事业只是沧海一粟,但如果我们的劳动成果能够为区域教育品质发展、广大一线教师专业发展和广大学生健康成长提供有效的服务,我想,这是无上荣光的。由此,我不禁想起了北宋理学家张栻的一句名言:行之力则知愈进,知之深则行愈达。自勉和共勉。

(作者系上海市奉贤区教育学院副院长、教育发展研究中心主任)

后记

　　《智慧合作：家庭教育指导教师教程（高中教育版）》是奉贤区教育学院为提高教师家庭教育指导力而开发的区本教程之一，也是奉贤区教育学院承担的上海市学校德育实践研究课题"研制区本课程提高教师家庭教育指导能力的实践研究"的又一重要成果。本教程与《智慧开启：家庭教育指导教师教程（学前教育版）》、《又一种教育智慧：家庭教育指导教师教程（义务教育版）》共同组成了"教师新智慧丛书"主体内容，被列为上海市教委德育专项支持项目和奉贤区教育局支持学校自主发展"星光灿烂"项目。

　　本教程由奉贤区教育学院副院长、教育发展研究中心主任张竹林担任主编和编写组组长，奉贤区家庭教育研究与指导服务中心办公室成员及部分高中教师担任组员，共同完成编写工作。

　　张竹林负责全书的策划、部分章节的写作和书稿统筹，张美云协助进行全书统稿工作，编写者的任务分工和工作单位如下：

章节	编写者	工作单位
第一章	张竹林	上海市奉贤区教育学院
第二章	胡引妹	上海市奉贤区教育学院
第三章	张竹林	上海市奉贤区教育学院
第四章	刘婷、徐小花、程冉、石红霞、王青	上海市奉贤区致远高级中学
第五章	袁兰英、唐莲红	上海市奉贤区致远高级中学

（续表）

章节	编写者	工作单位
第六章	张竹林、郭阿男	上海市奉贤区教育学院、上海市奉贤中学
第七章	宋海英	上海市奉贤中学
第八章	沈剑锋、袁芳、唐玲、顾欢	上海市奉贤区致远高级中学
第九章	靳建颖	上海市格致中学
第十章	徐一川、李志秋	上海市奉贤中学
第十一章	沈燕、谢怀萍	上海市奉贤中学、上海市奉贤区教育学院

本教程的问世凝聚着团队的智慧和汗水。编写组成员克服日常工作繁忙，自加压力，历经严寒酷暑，夜以继日，放弃节假日，多次召开专题研讨会议，参加各类家教指导现场会，请教专家和实践工作者。同时，认真参考和借鉴相关资料和优秀案例；吸纳了江伟鸣、汤林春、孙红、杨雄、李伟涛、徐士强、徐荣汀、郁琴芳、翟静丽、李艳璐等专家的宝贵意见；得到了上海市教委德育处、上海市教委基教处、上海市学生德育发展中心、上海市教科院家庭教育研究与指导中心、上海市中小学校德育研究协会和奉贤区各级领导、奉贤区中小学德育研究会、全区各学校、广大班主任的倾情相助；得到了《中国教育报·家庭教育周刊》主编杨咏梅女士的悉心指导；上海家培教育科技中心杨奇琴女士协助参与了部分专业工作；得到了上海家培教育科技中心主任金德江，华东师范大学出版社教育心理分社社长彭呈军、编辑孙娟的大力支持……在此一并致谢！

作为一项教师教育工作新探索，由于编写者的专业水平所限，加之时间紧、任务重，这本教程与其他几本教程一样，还有很多内容需要进一步探讨，需要在实践中不断完善，我们诚恳地希望读者和专家提出批评和修正意见。在编写过程中，我们也借鉴和使用了一些国内外相关研究成果，虽已尽量注明引用出处，但可能还有疏漏之处，我们对原作者表示诚挚的谢意。

编　者

2019 年 3 月